FRISCHENSCHLAGER/SENFT

Stocker
STV

Günther Frischenschlager
Hilde u. Willi Senft

WANDERFÜHRER

Mürztaler Berge
(Rax, Schneealpe u. Hohe Veitsch)
Hochschwab
Eisenerzer Alpen

100 ausgewählte Wanderungen und
Schitouren mit Routenskizzen

3. Auflage

Leopold Stocker Verlag
Graz – Stuttgart

Umschlaggestaltung: Atelier Geyer, Graz
Umschlagfoto sowie alle anderen Fotos: Willibald Senft, Graz
Die Kartenausschnitte (Österreichische Karte 1:50000) wurden mit freundlicher Genehmigung des Bundesamtes für Eich- und Vermessungswesen (Landesaufnahme) in Wien, Zl. L72 632/90, vervielfältigt.

Die Deutsche Bibliothek – CIP-Einheitsaufnahme

Frischenschlager, Günther:
Wanderführer Mürztaler Berge (Rax, Schneealpe u. Hohe Veitsch), Hochschwab, Eisenerzer Alpen : 100 ausgewählte Wanderungen und Schitouren mit Routenskizzen / Günther Frischenschlager, Hilde und Willi Senft. - 3. Aufl. - Graz ; Stuttgart : Stocker, 1999
ISBN 3-7020-0840-3

ISBN 3-7020-0840-3

Printed in Austria.
Druck: Manfred Agath, 8020 Graz, Karlauerstraße 59

Inhaltsverzeichnis

Mürztaler Berge (einschließlich Rax, Schneealpe, Veitsch)

Hochschwab (einschließlich Mariazeller Berge)

Eisenerzer Alpen (einschließlich Radmer, Landl und Palfau)

Wichtiger Hinweis!
Wanderkarten F & B:
Blatt 3 wird ersetzt durch Blatt 031;
Blatt 4 durch 041; Blatt 6 durch 062.

Vorwort

Rund hundert leichte bis mäßig anspruchsvolle Wanderungen im Bereich der Mürztaler Berge, der Eisenerzer Alpen und des Hochschwabs möchten wir in diesem Wanderführer vorstellen.
Die Gebietsabgrenzungen konnten wir nicht immer genau nach geographischen Gesichtspunkten einhalten; wir haben die Touren eher nach den Ausgangspunkten in den Tälern zusammengefaßt.
Jede Routenbeschreibung beinhaltet nicht nur den Wegverlauf, sondern auch die kulturhistorisch bemerkenswerten Details am Weg und in der näheren Umgebung. Dabei sind die orts- und landeskundlichen Texte zumeist in fortlaufender Reihenfolge zu lesen. Wir wollen es mit diesem kleinen Führerwerk gleich halten, wie dies in unserer gemeinsamen Rundfunksendung „Wanderbare Steiermark" bisher geschehen ist und breite Zustimmung gefunden hat.
Die Grundlage der Routenskizzen ist die offizielle „Österreichische Karte 1:50.000". Die meisten Routen können mit dem vorgegebenen Format des Ausschnitts voll dargestellt werden. In jenen Fällen, wo dies nicht möglich war, haben wir aus Gründen der Einheitlichkeit trotzdem keinen kleineren Maßstab gewählt, um den gesamten Wegverlauf zeigen zu können: Die Mitnahme einer speziellen Wanderkarte ist ja bei allen anspruchsvollen Wanderungen grundsätzlich zweckmäßig; einmal, um auch die Gipfelziele in der Umgebung ansprechen zu können, zum anderen, um die verschiedenen möglichen Wegvarianten zu überblicken.
Viele Routen werden allgemein bekannt sein. Wir hoffen, mit dem vorliegenden Werk den Wanderfreunden aber auch einige neue Anregungen geben zu können.

G. Frischenschlager
H. u. W. Senft

MÜRZTALER BERGE

(einschließlich Rax, Schneealpe, Veitsch)

1 Semmering – Pinkenkogel – Kampalpe – Spital

Wir beginnen unsere Wanderung direkt neben dem Hotel Panhans auf der Semmering-Paßhöhe und folgen den Markierungen 801 A, 834 und 4 (Fernwanderweg Neusiedlersee – Jura – Pyrenäen). Das erste Wegstück hinauf zum Pinkenkogel (1292 m, Jausenstation) ist als gemütlicher Spaziergang in flachen Serpentinen angelegt. Schöner Ausblick auf Schneeberg, Rax, Schneealpe, Sonnwendstein und Stuhleck. – Am Pinkenkogel weist uns ein Schild „Kampalpe" die weitere Richtung. Am bewaldeten Kammrücken geht es nun mehr oder weniger eben dahin. Romantische Felsgebilde wechseln mit Waldlichtungen ab. Die 1397 m hohe Ochnerhöhe wird südlich umgangen, und den 1478 m hohen Kerschbaumkogel lassen wir im Süden liegen und verbleiben dabei immer etwa auf der Schichtenlinie von 1400 Metern. Erst vor der Kampalpe müssen wir zum höchsten Punkt auf 1534 m ansteigen. Über Almwiesen erreichen wir das Gipfelplateau, das überraschend mit Felspartien nach Westen abfällt. Sehr schöner Blick auf Langenwang und Krieglach sowie auf Stuhleck und Pretul. 3–3½ Stunden sind wir vom Semmering bis hierher gegangen, und noch einmal so lange würde es dauern, wenn wir nach Westen der Markierung über den Drahtekogel und die „Scheibe" nach Mürzzuschlag folgen würden. – Das Gipfelkreuz der Kampalpe steht etwa 200 Meter entfernt an einem Punkt, wo es von Spital aus gut gesehen werden kann. Von hier folgen wir der blauen Markierung in vielen Serpentinen über zuerst steiles Gelände – vorbei an der Bärenwand – schließlich über einen sanfter geneigten Waldrücken hinunter nach Spital a. S., wozu wir eine gute Stunde (750 Höhenmeter) benötigen.

Der von der steirisch-niederösterreichischen Landesgrenze geteilte, einst weit über die Grenzen der Monarchie bekannte Luftkurort Semmering (986 m Seehöhe), und der heute nicht minder bekannte Wintersportort Spital am Semmering (778 m Seehöhe), liegen an jenem alten Saumpfad über den Semmering (Name vom windischen „cemer" = Schneerose oder weiße Nieswurz; also „Schneerosenberg"), der im 11./12. Jahrhundert den bis dahin günstigeren Übergang über das Preiner Gscheid ins Wiener Becken ablöste.

1160 gründete der Traungauer Markgraf Otakar III. von Steyr das „Hospital" zum Schutze der Vorüberziehenden und beschenkte diese Stiftung reichlich. Die ältesten Räume des Hospitals sind vom heutigen Kirchenkomplex umschlossen.

Zu den Sehenswürdigkeiten gehören: der Hochaltar (1630–40), der Florianialtar (1620), die Kanzel (Anfang 18. Jahrhundert) und der Tischaltar mit Marienkrönungsgruppe (1460). Eine wesentliche Erleichterung: Am 3. August 1842 wurde der Bau der ersten Staatsbahn Österreichs, die Mürzzuschlag mit Graz verband, beschlossen und die weltberühmte Gebirgseisenbahn Karl Ritter von Ghegas über den Semmering 1854 eröffnet.

Wanderkarten: F & B: 022; ÖK: Blatt 104; WK Region „Semmering – Rax – Schneealpe"; Gehzeit: 4–4½ Stunden, HU.: Semmering 985 m, Pinkenkogel 1292 m, Kampalpe 1534 m, Spital a. S. 778 m.

3 Arzbach – Malleistenalm – Kaarl – Mürzzuschlag

Ausgangspunkt für unsere großzügige Wanderung von Neuberg nach Mürzzuschlag ist der Arzbachgraben, in den wir bis zum Gehöft vlg. Paar fahren können. – Zuerst Weg Nr. 483 zum „Nikolauskreuz“, – Achtung! Pfad zweigt unerwartet nach links in den Jungwald ab! Auf gut markiertem Steiglein wird ein Forstweg und etwas später das Nikolauskreuz (1148 m) erreicht. Nun weiter in Richtung „Malleistenalm – Roßkogel – Kaarl“ (Nr. 484). Über einen bewaldeten Höhenrücken geht es zuerst mäßig, schließlich steiler hinauf (Kalkuntergrund, daher reiche Flora) und bald wird die weite Malleistenalm (1300 m) mit der Jausenstation des Almhalters erreicht (1½ Stunden). Über die Abzweigung zur Lammeralm und in den Offenbachgraben, beim „Breiten Stein“, steigen wir hinauf zum Roßkogel (1479 m), dessen höchster Punkt, mitten im Wald, nur durch einen Stein markiert ist. Nach wenigen Minuten haben wir aber schon einen hervorragenden Ausblick auf Schneealm und Rax, steigen zum Jungwald auf den „Farrenboden“ ab und erreichen nach mäßigem Wiederanstieg schließlich die weiten Almwiesen des Oberen Aiblbodens (hier wieder Kalkuntergrund) mit Blick auf Pretul und Stuhleck. Nach rechts zweigt der Weg zur Hönigsberger Alm und nach Langenwang ab; wir biegen aber scharf nördlich zur Kaarlalm ab und sehen auch schon das oberhalb stehende Gipfelkreuz des 1410 m hohen Kreuzschober. In wenigen Minuten erreichen wir die an Wochenenden und Feiertagen (mit Ausnahme Juni und Juli) geöffnete Kaarlhütte (1310 m) des AV. – 1¾ Stunden von der Malleistenalm. – Zwei Abstiegsvarianten (Nr. 489) führen uns mit schönen Ausblicken hinunter in die Stadt Mürzzuschlag; Gesamtgehzeit: 5½ Stunden.

Von den unsicheren Zeiten der Völkerwanderung nach dem Zusammenbruch der römischen Provinzialherrschaft gibt es keine Nachrichten, erst die Einwanderung der Slawen im 6. und 7. Jahrhundert hinterließ in Form von Berg-, Fluß- und Geländenamen – vor allem im unteren Mürztal – deutliche Spuren.

Mürzzuschlag: Bezirkshauptstadt in 669m Seehöhe, 10.070 Einwohner. Die Sehenswürdigkeiten der Stadt gruppieren sich um die frühere Durchzugsstraße, das herrliche Gewerkenhaus der Freiberger, Wiener Straße Nr. 50–54, mit den reizvollen klassizistischen Fensterkörben fällt ins Auge, im Haus Wiener Straße 2–4 hat Johannes Brahms 1884–85 als Sommergast seine 4. Symphonie komponiert. Neben dem in einer Vielzahl von Exponaten u. a. auch den Bau der Semmeringbahn, das Wirken von Erzherzog Johann, Peter Rosegger und Johannes Brahms darstellenden Heimatmuseum wurde ein an Reichhaltigkeit in Europa unübertroffenes Wintersportmuseum eingerichtet, in welchem von den ursprünglichen Schneegeräten der Nordländer bis zu den modernsten Produkten der Jetztzeit insgesamt etwa 5000 Jahre Skigeschichte oder Wintersportgeschichte dargestellt sind.

Wanderkarten: F & B: Blatt 021; ÖK: Blatt 103 und 104; WK der Region „Semmering – Rax – Schneealpe“; Gehzeit: ca. 5½ Stunden, HU.: 620 m.

Schneealpe mit Windberg

Gipfelkreuz oberhalb der Lurgbauerhütte mit Blick zur Rax

Schitour auf die Wetterin *Teufelstein*

Erlaufsee bei Mariazell

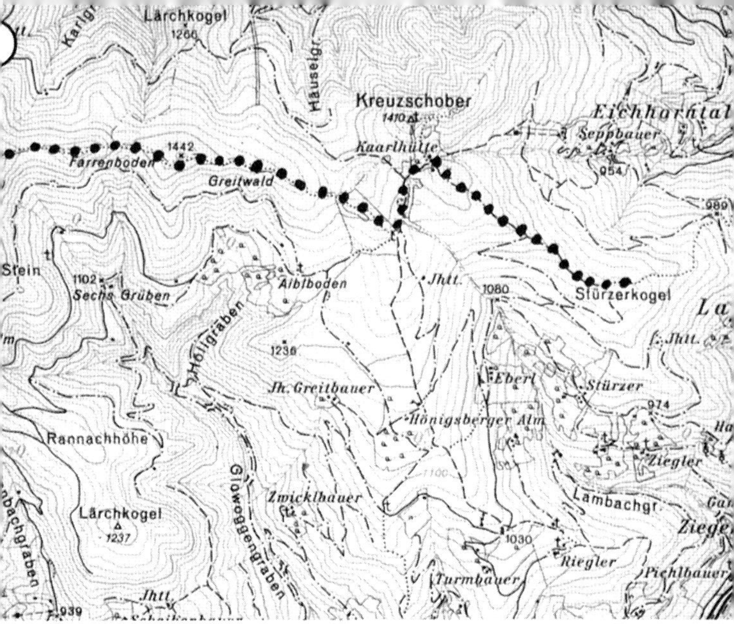

Lärchkogel
1266
Häuselgr.
Kreuzschober
1410
Eichhorntal
Seppbauer
954
Kaarlhütte
1442
Farrenboden
Greitwald
989
Stein
1102
Sechs Gruben
Aiblboden
Jhtt.
1080
Stürzerkogel
Höllgraben
1236
Jh. Greitbauer
Eberl
Stürzer
974
Hönigsberger Alm
Rannachhöhe
Ziegler
Gloggengraben
Zwicklhauer
Lambachgr.
Lärchkogel
1237
1030
Riegler
Pichlbauer
Turmbauer
Jhtt.
939

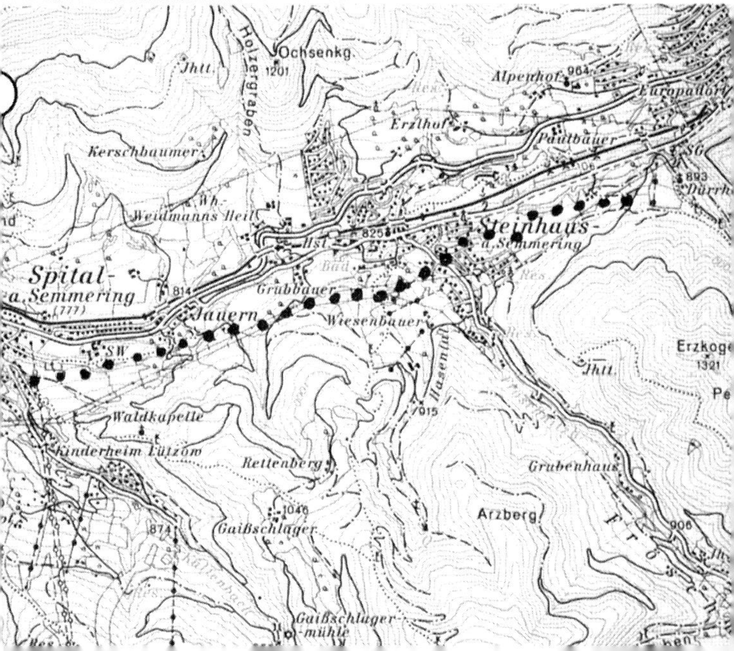

Holzergraben
Ochsenkg.
1201
Jhtt.
Alpenhof
964
Europahof
Erzlhof
Paulbauer
Kerschbaumer
893
Weidmanns Heil
825
Steinhaus-
a. Semmering
Spital-
a. Semmering
(777)
814
Grubbauer
Jauern
Wiesenbauer
Erzkogel
1321
Jhtt.
Waldkapelle
915
Kinderheim Lützow
Rettenberg
Grubenhaus
1046
Arzberg
874
Gaißschlager
Gaißschlager-
-mühle

4 Skilanglauf in Spital a. S. und am Semmering

Loipe Spital a. S. – Steinhaus: Die doppelt gespurte Strecke beginnt direkt bei der Talstation des „Stuhleck-Berglifts“ (Skiverleih gegenüber der Kirche) und verläuft in nordöstlicher Richtung über Steinhaus bis in die Nähe der Semmering-Paßhöhe. Die Loipe zieht über Wiesen, dem Fröschnitzbach folgend, in kaum merkbarer Steigung bis Steinhaus (2½ km); bei guter Schneelage wird sie durch den Ort weiter- und bis unterhalb der Paßhöhe geführt, so daß die gesamte Route (hin und zurück) dann an die 10 km beträgt.

Am Semmering stehen 3 Loipen zur Verfügung: die „Johannis-Promenaden-Loipe“ verläuft zur Gänze auf der steirischen Seite. Sie ist 8 km lang, beginnt auf der Paßhöhe unterhalb der Enzianhütte und folgt der Johannispromenade, längs des Dürrgrabens, bis zum Alpkogel. Die ersten 4 km sind eben, dann sind 400 Höhenmeter bis zum Umkehrpunkt am Alpkogel zu bewältigen; 200 m vom Umkehrpunkt befindet sich der Einstiegspunkt in die Rundwanderloipe „Kummerbauer – Blaues Kreuz“. Diese Strecke verläuft über Schwarzenberg und „Morgenbesser“ und erschließt mit 7,3 km ein Gebiet an der SO-Seite des Semmerings. – 9,6 km lang ist die „Panoramaloipe“ (so benannt wegen der großartigen Aussicht auf die Rax). Sie beginnt in der Nähe des Südbahnhotels und verläuft fast eben an der Nordseite von Pinkenkogel und Ochnerhöhe bis zur Gastwirtschaft „Thalhof“. Von dort führt eine 6 km lange Ski-Wanderloipe hinüber aufs Preiner Gscheid, womit hin und zurück eine Distanz von 31 km gelaufen werden kann.

Wie alle Paßlandschaften hat sich auch jene des „Steirischen Semmerings“ mit der Verbesserung der Verkehrswege ständig gewandelt. Nach der Eröffnung der Bahnlinie Mürzzuschlag–Graz im Jahre 1844 und der Fertigstellung der Semmeringbahn, fand das Fuhrwerks- und Schmiedegewerbe keinerlei Lebensmöglichkeiten mehr vor. Andererseits fanden viele Bewohner des Ortes bis zum 19. Jahrhundert ihren Lebensunterhalt in der Erzeugung von Holzkohle, die nicht nur für die Eisenbahn, sondern auch zuvor schon bei der Eisenverarbeitung von Nutzen war. Der Bergbau hatte um 1740 seine höchste Blüte, aber noch 1857 wurden „in der Schmelz“ und „in der Fröschnitz“ bei Spital 9621 Zentner Eisen erzeugt, und erst durch die übermächtige Konkurrenz der 1881/82 gegründeten Österreichischen Alpine-Montan-Gesellschaft mußte der Abbau des Eisens eingestellt werden. Aber der klug gelenkte Strukturwandel zum Fremdenverkehrsort machte Spital am Semmering bald zu einem der beliebtesten Fremdenverkehrsorte um den „Steirischen Semmering“.

Wanderkarten: F & B: Blatt 022; WK 022; ÖK: Blatt 104; WK der Region „Semmering – Rax – Schneealpe“; Örtliche Loipenpläne.

5 Skitour auf das Stuhleck

Von Mürzzuschlag fahren wir 5 km weit in den Auersbachgraben bis zur „Emmabrücke“ (1027 m). Hier zweigt ein Privatweg zum vlg. „Bettelbauer“ ab; wir folgen aber der Markierung 743 durch Wald in mäßiger Steigung aufwärts und finden hier auch immer schon Skispuren. Am Forsthaus „Hochreit“ geht es vorüber und unterhalb des bewaldeten Harriegels (1450 m) folgen wir Waldwegen aufwärts. Weiter führt unsere Spur durch den Hohlweg des „Kanonenrohrs“, und dann gelangen wir auf die weiten Flächen der Schwarzriegelalm hinaus – gegenüber ist schon der Gipfel der Pretulalm zu sehen. – An der meist voll zugewehten Schwarzriegelalmhütte (1459 m) geht es vorüber auf den Kamm hinauf (Gedenkstein für einen erfrorenen Wanderer). Über den (meist abgeblasenen) Rücken des Verbindungsstückes zwischen Pretul und Schwarzriegel (1600 m) wandern wir mit prachtvollem Blick auf die Hohe Veitsch weiter. – Ein kurzes Stück geht es bergab, und dann sind wir in weiteren 20 Minuten oben beim ganzjährig geöffneten „Alois Günther-Haus“ (1782 m). Vom Haus und vom daneben befindlichen Gipfelkreuz hat man eine eindrucksvolle Rundschau auf: Schneeberg, Rax, Veitschalpe, Hochschwabmassiv und Hochwechsel. – 2½ Stunden Aufstieg vom „Bettelbauer“ bzw. „Emmabrücke“. – Abfahrt über Schwarzriegelalm, dann aber nicht durch das „Kanonenrohr“, sondern linkerhand im lockeren Hochwald bis auf Forststraße, die zur Emmabrücke führt. – Das Stuhleck kann natürlich auch im Winter von der anderen Seite her erstiegen werden, so vom 1400 m hoch gelegenen Pfaffensattel oder von der Kopfstation des Liftes am Hühnerkogel von Spital a. S. ausgehend.

Das Gebiet des heutigen Mürz- und Murtales im Süden der Kalkalpen begann sich im Miozän zu senken; die dabei entstandene – vom Semmering über das untere Mürztal bis ins obere Murtal reichende Längsfurche wird „Norische Senke“ genannt. Sie wurde – bevor das Durchbruchstal der Mur bei Bruck entstand – nach Osten über den Semmering entwässert.

Das Mürztal stand um die Jahrtausendwende im Einflußbereich der Eppensteiner, der Grafen von Wels-Lambach, dann wieder der Kärntner Herzöge (Eppensteiner) und nach deren Erlöschen (1122) unter der Herrschaft der Traungauer, die 1180 das Herzogtum Steier begründeten. Das obere Mürztal bis Pichlwang gehörte ab 1060 den Grafen von Formbach-Pütten (Pitten), die durch Heirat in den Besitz der Wels-Lambacher gerieten und vermutlich den bekannten „Knappenhof“, einen Wirtschaftshof an der Mürz ausbauten, der um das Jahr 1100 zusammen mit einer Kirche im Mündungswinkel von Mürz und Fröschnitz „ad Muorzze“ genannt wird. Die landesfürstliche Siedlung „Murzuslage“ am linken Fröschnitzufer wurde im 13. Jahrhundert angelegt.

Wanderkarten: F & B: Blatt 021; WK 021; ÖK: Blatt 104; WK der Region „Semmering – Rax – Schneealpe“; Aufstiegszeit: ca. 2½ Stunden, HU.: 755 m.

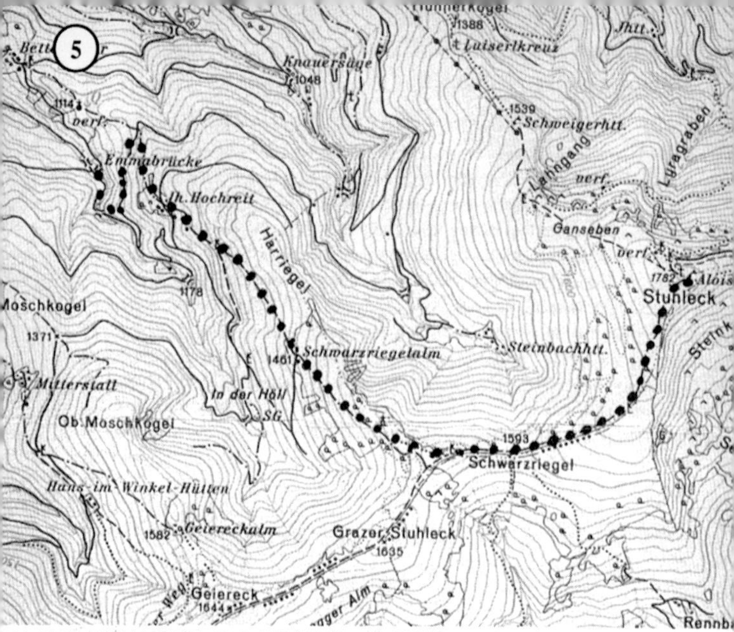
5
Knauersäge
1048
Luiserlkreuz
1388
Jhtt.
1114
verf.
Emmabrücke
Jh. Hochreit
Harriegel
1539
Schweigerhtt.
Lahngang
verf.
Lyragraben
Ganseben
verf.
1782
Alois
Stuhleck
1178
Moschkogel
1371
Mitterstall
1461
Schwarzriegelalm
Steinbachhtt.
In der Höll
SG
Ob. Moschkogel
1593
Schwarzriegel
Hans-im-Winkel-Hütten
1582
Geiereckalm
Grazer Stuhleck
1635
Geiereck
1644
Rennb

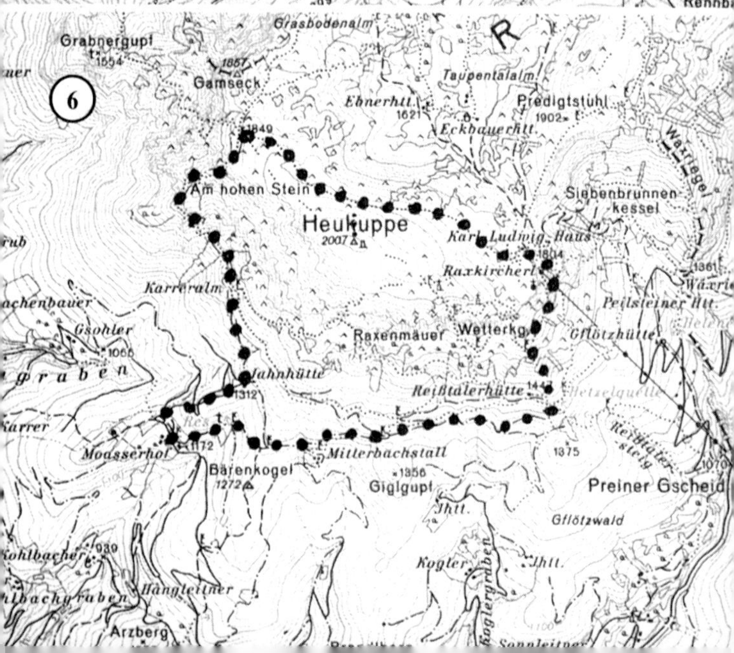
6
Grabnergupf
1554
Grasbodenalm
1857
Gamseck
R
Taupentalalm
Ebnerhtt.
1621
Predigtstuhl
1902
Eckbauerhtt.
1849
Waxriegel
Am hohen Stein
Siebenbrunnen-
kessel
Heukuppe
2007
Karl-Ludwig-Haus
1804
Raxkircherl
1361
Karreralm
Peilsteiner Htt.
Gsohler
1065
Raxenmäuer
Wetterkg.
Gflötzhütte
Jahnhütte
1312
Reißtalerhütte
1447
Hetzelquelle
Karrer
Moasserhof
1172
Mitterbachstall
1375
Reißtaler-
steig
1070
Bärenkogel
1272
1356
Giglgupf
Preiner Gscheid
Jhtt.
Gflötzwald
939
Kohlbacher
Kogler
Jhtt.
Hangleitner
Koglergraben
Arzberg

6 Vom „Moassa“ auf die Rax

Von Kapellen an der Mürz können wir einen zuerst asphaltierten, später guten Schotterweg bis zum Gasthof Moassa auf 1160 Meter hinauffahren. Nur durch eine kurze Waldzone getrennt, stehen wir hier direkt vor dem hellen Kalk der gewaltigen Raxmauern.

Wir empfehlen eine Rundtour vom Moassa über die Karreralm (1461 m) und den Hohen Stein (1725 m) bis zum Gamseck (1849 m), wo der Pfad vom niederösterreichischen Naßwald heraufkommt. Schon bei der Karreralm verlassen wir die Waldzone und umgehen im westlichen, leichten Gelände in angenehmen Serpentinen die nach Süden zu so wild wirkenden Raxmauern. Am Gamseck haben wir bereits das Plateau erreicht, und nun geht es über Almrasen in mäßiger Steigung bis zum höchsten Punkt der Rax, der 2007 Meter hohen Heukuppe. Der Rundblick von der Heukuppe geht unglaublich weit. Vom höchsten Berg der Steiner Alpen im Süden, dem Grintouvec, bis zum Dachstein und in die Ungarische Tiefebene hinaus und natürlich gegenüber zu Schneealm und Schneeberg und so fort. Wir waren bisher immer der roten Markierung nachgegangen und verfolgen diese nun noch weiter – etwa 20 Minuten leicht bergabgehend – bis zum großen, voll bewirtschafteten „Karl-Ludwig-Haus“ auf 1804 Metern.

Wenn wir uns ausreichend gelabt haben, folgen wir nun dem Rundweg weiter, zurück zum Moassa. Dazu bieten sich vier verschiedene Möglichkeiten an, die alle ihre Reize haben; etwa über den rotmarkierten, versicherten Martinsteig oder zwischen den Abstürzen auf Schuttriesen im angenehmen Zickzack zuerst die grüne, dann die gelbe und schließlich die blaue Markierung bis zum Moassa. Man muß nur genau die Hinweisschilder beachten, dann gibt es keine Probleme.

Kapellen an der Mürz: Gebirgssommerfrische im oberen Mürztal am Fuße von Rax und Schneealpe in 703 m Seehöhe.

Die 1329, also zwei Jahre nach der Gründung des Zisterzienserstiftes in Neuberg, erstmals erwähnte Pfarrgemeinde der einschiffigen, gotischen, früher zum Dekanat Spital gehörenden und danach als Neuberger Vikariat bezeugten Pfarrkirche zur Hl. Margaretha: berühmt vor allem deren Sakristeitüre mit den schönen Eisenbeschlägen, das Sternrippengewölbe in der Apsis und die aus der Umbauzeit zu Beginn des 17. Jahrhunderts stammenden Altäre.

Altenberg/Rax: hoch gelegener Erholungsort zwischen Rax und Schneealpe in 804 m Seehöhe. In der Nähe des alten Bergwerksortes bestand einst ein bedeutender, zuerst durch die Neuberg-Mariazeller-Gewerkschaft, dann 1882 durch die Alpine Montangesellschaft betriebener Spateisensteinabbau, in welchem in drei Stollen die oft zwei bis drei Meter mächtigen Lager in Grauwackenzonen verliefen.

Wanderkarten: F & B: Blatt 022; ÖK: Blatt 104; WK der Region „Semmering – Rax – Schneealpe“; Gehzeit: 4–4½ Stunden, HU.: 847 m.

7 Griesleiten – Rax – Preinergscheid

Sehr viele Möglichkeiten gibt es, die Rax zu besteigen, wir wollen zur Abwechslung einen Rundweg beschreiben, der schon im „Niederösterreichischen“, bei der sogenannten Griesleiten beginnt. Wir sind also vom Preinergscheid noch ein Stück nach Osten gefahren bis zu jenem Punkt, wo die gelbe Markierung zur „Griesleiten“ abzweigt. Wir folgen zuerst der gelben Markierung, vorbei am Gasthof Griesleithof, und wählen sodann rechter Hand die grüne Markierung des sogenannten „Holzknechtsteiges“. Oberhalb des „Taubenbrünnls“ gelangen wir zur roten Markierung, und dort zweigt dann bald der versicherte „Preinerwandsteig“ ab (1280 m). Wir wählen hier nun die linke Markierung, die uns durch Felsschutt und Latschen nach oben führt. An einem markanten Felskopf und an Latschenfeldern vorbei, erreichen wir schließlich das Vorplateau und sodann das „Schröckenfuxkreuz“, wo wir auf den langen „Plateau-Wanderweg“ der Rax stoßen. Nun schlängelt sich der Pfad ziemlich eben durch Latschen weiter dahin und bald erreichen wir die Abzweigung zum „Karl-Ludwighaus“. Zwischen drei verschiedenen Möglichkeiten dorthin können wir wählen: und zwar entweder über den Predigstuhl, über den Hauptweg oder über den „Bismarck-Klettersteig“, eine für Trittsichere mögliche Variante. 3½ bis 4 Stunden haben wir zum Karl-Ludwighaus benötigt und folgen nun der Markierung hinunter zum Waxriegelhaus und von da der gelben Markierung über Griesleiten zurück zu unserem Ausgangspunkt.

Funde von offenen, nur mit Schlegel und Eisen ausgearbeiteten Strecken sowie im Alluvialschotter des Altenberger Baches entdeckte Schlacken und Eisenreste lassen aber auf einen viel früheren Abbau schließen. Der Bergbau, welcher seit der Stiftsgründung (1327) zu den Neuberger Eisenwerken gehört hatte, wurde bis 1870 immer mehr vernachlässigt; erst damals fand ein aus Reichenau stammender Bergmann namens Matthias Mayer neue Lagerstätten am Bahn- und Steinkogel. In Altenberg wurden Ende des 19. Jahrhunderts jährlich ca. 125–130.000 Zentner Erz mit einem Eisengehalt von 35 Prozent gefördert.

Krampen: Von der „Krumpen“ = der Krümmung des Flusses (der Mürz). Neuberg: Ortsbezeichnung im Gegensatz zu Altenberg, wo bei der Besiedlung des Gebietes zuerst gerodet wurde; erst danach wurde in Neuberg Boden für einen Hof (zunächst) gerodet! Später hieß die ganze Gegend zwischen Neuberg und Krampen: „Neuberg“. Kapellen: Von der Kapelle der Hl. Margareta, dem früheren kirchlichen Mittelpunkt des Tales. Rax: (auch Gegendname Raxen) vom ahd. und mhd. „rach“, „raches“, zu „rachese“ – „rachse“ = Rax; die starre, steife, rauhe Alpe.

Wanderkarten: F & B: Blatt 022; ÖK: Blatt 104; WK Region „Semmering – Rax – Schneealpe“; Gehzeit: Griesleitenhof – Karl-Ludwighaus 3½–4 Stunden, Abstieg über Waxriegelhaus 2 Stunden; HU.: Griesleitenhof 843 m, Holzknechthütte 1648 m, Karl-Ludwighaus 1804 m, Waxriegelhaus 1361 m.

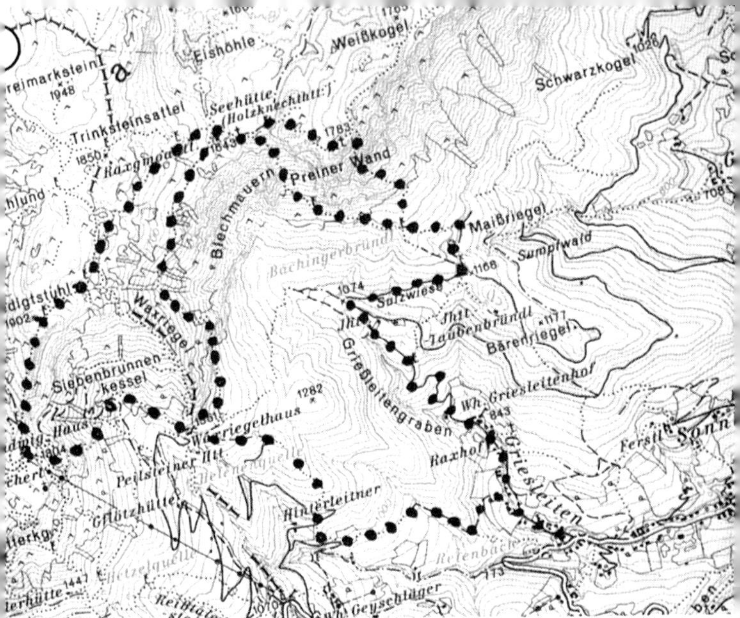

Eishöhle
Weißkogel
Schwarzkogel
1948
Trinksteinsattel
Seehütte (Holzknechthtt.)
1783
1843
1850
Preiner Wand
Blechmauern
Maißriegel
Sumpfwald
1168
1074
Salzwiese
Taubenbründl
1177
Bärenriegel
Waxriegel
Siebenbrunnenkessel
Grießleitengraben
Wh. Griesleitenhof
843
1282
Waxriegelhaus
Peilsteiner Htt.
Raxhof
Griesleiten
Ferstl
Hinterleitner
1447
Geyschläger

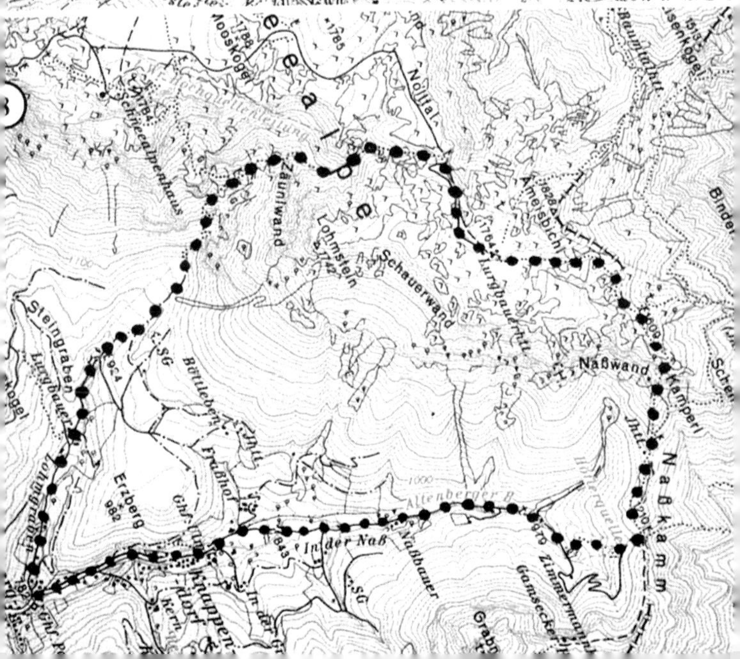

Schneealpenhaus
1784
1788
Mooskogel
1785
Nolltal
Zäunlwand
Lohmstein
1742
Schauerwand
Ameisbichl
1828
1764
Lurgbauerhtt.
Naßwand
Kamperl
Naßkamm
Steingraben
Lurgbauer
924
Erzberg
982
In der Naß
843
Naßbauer
Zimmermann
Gamseck
Knappendorf

8 Am Naßkamm – zwischen Rax und Schneealpe

Die Rundtour von Altenberg a. d. Rax über Naßkamm – Lurgbauerhütte (Ameisbühel) – Lohmgraben, zurück nach Altenberg, ist eine der reizvollsten Wanderungen im Gebiet. Ausgangspunkt: entweder Ortsmitte Altenberg (Wegweiser) oder die ein Stück taleinwärts gelegene Kapelle (Abzweigung zum Gh. Moassa). Wir folgen dem Altenbergbach, an den letzten Bauernhöfen vorbei, über Wiesen und dann in angenehmen Serpentinen auf gutem Pfad hinauf auf den Naßkamm, der mit seiner 1210 m hoch gelegenen Einsattelung den tiefsten Punkt zwischen Rax und Schneealpe darstellt. (Steirisch-niederösterreichische Grenze; Abzweigung nach Hinternaßwald; Weitwanderwege 01 und 4). Eindrucksvoller Blick zu den Raxabstürzen mit Habsburghaus. Nun steiler aufwärts zu den Schrofen und Felswandeln der Naßwand und leichter Durchstieg hinauf auf kleine Felskanzel mit genußvollem Ausblick und weiter über den breiten, latschenbestandenen Rücken und durch die obere, begrünte Karmulde in großem Bogen hinüber auf das weite Almgelände um den Ameisbühel und die 1764 m hoch gelegene, von Juni bis Ende Oktober bewirtschaftete Lurgbauerhütte (60 Schlafplätze). Wenige Minuten zum neuen Gipfelkreuz am Rand der Abstürze der Schauerwand. Weiter ein kurzes Stück auf dem Karrenweg in Richtung Schneealpenhaus, das schon recht nah vor uns liegt; jedoch Abstieg in den Lohmgraben mit seiner wildromantischen Felsszenerie: Von der schroffen Schauerwand links und der eigentümlich plattigen Hasensteinwand rechts wird ein Schluchtengelände gebildet, durch welches sich der Pfad hinunterschlängelt. Bizarrer Fels mit Türmen und Zacken begleitet den Steig: Zum Schluß über einen Waldweg bis hinunter zum vlg. Lurgbauer, wo die Asphaltstraße beginnt und uns rasch nach Altenberg zurückführt. Wenn wir zur Kapelle taleinwärts wollen, dann wählen wir den beschilderten „Pöttelweg", um zum Ausgangspunkt zurückzukehren.

Rax und Schneeberg waren in der Würm-Eiszeit (100.000–10.000 v. Chr.) voll vergletschert. Vom Schneeberg erstreckte sich der Eisstrom durch die Breite und Krumme Ries und durch den Schneidergraben in den Puchberger Talkessel. Von der Rax stürzten die Eismassen ins Große Höllental, ins Naßtal und in die Prein hinunter, wobei der Höllentalgletscher fast bis zur Schwarza hinunterreichte.
Während sich die Altenberger und die Neuberger die Schneealpe als „Hausberg" teilen, ist die Rax – ähnlich dem Schneeberg – seit dem Beginn ihrer Erschließungsgeschichte ziemlich fest in der Hand der Wiener Bergsteiger. So war der Gamsecksteig der erste Felsensteig für Touristen auf der Rax; er wurde vom österreichischen Touristenklub vor allem als Verbindungsweg über den Naßkamm zur Schneealpe angelegt und 1875 eröffnet und bot nun die Möglichkeit zur Viergipfeltour „Schneeberg – Rax – Scheealpe – Veitsch".
Wanderkarten: F & B: Blatt 022; ÖK: Blatt 104; WK Region „Semmering – Rax – Schneealpe", lokale Wanderkarten. Gehzeit: ca. 5½ Stunden, HU.: ca. 960 m.

9 Neuberg – Farfel – Schneealpe – Windberg – Karlgraben – Neuberg

Vom Ortsteil Neudörfl von Neuberg an der Mürz folgen wir vorerst dem beschilderten alten „Knappensteig" in Richtung Altenberg, bis wir nach ½ Stunde die markierte Abzweigung in Richtung „Farfel" (Nr. 445) erreichen. Durch Wald und später über Bergwiesen geht es auf die Farfelwand zu; steil in Serpentinen, aber immer auf gutem Pfad. An einer Aussichtskanzel mit Blick auf die Dächer des Stiftes Neuberg geht es vorbei und schließlich an die Abstürze der Schneealm dicht heran und gut gestuft neben der Farfelwand auf das Plateau hinauf. Hier stoßen wir auch auf die Mautstraße (die Straßenbenützer müssen aber schon tiefer unten ihre Autos verlassen), der wir (die Kurven abschneidend) ein Stück folgen. Die Abzweigung hinüber zum Schneealpenhaus (1782 m) lassen wir rechts liegen und gehen über das schöne weite Almplateau zu den Almhütten mit der bewirtschafteten „Rinnhoferhütte" (1733 m); 2½ bis 3 Stunden von Neuberg. – Von hier in 20 bis 30 Minuten hinauf zum Gipfelkreuz des Windberges (1903 m). Abstieg nun von der Rinnhoferhütte über den Karlgraben (Nr. 441) nach Neuberg: Zuerst durch ein hübsches, begrüntes Dolinentälchen heran an den Plateaurand zwischen Karleck und Rauhenstein und nun in bizarrer Felslandschaft auf gutem Pfad hinunter auf den „Karlboden" (sehr schöner Rastplatz) und über romatischen Steig weiter hinab. Vorüber an einer Quelle und in unzähligen Serpentinen bis zum ausgetrockneten Flußbett des Karlgrabens. Erstaunlich abweisend und wild steigen hier überall die Wandfluchten empor. Über die „Sieben Quellen" erreichen wir den „Rudolfsteig" als Querverbindung nach Neuberg und benötigen für den Abstieg vom Windberg nochmals an die drei Stunden.

Neuberg/Mürz: Die Geschichte der Ortschaft wird vor allem durch die 1327 gegründete und 1786 aufgelassene Zisterzienserabtei bestimmt. Die von Herzog Otto dem Fröhlichen, dem jüngsten Sohn Albrecht I. (dt. König von 1298–1308), als Sühne für den über ihn ausgesprochenen Bann errichtete Abtei blieb lange Zeit in ihrer Funktion als kulturelles Zentrum den Habsburgern verbunden. Otto starb nach vier Jahren Ehe mit seiner zweiten, 16jährig verstorbenen Gemahlin, 1339 in Wien, wurde aber nach seinem Willen in einer Gruft der Stiftskirche Neuberg (im Kapitelsaal) begraben.
Weitere Sehenswürdigkeiten: St. Anna-Kapelle (1410 1420 erbaut), jetzt ein Wohnhaus auf einer vorspringenden Felsnase; Filialkirche Mariae Himmelfahrt (Ende des 15. Jahrhunderts, Chor von 1513/14, Pietà von 1450; jetzt in der Stiftskirche, dient jetzt als Friedhofskapelle), ein Heimat- und ein privates Naturkundemuseum.
Wanderkarten: F & B: Blatt 022; ÖK: Blatt 103 und 104; WK der Region „Semmering – Rax – Schneeberg", WK „Rax – Schneealpen-Region"; Gehzeit: Neudörfl-Rinnerhoferhütte 2½–3 Stunden, zum Gipfel 20 bis 30 Minuten, Abstieg über Karlgraben ca. 3 Stunden, HU.: ca. 850 m.

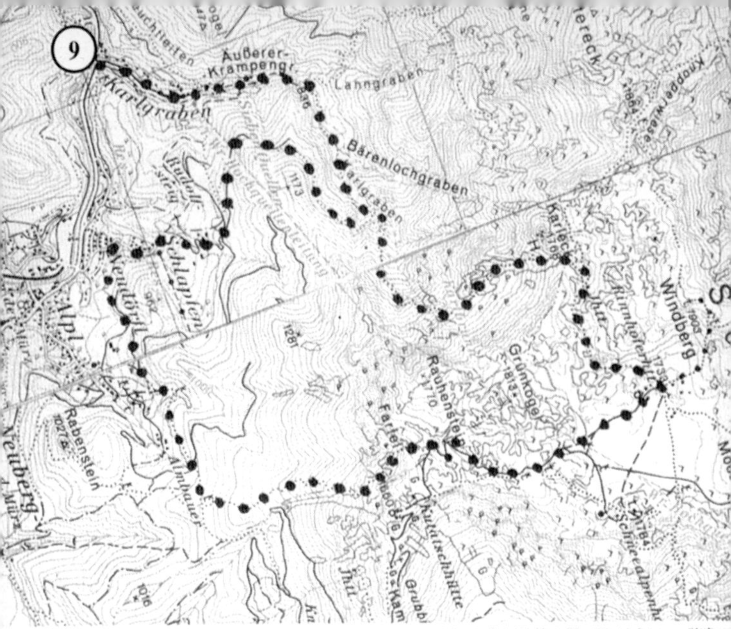
9
Äußerer-
Krampengr.
Karlgraben
Lahngraben
Bärenlochgraben
Karlgraben
Rudolfsteig
Schlapfen
Neuhörfl
Alpl
Rabenstein
Neuberg
Almbauer
Karleck
Windberg
Grünkogel
Rauhenstein
Farfel
Kutatschhütte
Schneealpenh.

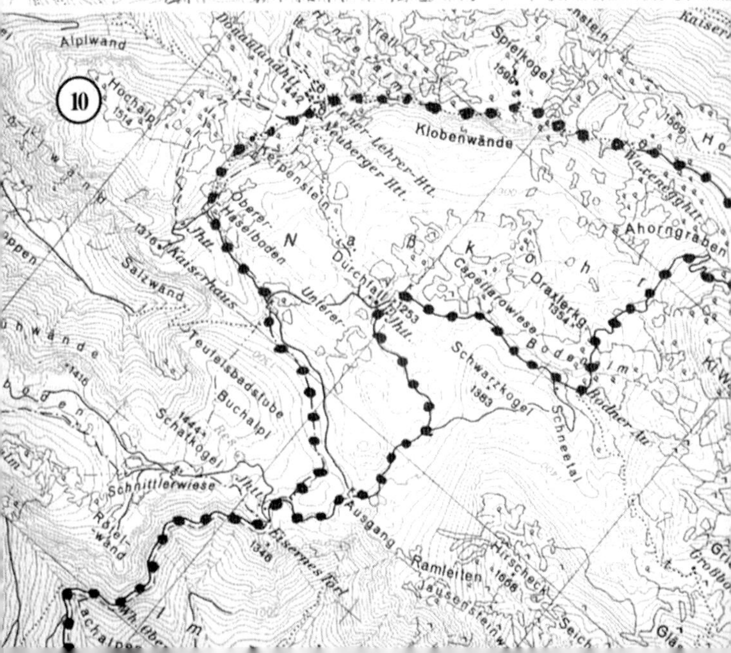
10
Alplwand
Hochalpl
1514
Donaulandhtt.
Wiener-Lehrer-Htt.
Neuberger Htt.
Klobenwände
Spielkogel
Wasserbodenhtt.
Ahorngraben
Oberer-
Haselboden
Kaiserhaus
Salzwand
Durchfall
Unterer-
Capellarowiese
Draxlerkg.
Rodner Au
Teufelsbadstube
Buchalpl
Schatkogel
Schwarzkogel
Schneetal
Schnittlerwiese
Rötelwand
Eisernes Tor
Ausgang
Ramleiten
Hirscheck
Jausensteinw.

10 Krampen – Naßköhr – Hinteralm

Nördlich von Krampen im Mürztal gibt es die Ortsbezeichnung „Tirol", und dort wählen wir unseren Ausgangspunkt, um eine Rundwanderung über das Naßköhr zur Hinteralm zu unternehmen. Vom Gh. Oberwallner folgen wir zuerst ca. 1 Stunde einer Forststraße, die uns zum „Eisernen Törl" auf 1300 m führt. Hier beginnt nun die eigentliche Rundwanderung: Wir begehen den nach rechts abzweigenden Forstweg in Richtung „Durchfall" über die weite, im vorderen Teil mit Hochwald bestandene Plateausenke. Kleine Felspartien und Almwiesen sind eingestreut, und im Norden wird dieses landschaftlich reizvolle Gebiet vom Felsriegel der Klobenwände begrenzt, hinter denen sich das Gebiet der Hinteralm erstreckt. Naßköhr heißt der gesamte Bereich, der tatsächlich viele „Naß- und Sumpfstellen" aufweist. Beim „Durchfall" (in der Nähe verlassene Jägerhütte) verschwindet der Bach in einem Felsschacht des Dolinengeländes („fällt" also nach unten „durch"). Nun kommen wir an den Capellarowiesen, dem interessantesten Gebiet des Naßköhrs mit seinem Hochmoor vorbei (uralte Fichten in Christbaumgröße und seltene Pflanzen; Naturschutz). Bei der Bodenalm (Jausenstation) schwenken wir nach Norden in Richtung Hoch-Waxeneck. Zuerst noch durch Wald, dann aber nur noch über freies Almgelände, kommen wir zur Waxeneck-Almhütte (Jausenstation), die in sehr hübscher Umgebung liegt. Nun weiter am Rand der Felsabstürze in Richtung Hinteralm. Lohnender 20 Minuten Abstecher zu Spielkogel (1599 m, Gipfelkreuz, schöne Fernsicht) und weiter am Weg 401 zum „Hüttendorf" der Hinteralm (AV-Hütte, Sektion „Wiener Lehrer"; ganzjährig bewirtschaftet). Von hier auf gut markiertem Weg zurück zum „Eisernen Törl", wo sich der Rundweg schließt.

Besonders sehenswert im Stift sind die zwei großen Innenhöfe, in einem davon ein Brunnen von 1511. Die von 1328 bis 1496 erbaute, riesige und dreischiffige, ehemalige Stiftskirche „Mariae Himmelfahrt", eine Hallenkirche mit schönen Maßwerkfenstern und dem größten Holzdachstuhl Österreichs (1060 Kubikmeter Lärchenholz, nur mit Holznägeln verbunden), dessen Modell auch in der Kirche ausgestellt ist, sowie der riesige, 20 m hohe Hochaltar von 1611/12, die bekannte „Neuberger Madonna" von 1330 in der zweiten Seitenkapelle rechts die schöne Kanzel von 1670, die barocke Rundorgel, die Oratoriumsloge, die Loretokapelle, die Sakristei u. v. a.

Zweiter bestimmender Faktor in der Geschichte von Neuberg war die seit dem Ende des 17. Jahrhunderts betriebene Nutzung der nahen Eisenvorkommen, die 1800 bzw. 1812 vom Montanärar und 1882 von der neugegründeten Österreichischen Alpine-Montangesellschaft übernommen wurden und bald danach nicht mehr rentabel abgebaut werden konnten. 1924 wurden die Betriebe stillgelegt.

Wanderkarten: F & B: Blatt 022 und 031; ÖK: Blatt 103; HU.: von Krampen 690 m, vom Alplgraben 610 m.

11 Mürzsteg – Senkstein – Hohe Veitsch – Niederalpl

Etwa 1 km nach Mürzsteg in Richtung Niederalpl zweigen wir bei einem Bildstock links in den Oberen Brunntalgraben ab. Nach einem kurzen Straßenstück leitet die Markierung 466 in den Hochwald, und ein gut begehbarer Steig führt uns in Serpentinen in 1½ Stunden empor zum Senkstein (1407 m). Ab hier betritt man die freien Almböden bzw. den sich hier schon auflockernden Almwald. An der alten Jagdhütte geht es vorbei mit Blick auf die felsigen Nordabstürze der „Veitsch". Auf den baumlosen Almböden sind markierte Holzpflöcke eingeschlagen, damit man sich auch bei Nebel zurechtfinden kann. Bei der neu erbauten „Ebenhütte" können wir den markierten Weg auf gut ausgetretenem Pfad abkürzen („Scheibengraben") und erreichen weiter oben, auf der Kammhöhe, wieder die Markierung. Hier, am südöstlichen Plateaurand der Hohen Veitsch stoßen wir auf den Fernwanderweg 401, der von den nahen Veitschalmhütten herüberkommt. Unser Pfad schlängelt sich nun durch Latschenfelder und an Dolinen vorbei (Abzweigung zu den Kletterfelsen der „Burg") leicht ansteigend über den sogenannten „Vorkogel" zum westlichen und höchsten Teil des Veitschmassivs. Eine kurze Abzweigung führt uns zum Graf Meran-Schutzhaus (1836 m), im Herbst nur an Wochenenden geöffnet. In 20 Minuten erreichen wir von hier das Gipfelkreuz der Hohen Veitsch (1981 m) mit herrlicher Sicht auf den Hochschwab, Ötscher, Rax und Steiner Alpen. – Vom Gipfel führt uns der Weg zurück auf einen Sattelübergang, und ab hier folgen wir der Markierung 405 (NSWW) in Richtung Niederalpl; vor uns der schroffe Wildkamm. Über „Gingatz-Wiese" und „Bärenkar-Alpe" (Quelle) steigen wir hinunter zur sattelartigen Sohlenalm mit ihren Hütten (1380 m) und von dort durch Wald auf die Paßhöhe des Niederalpls.

Über das einst so bedeutende Stift hängt die Geschichte Neubergs auch mit jener von Mürzsteg eng zusammen. Das südlich hinter einer Gartenanlage errichtete Klostergebäude wurde in den Jahren 1860–1870 von Kaiser Franz Joseph I. als Jagdschloß benutzt, ehe er sich in Mürzsteg jenes Jagdschlößchen erbauen ließ, das heute noch den österreichischen Bundespräsidenten als Refugium dient. In Mürzsteg war aus dem ursprünglichen Jagdhaus des Stiftes und um dessen Kapelle gegen Ende des 18. Jahrhunderts die heutige Siedlung entstanden. 1785 wurde für die hier ansässige, kleine Holzknechtkolonie die Pfarrkirche zur Schmerzhaften Mutter erbaut, als besondere Zierde gilt das in einer schönen Parkanlage am linken Mürzufer gelegene, im Schweizerstil erbaute kaiserliche Jagdschloß, das zunächst im Auftrag Kaiser Franz Joseph I. (1848–1916) um 1869 als einfaches Jagdhaus errichtet worden war. 1879 wurde es erweitert. Als 1902 feststand, daß Zar Nikolaus II. den Kaiser hier besuchen würde, ließ der seit den fünfziger Jahren hier leidenschaftlich gern jagende Franz Joseph das Haus schloßartig ausbauen und neu einrichten.

Wanderkarten: F & B: Blatt 4; ÖK: Blatt 103; Gehzeiten: Senkstein–Hohe Veitsch 2–2½ Stunden; Hohe Veitsch–Niederalpl 2–2½ Stunden HU.: 1178 m.

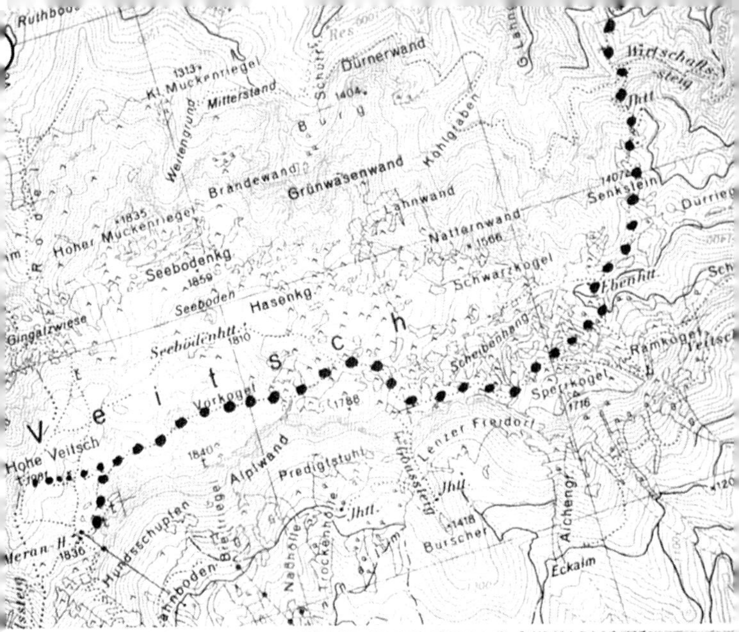
Dürnerwand
Kl. Muckenriegel
Mitterstand
Burg
Weitengrund
Brandewand
Grünwasenwand
Kohlgraben
Lahnwand
Wirtschaftssteig
Senkstein
Hoher Muckenriegel
Seebodenkg
Seeboden
Hasenkg.
Natternwand
Schwarzkogel
Ebenhtt.
Gingatzwiese
Seebodenhtt.
Veitsch
Scheibenhang
Ramkogel
Vorkogel
Sperrkogel
Hohe Veitsch
Lenzer Freidorf
Alplwand
Predigtstuhl
Hundsschupfen
Meran-H.
Naßhölle
Trockenhölle
Burscher
Aichengr.
Eckalm
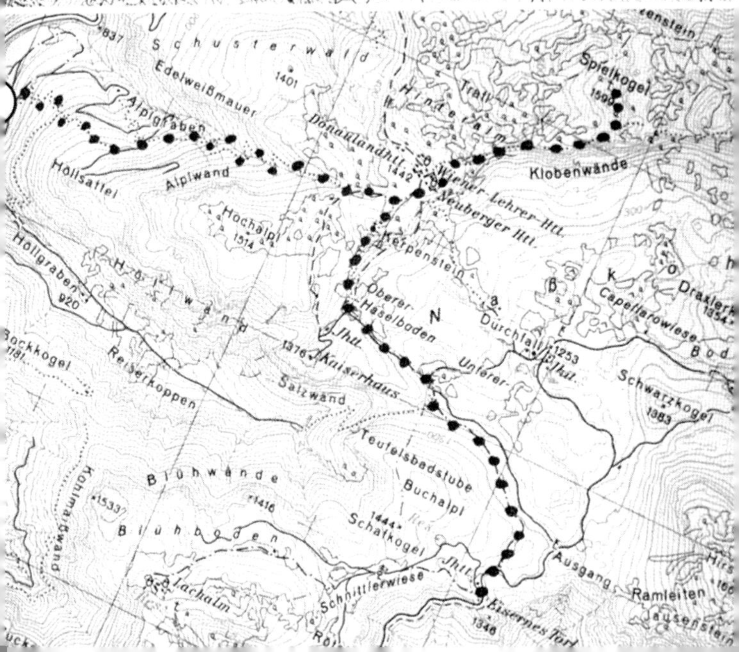
Schusterwald
Edelweißmauer
Alplgraben
Spielkogel
Hinteralm
Donaulandhtt.
Wiener-Lehrer-Htt.
Neuberger Htt.
Höllsattel
Alplwand
Klobenwände
Hochalpl
Kerpenstein
Höllgraben
Höllwand
Oberer-Haselboden
Durchfall
Capellarowiese
Bockkogel
Reiserkoppen
Kaiserhaus
Salzwand
Unterer-
Schwarzkogel
Teufelsbadstube
Buchalpl
Bluhwände
Kohlmaisswand
Bluhboden
Schafkogel
Schnittlerwiese
Lachalm
Ausgang
Ramleiten
Kiesernes Tor

12 Skitour auf die Hinteralm

Die 1442 m hoch gelegene Hinteralm bietet – von steilen Gräben und Bergwäldern umgeben – auf ihrem wellig geneigten Hochplateau den Skiwanderern leichte Tourenziele. Das ständig bewirtschaftete Alpenvereinshaus der Sektion „Wiener Lehrer“ gewährt auch im Winter gastliche Atmosphäre. Beliebteste Tourenziele sind Roßkogel (1524 m) und vor allem der Spielkogel (1599 m) mit Gipfelkreuz und prachtvoller Aussicht zu Königskogel, Proles, Tonion, Veitsch und Hochschwab. Drei Aufstiegswege sind im Winter zu nennen: Am beliebtesten ist jener vom Gasthaus Oberwallner im „Tirol“ (844 m), das man von Krampen aus erreicht. Der Hüttenwirt versorgt von hier aus mit einem Motorschlitten das AV-Haus, und über das „Eiserne Törl“ (1346 m) folgt man der Schlittenspur in 2½ bis 3 Stunden bis zum Hüttendorf der Hinteralm. Der kürzeste Anstieg führt von Scheiterboden aus (zwischen Mürzsteg und Frein) durch den Alplgraben zwischen Alplwand und Edelweißmauer in 2 Stunden auf die Alm; die Markierung schneidet hiebei ständig die Forststraße. Der steilste Aufstieg geht schließlich direkt von Frein weg. Die Markierung leitet über den Hochriegel sehr rasch auf die Hochfläche hinauf, wo man unterhalb des Roßkogels zu den Hütten (neben AV-Haus auch Selbstversorgerhütten) hinüberquert (2½ Stunden). Die leichteste Abfahrt folgt dem Pfad (Schlittenspur) hinunter ins „Tirol“; eine ebenfalls unschwierige Abfahrt folgt der Forststraße durch den Alplgraben (wenn man auf der Straße bleibt, auch für Anfänger geeignet). Eine ebenfalls leichte Abfahrt geht durch den Schusterwald in die Frein, und die rasanteste Abfahrt führt vom Hoch-Waxeneck nach Neuwald.

Die sogenannte „Kaiserstraße“ auf die Hinteralm, wo man noch heute das einstige kaiserliche Jagdhaus und das „Kaiser-Bankerl“ findet, weist deutlich auf die starken, jagdlichen Interessen des Monarchen hin; auch die Flurbezeichnung „Im Tirol“ verweist darauf, daß die Habsburger des öfteren erfahrene Tiroler Holzknechte zur Pflege ihrer ärarischen Forste in andere Länder holten.

Als der Kaiser, dem allein die Jagd vorbehalten war, Anfang der fünfziger Jahre im Mürzsteger Revier zu jagen begann, betrug der Wildbestand kaum 50 Stück Hoch- und 20 Stück Gemswild, gedieh aber durch sorgfältige Hege und Schonung schon 35 Jahre später zu an die 1200 Stück Hochwild, 500 Gemsen, 100 Rehen und einem guten Auer- und Birkwildbestand. Auf dem gesamten forstärarischen Grundbesitz der Domänen Neuberg und Mariazell war das Jagdrecht dem „Allerhöchsten Hofe“ reserviert, zudem wurden vom Hof zum Schutz der namhaften Hochwildjagden im forstärarischen Wildbanne auch die Gemeindejagden Mürzsteg, Neuberg, Altenmarkt und Kapellen sowie Jagden in der Umgebung gepachtet.

Wanderkarten: F & B: Blatt 022 und 031; ÖK: Blatt 103; WK Region „Semmering – Rax – Schneealpe“. Aufstiegszeiten: Tirol–Wiener Lehrerhütte 2½–3 Stunden, Alplgraben–Wiener Lehrerhütte 2 Stunden; HU.: ca. 600 m bzw. 640 m.

13 Skitour: Rodel – Hohe Veitsch

Von Mürzsteg fahren wir noch etwa 6 km bis zum Gasthof Gamsjäger in Niederalpl, in 921 m Seehöhe gelegen. Dieser Ort ist nicht zu verwechseln mit dem etwa 3 km weiter oben, auf 1223 m gelegenem Niederalpl-Paß. Direkt von hier wandern wir nun – natürlich schon mit den Steigfellen auf den Skiern – zum Veitschalpengraben hinein und folgen zuerst einem Forstweg, dessen flache Kehren wir aber mehrmals abschneiden können. Sollten wir keine Skispuren vor uns haben, dann brauchen wir uns nur in ziemlich gerader Linie nach oben zu halten. Ein Waldweg und später dann Waldlichtungen führen uns logisch weiter hinauf. Die Felsabstürze des Muckenriegels haben wir bald vor uns, und nach einer guten Gehstunde biegen wir dann im Sinne des Aufstiegs nach rechts, um in das Kar zwischen Muckenriegel und Wildkamm hineinzugelangen. Hier hört der Hochwald auf, und es beginnen die idealen Skihänge der sogenannten „Rodel". Nun folgt eine Steilstufe, und bei der „Gingatzwiese" stoßen wir auf den Sommerweg, der vom Niederalpl-Paß auf die Veitsch führt. Gut einen Kilometer haben wir von hier noch durch die flachen Kare des Hochplateaus bis zum Gipfelkreuz (1981 m) und an die 3 Stunden hat der Aufstieg für die rund 1000 Höhenmeter in Anspruch genommen. Die gesamte Tour darf nur bei guten Sichtverhältnissen und keinesfalls nach größeren Schneefällen durchgeführt werden.

Niederalpl: Durchschnittlich 921 m Seehöhe. Die Erzlager im Gebiet wurden schon sehr früh zur Eisenerzeugung abgebaut. Auf steirischem Gebiet waren es hier (von O nach W) Bergbauten am Preiner Gscheid, in Altenberg, Neuberg, auf der Rotsohl (16. Jahrhundert–1875), auf der Sohlenalm (1782–1892), am Niederalpl (beiderseits der Straße knapp unter der Paßhöhe auf der westlichen Seite 1782–1866), am Gleißnerriegel und im Kohlbauerngraben (1855–1896), wo die größten Bergbaue lagen. Am Niederalpl, wo der Erzlagervorrat zunächst in drei Stollen ab 1872, später noch im Jakobistollen (1803), im Karl- und Sachsenstollen (1850) und ab 1857 im Antonistollen abgebaut wurde, stand ab 1791 auch ein 8,2 m hoher Hochofen, der unter dem Erneuerer des hiesigen Bergbaues, Ignaz von Reichenberg (Pächter des Eisengußwerkes.) zur Verhüttung der Abbauerze von Sohlen und Niederalpl errichtet wurde.

Das Niederalpl – als Straßenübergang nach Mariazell bzw. zum Seeberg hervorragend ausgebaut und betreut – ist als höchster Punkt zwischen Veitschmassiv und Tonion auch Kreuzungsort mehrerer Pilgerpfade nach Mariazell. Der einfachste und meistbegangene verläßt allerdings kurz vor der Ortschaft Niederalpl das Dobreintal und führt in 2 Stunden zum Buchalpenkreuz (1402 m), dem höchsten Punkt dieses sogenannten „Mariazeller Steiges" hinauf.

Wanderkarten: F & B: Blatt 4; ÖK: Blatt 103; Aufstiegszeit: ca. 3 Stunden, HU.: 1060 m.

13

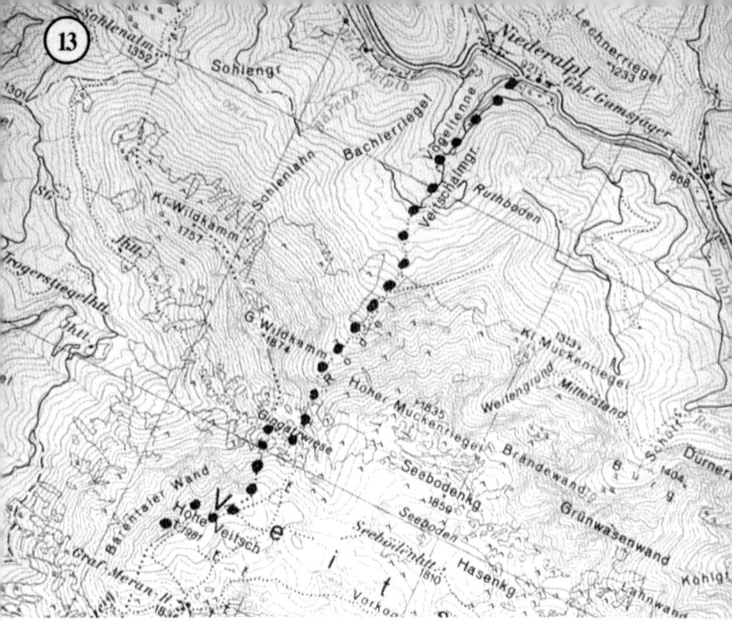
Sohlenalm
1352
Sohlengr
Niederalpl
Lechnerriegel
1233
Ghf. Gamsjäger
Bachlerriegel
Vogeltanne
Veitschalmgr.
Ruthboden
Schlenlahn
Kl.-Wildkamm
1757
Trogersttiegelhtt.
G. Wildkamm
1874
Kl. Muckenriegel
Weitengrund
Mitterstand
Hoher Muckenriegel
1835
Gingatzwiese
Brandewand
Seebodenkg.
1859
Seeboden
Grünwasenwand
Bärentaler Wand
Hohe Veitsch
1981
Graf Meran-H.
Hasenkg.
Lahnwand
808

14

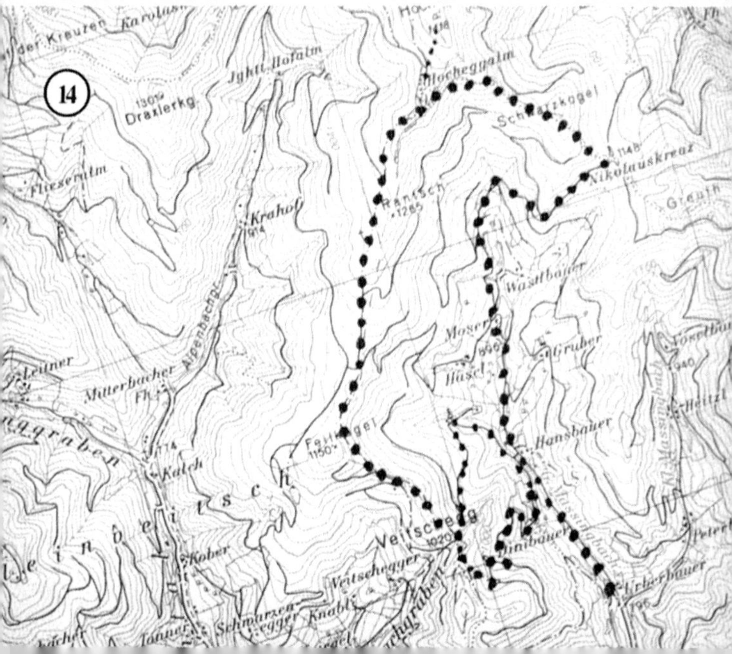
Hocheggalm
Schwarzkogel
1148
Nikolauskreuz
Draxlerkg.
Rantsch
1285
Krahof
914
Fliegeralm
Wastlbauer
Moser
Gruber
Häsel
Hansbauer
Mitterbacher
Faltkogel
1150
Veitschberg
1020
Kober
Veitschegger
Schwarzenegger
Knabl
Kalch
774

Blick von Trofaiach zu den Hochschwabbergen

Hochturm

Blick auf Grünen See beim Anstieg auf den Hochturm

Sonnschienalm mit Ebenstein

14 Krieglach – Massing – Hocheck – Veitschegg

Am besten fährt man von Krieglach in den Massinggraben noch einige Kilometer bis zum vgl. Urberbauer hinein und beginnt dort die Rundwanderung: Wir folgen dem Hinweis „Nikolauskreuz" und der Wegnummer 483. – Auf einem Güterweg geht es mäßig aufwärts, beim vlg. Moser geht die asphaltierte Straße in einen Forstweg über. – Hier, im hintersten Massinggraben, wird das Tal wieder weit. – In weiten Serpentinen wandern wir aufwärts und folgen dabei dem alten Saumweg hinüber nach Arzbach – Neuberg a. d. M. – Nach einer knappen Stunde erreichen wir das Nikolauskreuz (1148 m) mit Abzweigung zur Malleistenalm. – Wir halten uns aber links und folgen der Markierung Nr. 484 zum „Hocheck". In zwei steileren Etappen geht es aufwärts, bald ist das flache Gelände der Hocheckalm (ca. 1350 m) mit ihren beiden Hütten (im Sommer bewirtschaftet; Getränke) erreicht. In ¼ Stunde gelangen wir auf das Gipfelplateau des Hochecks (1418 m) mit dem Kriegerdenkmal-Marterl und der umfassenden Aussicht auf Hohe Veitsch, Rauschkogel, Fölzstein, Schneealm und Rax. Von der Hocheckalm gehen wir aber nun in südwestlicher Richtung weiter (Markierung 481) wandern zuerst über freie Almflächen, kommen dann bald in den Hochwald und erreichen, mäßig abwärts gehend, nach etwa einer ¾ Stunde einen Forstweg, dem wir nach links folgen. Bald führt uns die Markierung linkerhand auf einen Waldpfad, und schließlich erreichen wir im Wald die kleine Einsattelung des Veitscheggs (1020 m), wo die Markierung von Veitsch heraufkommt. – Wir gehen noch etwa 500 m in Richtung der Nr. 481 weiter, zweigen aber dann – unmarkiert – am ersten Forstweg nach links ab und gelangen in weiten Serpentinen über das Anwesen vlg. Dinibauer zu unserem Ausgangspunkt in den Massinggraben hinunter.

Krieglach: Markt in 608 m Seehöhe. Der durch die Gedenkstätten für Peter Rosegger (1843–1918) im gesamten deutschen Sprachraum bekannte Markt verfügt über eines der schönsten Gotteshäuser des Mürztales. Die 1376 erstmals urkundlich genannte Pfarrkirche zum Hl. Jakobus dem Älteren ist ein sehenswerter, im Kern noch dem späten 14. Jahrhundert angehöriger, in der Spätgotik und im Barock umgestalteter Hallenbau mit Maßwerkfenstern und einem Netzrippengewölbe. Der Hochaltar des von 4 Initienkapellen umgebenen Gotteshauses wurde während der Rokokoeinrichtung im 3. Viertel des 18. Jahrhunderts mit einem Tabernakel des Eisenerzers Johann Tendler versehen. Neben der Grabstätte Peter Roseggers auf dem Ortsfriedhof zählt sein Landhaus (Roseggerstraße 44) mit den Museumsräumen zu den vielbesuchten Sehenswürdigkeiten des Marktes.

Wanderkarten: F & B: Blatt 021; ÖK: Blatt 103; Gehzeit: ca. 4 Stunden, HU.: ca. 600 m.

15 Wandern in Peter Roseggers „Waldheimat“

Zu jeder Jahreszeit lohnt sich ein Besuch von Peter Roseggers Geburtshaus, dem Kluppeneggerhof, den wir von der Waldschule (unterhalb des Alpl im Feistritzbachgraben gelegen) aus in einer halben Stunde erreichen. Dieses ursteirische holzgezimmerte Haus wirkt durch seine harmonische Einfachheit ganz besonders. Gerne lassen wir uns drinnen von der schlichten Atmosphäre der bäuerlichen Welt, in der früher alles vom Rhythmus der Jahreszeiten vorgegeben war, bezaubern. Selbst bei geringer Schneelage – oder als Vormerkung für den Sommer – empfiehlt sich eine Wanderung vom Kluppeneggerhof (1144 m) nach St. Kathrein/H.: Über weite Wiesen geht es zum vlg. Schmiedhofer hinunter und zum versteckt liegenden Lentkreuz (1000 m). Von dort folgen wir der Markierung Nr. 734 hinauf zum Sattel des „Ziesler Angers“ und weiter über Pfad Nr. 737 ohne wesentliche Höhenunterschiede zum „Oberen Schlagbauer“. Die Weg-Nr. 736 leitet uns schließlich über den vgl. Hochkamper nach St. Kathrein. Wenngleich diese Strecke von der Waldschule weg 3 Stunden in Anspruch nimmt, ist sie doch hübscher zu gehen, als jene durch den Hirschbachgraben nach St. Kathrein.
Für die Freunde des Wintersports bietet das Alpl Skilifte beim Bruggraber und am Hauereck. Besonders empfehlenswert ist aber die Langlaufloipe zum Hauereck (1300 m) über eine Strecke von 2 mal 5 km, die nicht nur landschaftlich reizvoll ist, sondern auch ideale Geländeverhältnisse bietet.
Alpl/Waldheimat: Weitgestreute Bergbauerngemeinde in 1000 m Seehöhe, ca. 300 Einwohner, mit dem Geburtshaus (bereits 1500 erwähnt, 1744 zum jetzigen Zustand umgebaut) des berühmten Dichters Petri Kettenfeier Rosegger (1843–1918) und der von ihm 1902 gestifteten und zuerst vom Lehrer Roseggers, dem „Waldschulmeister“ Michael Patterer aus St. Kathrein, geleiteten „Waldschule“, in deren Räumen das Unterrichtszimmer der ehemaligen, 1975 wegen Schülermangels aufgelassenen „einklassigen“ Volksschule, ein Rosegger-Zimmer und die Einrichtungen des „Österreichischen Wandermuseums“ zu besichtigen sind. Es zeigt die Entwicklung der Wanderbewegung von den Wanderberufen („Stör“), den Wallfahrern über Alpinismus und Jugendbewegung bis zur Gegenwart. Kaum bekannt ist übrigens, daß Rosegger aufgrund einer kleinen Erzählung im Heimgarten (über einen tschechischen Kellner, der nicht Deutsch lernen wollte) im Jahre 1913 vermutlich nicht den Literatur-Nobelpreis erhalten hat; er hatte dadurch und mit erfolgreichen Sammelaufrufen zum Ausbau deutschsprachiger Schulen in den Grenzgebieten den Unmut des „Tschechischen Kulturverbandes“ erregt, der bei der schwedischen „Akademie der Wissenschaften“ gegen seine Wahl protestierte.
Wanderkarten: F & B: Blatt 021; Wanderkarte 021; ÖK: Blatt 104 und 135;
Gehzeit: ca. 3 Stunden, HU.: ca. 60 m.

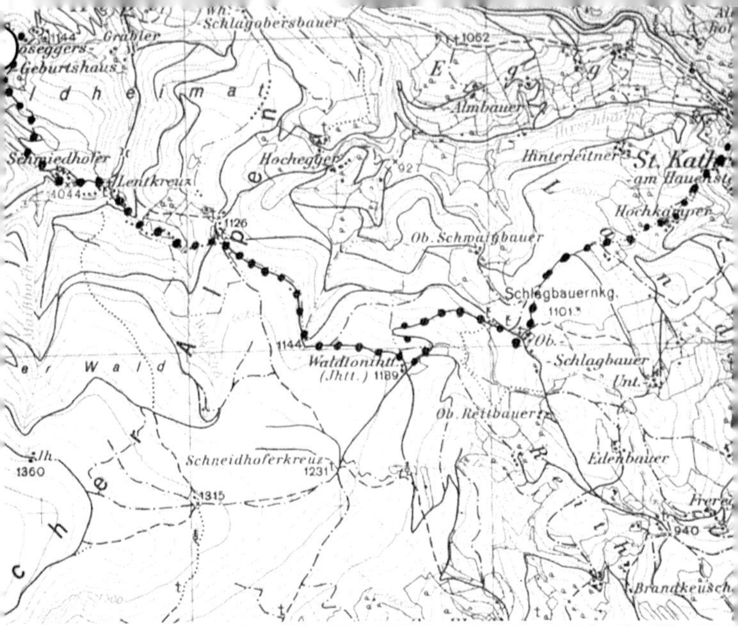
Schlagobersbauer
1144
Grabler
Geburtshaus
1062
Almbauer
Schmiedhofer
Lentkreuz
1044
Hochegger
Hinterleitner
1126
Ob. Schwaigbauer
Schlagbauernkg.
1101
1144
Waldtonihtt.
(Jhtt.) 1189
Ob.
-Schlagbauer
Unt.
er Wald
Ob. Rettbauer
Edenbauer
Schneidhoferkreuz
1231
1360
1315
940

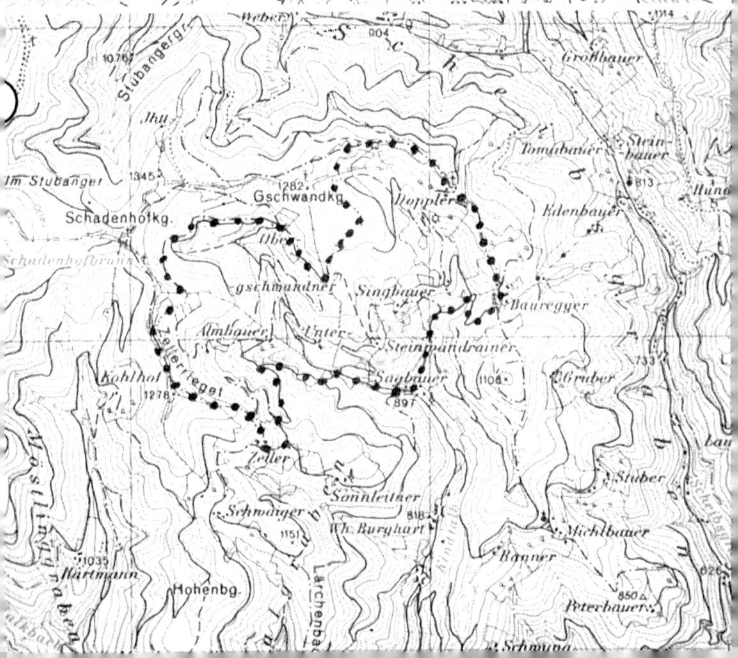
Weber
904
Großbauer
Stubangergr.
Jhtt.
Tombauer
Stein-
bauer
813
Im Stubangel
1345
1282
Gschwandkg.
Doppler
Edenbauer
Schadenhofkg.
Ober-
gschwandner
Singbauer
Bauregger
Almbauer
Unter-
Steinwandrainer
Kohlhof
Zellerriegel
1278
Sagbauer
897
1108
Gruber
733
Zeller
Stuber
Sonnleitner
Schwaiger
818
1151
Wh. Burghart
Michlbauer
1035
Hartmann
Hohenbg.
Banner
850
Peterbauer

16 Zu den „Wetterkreuzen“ im Kindberger Bergland

Ausgangspunkt ist der Kindtalgraben bei Kindberg, dem wir einige Kilometer bis zum Anwesen vlg. Sagbauer folgen, wo wir das Fahrzeug abstellen können. Wir folgen ab hier vorerst der Markierung Nr. 7 auf unserem Rundweg. An der „Sagbauerhöhle“ (Fledermauskolonie) kommen wir vorbei und steigen dem kaum befahrenen Güterweg folgend bequem hinauf zum vlg. Baueregger. Über lichte Lärchenwiesen leitet uns nun der Weg 7 hinauf zum höchstgelegenen Bauern der Gegend, dem vgl. Doppler. Sehr schöne Aussicht schon von hier auf Semmering mit Sonnwendstein, auf Stuhleck, Stanglalm, Hochschlag, Hochlantsch und Rennfeld und (nur ein kurzes Stück höher) auf die wuchtige Hohe Veitsch. Hübsch liegt das altehrwürdige Haus mit dem hölzernen Troadkasten schon am Rand der anschließenden Almflächen. – Vorbei an „Blitzlärchen“ geht es nun in westlicher Richtung über die freie, bereits almähnliche Fläche hinauf zu den „Drei Wetterkreuzen“ mit ihren typischen drei Querbalken (1¼ Stunden vom „Sagbauern“). Über eine Almwiese steigen wir nun in eine Senke hinab, und dann schwenkt unser „7er Weg“ links ab. (Von hier sind es nur 10 Minuten auf den 1282 m hohen Gschwandkogel.) – Nun geht es ein Stück eben durch Wald, und anschließend gelangen wir zum „Zeller-Wetterkreuz“. Hier teilt sich die Markierung, die Nr. 7 führt weiter zum Troiseck, wir folgen der Nr. 31 nach Süden und gelangen (vorbei an zwei weiteren Wetterkreuzen) zum vlg. Zeller. Über den etwas längeren Güterweg (Nr. 29) oder den kürzeren Forstweg (Nr. 30) kommen wir von hier hinunter zu unserem Fahrzeug beim „Sagbauer“. – Die Route Nr. 30 führt unterhalb des selten extrem gelegenen Bergbauernhofes vlg. „Almbauer“ vorüber.

Das waldreiche Bergland nördlich von Kindberg, der 1982 zur Stadt erhobenen „Perle des Mürztales“, gemahnt in seiner stillen Einsamkeit auch heute noch an die jahrtausendealte Funktion dieses Seitentales der Mur als verstecktes Rückzugsgebiet abseits der alten Verkehrswege. Vom vlg. „Sagbauer“, unserem Ausgangspunkt, stammt auch die große, als Objekt Nr. 12 ins „Österreichische Freilichtmuseum“ aufgenommene Säge, ein sogenanntes „Venezianergatter“. Die dreibalkigen, immer in Dreiergruppen stehenden Wetterkreuze („Wetter“ – vielleicht auch von Veit, Hl. – „Veitstanz“, kultischer Tanz bzw. Hagelkreuz – eventuell vom germanischen Jahresgott Hagil oder Hagall) sind seit Menschengedenken am Heiligengeist-Samstag (vor Pfingsten) Ziel der um Wettersegen und Unwetterabwehr bittenden Kindtaler Bauern; das mittlere Kreuz (dreibalkig = auch Papstkreuz) trägt die Leidenswerkzeuge Christi, Lanze und „Palm“ (= Essigschwamm), nach älterem Glauben auch Blitz und Hammer, die Zeichen des Wettergottes Thor.

Wanderkarten: F & B: Blatt 4; ÖK: Blatt 103; Wanderkarte des FVV Kindberg. Gehzeit: 3–3½ Stunden; HU.: 385 m.

17 Kindberg – Troiseck

Eine Wanderung in das stille Waldbergland, das sich zwischen Mürztal und Veitschalpe erstreckt, führt uns auf den Hausberg von Kindberg, dem Troiseck. Wir können direkt von der Ortsmitte, am Schloß Oberkindberg vorbei, schon den bestens markierten und mit der Wegnummer 470 bezeichneten Pfad wählen oder mit dem Auto den Möstlinggraben hineinfahren und das Fahrzeug beim „Pölzl-Wirt" abstellen. Von dort sind es dann allerdings nur noch 1½ Gehstunden auf das Troiseck. Fast immer gehen wir durch Wald, der nur gelegentlich durch Blößen und Lichtungen unterbrochen wird. Der Weg führt uns am „Maurer-Kreuz" vorbei und dann zum „Schoanhof-Brunn". Das ist eine vom Fremdenverkehrsverein hübsch gefaßte Quelle mit einem hölzernen Brunnentrog. Bis hierher und dann noch weiter bis zum Gipfel kommen wir an insgesamt drei markierten Abzweigungen zum „Hubertushof" vorbei; an sich ein zusätzliches Wanderziel, wenn man einen kleinen Rundweg aus unserer Tour machen will. Vor dem Gipfel kommen wir auf eine große Waldlichtung, und hier gibt es eine interessante Aussicht auf den Hochschwabzug in seiner Gesamtheit und auf alle wichtigen Berge der Eisenerzer Alpen. Dann ist es nicht mehr weit auf den höchsten Punkt mit dem Gipfelkreuz. Der Platz ist eine hübsche Waldwiese, aber ohne Aussicht.
Um auch nach Süden einen guten Aussichtspunkt zu erreichen, empfehlen wir, beim Rückweg vom Maurerkreuz einen kleinen Abstecher auf den „Töllmarkogel" zu machen. Hier haben wir Stuhleck, Pretul, Hochlantsch, Rennfeld, Mugel und Zirbitzkogel sehr gut im Blickfeld.
Ehe wir uns beim Pölzlwirt wieder ins Auto setzen oder ganz hinuntergehen bis nach Kindberg, lohnt es sich, beim benachbarten Bauern vlg. Pölzl, einem gastfreien Haus, einen Besuch zu machen.

Hier beim vulgo Pölzl fand auch in den schweren Zeiten der letzten Jahrhundertwende ein mittelalterliches geistliches Schauspiel einen starken Mentor. Das Paradeis- und Schäferspiel – derzeit nur noch in mehrjährigem Abstand in Steirisch-Laßnitz bei St. Lambrecht aufgeführt – wurde meist von Bauern für bäuerliche Zuschauer gespielt, kam spätestens im 15. und 16. Jahrhundert aus dem süddeutschen Raum in die Steiermark und wurde vor allem im Mürz-, Mur- und Paltental aufgeführt. Nachdem die Kindberger Bauern zuvor meist noch in einem Gasthaussaal gespielt hatten, bildete sich 1908 um den Bauern Erhard Rinnerhofer, vlg. Pölzl, eine neue Spielgruppe. Rinnerhofer spielte selbst den Gott-Vater bzw. den Propheten, er verfügte über ein vollständiges, handgeschriebenes Textbuch. Bei der Aufführungsreihe von 1912 zeichnete sogar Viktor Zack die Singmelodien aus den beiden Spielen auf, die dann über die Weststeiermark auch nach Steirisch-Laßnitz wanderten. Danach wurden Paradeis- und Schäferspiel nur noch von 1933 bis 1935 und 1958 im Hause vlg. Ranner im Kindtalgraben aufgeführt.

Wanderkarten: siehe Tour 16; Gehzeit: von Kindberg 2–3 Stunden, vom Gh. Pölzl ca. 1½ Stunden; HU.: 901 m bzw. ca. 390 m.

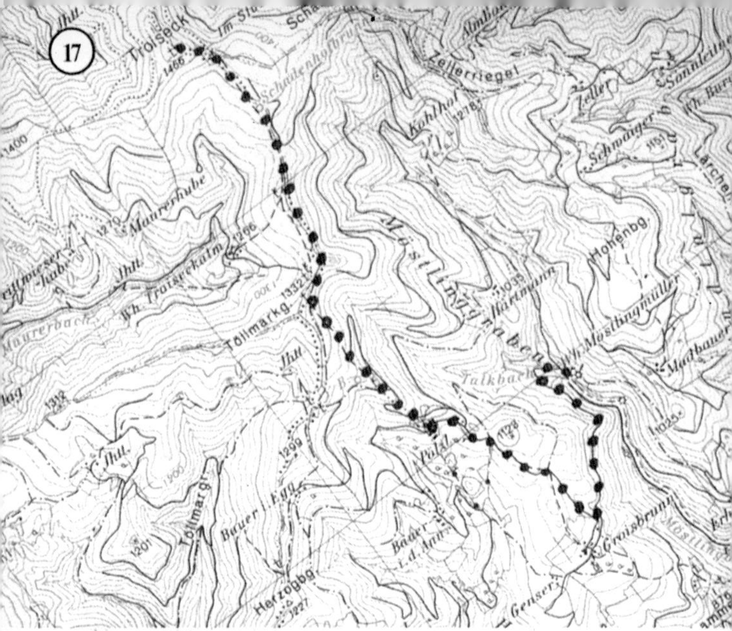
17
Troiseck
1466
Schadenhofbrunn
Zellerriegel
Kohlhof
Zeller
Sonnleitner
Schwaiger
Maurerhube
Troiseckalm
Wh. Troiseck
Maurerbach
Töllmarkg.
1332
Mößlinggraben
Hartmann
Hohenbg.
Wh. Mößlingmüller
Talkbach
Pötzl
1299
Bauer i. Egg
Töllmargr.
1201
Bauer i. d. Ann
Greisbrunn
Herzogbg.
1227
Genser
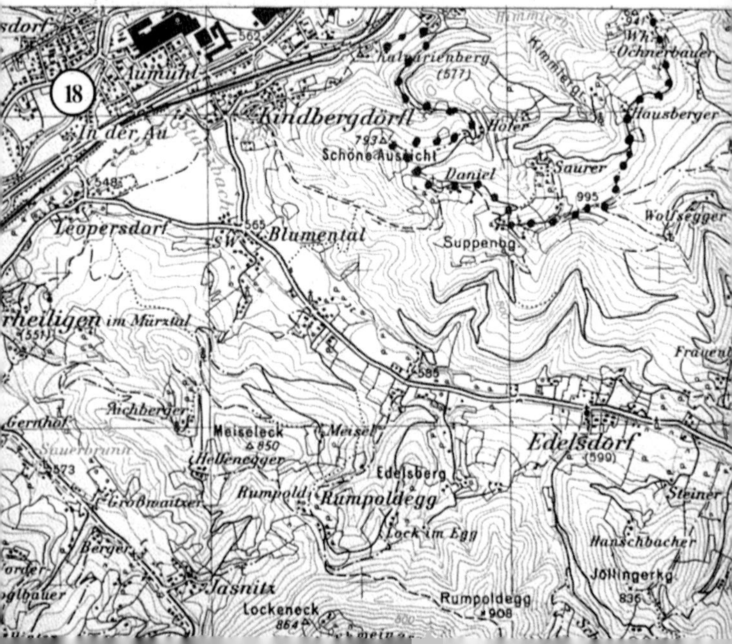
18
Aumühl
Kalvarienberg
(577)
Wh. Öchnerbauer
Kindbergdörfl
793
Schöne Aussicht
Höfer
Hausberger
In der Au
Daniel
Saurer
548
995
Leopersdorf
565
Blumental
Suppenbg.
Wolfsegger
im Mürztal
(551)
585
Aichberger
Meiseleck
850
Meisel
Edelsdorf
(590)
Hellenegger
Edelsberg
Rumpoldegg
Steiner
Großwaitzer
Lock im Egg
Hanschbacher
Berger
Jasnitz
Jöllingerkg.
836
Rumpoldegg
908
Lockeneck
864

18 Von Kindberg zum Gasthof Ochnerbauer

Man beginnt diese Rundwanderung am besten beim Kindberger Kalvarienberg (beziehungsweise in Bahnhofsnähe) oder in Nähe der Skilift-Talstation. Zwischen Bahnhof und Kalvarienberg ist es die Markierungsnummer 12, die uns bald in den Hochwald hineinleitet, wo uns der schön angelegte Wanderpfad in mäßiger Steigung in vielen Kehren nach oben führt. Nach 30 bis 45 Minuten wird das Gelände flacher, und wir erreichen einen Aussichtsplatz über das untere Mürztal („Schöne Aussicht", 793 m) mit Blick auf Mürzhofen, St. Marein, St. Lorenzen und Kapfenberg, aber auch hinüber zur Hohen Veitsch. – Hier kommt auch ein direkter Pfad von Kindbergdörfl herauf und gemeinsam führt nun die Markierung 721 weiter zur Stanglalm. – Wir folgen diesem Pfad, vorbei am Gehöft vulgo Daniel mit dem schönen, alten Troadkasten und wandern oberhalb des „Suppenberges", vorüber am Anwesen „Griesberger" – nur noch wenig steigend – weiter. Es geht wieder in den Hochwald hinein, und wir erreichen bald die Tafeln der Langlaufloipe. An der ersten Hinweistafel „Ochnerbauer" können wir noch vorbeigehen, der zweiten müssen wir aber nach unten folgen. – Hier an der Kreuzung der Wanderwege (die Markierung 720 kommt über den Gasthof Ochnerbauer von Kindberg herauf) vereinen sich die beiden Routen über das Fuchsegg und die Mitterndorfer Alpe zur Stanglalm. – Wir gehen nun die paar Minuten hinunter zum ganzjährig geöffneten, beliebten Ausflugsgasthof Ochnerbauer (941 m Seehöhe) und beschließen über den markierten Pfad oder über die Zufahrtstraße unsere Rundwanderung nach Kindberg.

Kindberg: 1982 zur Stadt erhobene „Perle des Mürztales" mit ca. 6300 Einwohnern, 555 m Seehöhe. Der Kindberger Kalvarienberg – die einzige klassische Berganlage des Mürztales – ist durch den Verein zu seiner Erhaltung mit höchster künstlerischer Akribie und unter Anteilnahme aller Bevölkerungsschichten in mehrjähriger Arbeit restauriert und 1985 festlich wiedereröffnet worden und zählt nach fachkundiger Meinung zu den drei schönsten der Steiermark. 1674 ließ der Schloßherr von Oberkindberg, Graf Abundio Inzaghi den Grundstein zur Kirche legen, den damals sein Neffe, Prinz Benedetto Kardinal Odescalchi, der spätere Papst Innozenz XI. (der „Türkenpapst") einweihte. 1686 wurde der „Berg Calvari" geweiht, an dessen natürlicher Geländeform der Passionsweg Christi unter Einbezug von Felsdurchgängen, Höhlen und Steilstufen fast spiralförmig zur Kreuzigungsgruppe am Gipfelplateau ansteigend nachgebildet wurde. Die wertvollen, ausdrucksstarken Figuren in den Kapellen und Grotten sind großteils barock geprägte Vollplastiken aus Holz (verm. des Kindberger Bildhauers Peter Löger, aber auch des berühmten Veit Königer) oder aus Sandstein.

Wanderkarten: F & B: Blatt 4; ÖK: Blatt 134 und 103; WK des FVV Kindberg;
Gehzeit: Bahnhof – Kalvarienberg 15 Minuten; Kalvarienberg – Schöne Aussicht 45 Minuten; Schöne Aussicht – Ochnerbauer 45 bis 60 Minuten.

19 Teufelstein und Stanglalm

Ausgangspunkt für eine Besteigung des Teufelsteins ist die Schanz (1171 m). Von diesem bekannten Straßenübergang folgt man der grünen Markierung. Durch geschlossenen Hochwald geht es weiter, bis man bald zum Gipfelplateau des Teufelsteins mit seinen übereinandergeschlichteten Steinblöcken (1499 m) gelangt. (Wissenschafter vermeinen hier sehr alte Spuren einer Bearbeitung – Kultstein? – zu erkennen.)
Zehn Minuten unterhalb des Gipfels steht die während der Weidezeit bewirtschaftete Teufelstein-Almhütte.
Von hier kann man nun fast eben (Markierung 730) zur Stanglalm weitergehen. Der Weg führt in westlicher Richtung meist durch Wald. Teilweise folgt man dabei dem Verlauf von Forststraßen; später kommt ein Hohlwegstück, und dann erreicht man auch schon die Bärneben (1408 m), ober dem sogenannten „Walserkreuz", und nach kurzer Steigung lichtet sich der Wald, und es beginnt die weite Fläche der Stanglalm. Das letzte Wegstück war auch ein Teil des „Zellerweges" Nr. 06.
Von Stanz führt auch ein direkter Weg auf die Stanglalm; von Kindberg kommt er über das Fuchsegg herauf, von Mitterdorf über den „Zellerweg" und von Krieglach über den „Wolfsriegel".
Das „Waldheimat-Schutzhaus" auf der Stanglalm ist ganzjährig bewirtschaftet, die „Leopold-Wittmaier-Hütte" nur während der Hauptsaison.
Stanz im Mürztal: 2200 Einwohner, 668 – 580 m Seehöhe, ist eigentlich der Hauptort eines Seitentales der Mürz, jenes des Stanzbaches (1290 „fluvius stovenz" oder „stavenz"; wie „Stainz" vom slawischen savnica = der schleichende, ruhig fließende, starke Bach!) und genießt einen guten Ruf als Sommer- und Wintererholungsort. Kulturelle Zentren des nur dünn römisch und slawisch besiedelten Tales waren seit dem Mittelalter die jetzige Filialkirche zum Hl. Ulrich mit ihrem spätgotischen Langhaus von 1521, deren kreuzrippengewölbter Chor um 1540 durch Otto von Stubenberg errichtet wurde und die neben einer gotischen Sakristei auch über eine Wendeltreppe aus dieser Zeit verfügt (Stanz-Untertal!); und die Pfarrkirche zur Hl. Katharina, deren Stiftungsdatum (Lorenzitag 1366) das erste zuverlässige Nennungsdatum darstellt. Die Bewohner des Stanztales hatten auf unbekannte Weise ihre „Freiheiten" von gewissen Abgaben erlangt; eine letzte entsprechende Urkunde von Kaiser Joseph I. stammt aus dem Jahre 1706! Vielleicht sind sie auf die tapfere Verteidigung der alten Türkenschanze („Schanzsattel", 1171 m Seehöhe) zurückzuführen, wo um 1880 noch Reste einstiger Befestigungen zu sehen waren. Um diese Zeit trieb der – aus Brandstatt- und Fochnitzbach gebildete Stanzbach noch mehrere Mühlen sowie Eisen- und Stahlhämmer, die Ambosse, Anker, Zeugwaren etc., darunter auch Bestandteile der ersten Grazer Kettenbrücke (1836) erzeugten.
Wanderkarten: F & B: Blatt 4; ÖK: Blatt 134 und 135; Gehzeiten: Schanz–Stanglalm 2½ Stunden; Schanz–Teufelstein ca. 1 Stunde; HU.: 327 m bzw. 319 m.

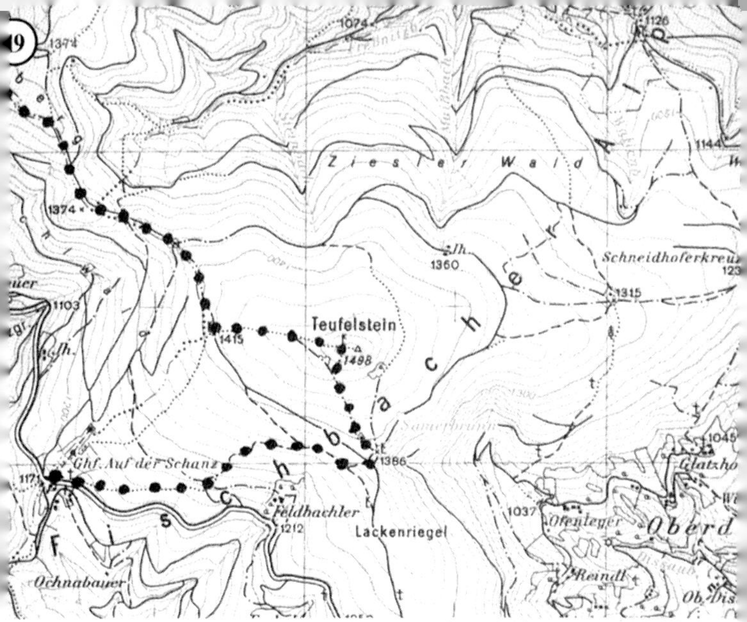

19
Ziesler Wald
Teufelstein
1498
1415
1374
1360
1315
Schneidhoferkreuz
Ghf. Auf der Schanz
1171
1103
Feldbachler
1212
Lackenriegel
1386
1037
Ofenleger
Reindl
Ochnabauer
1074
1126
1144

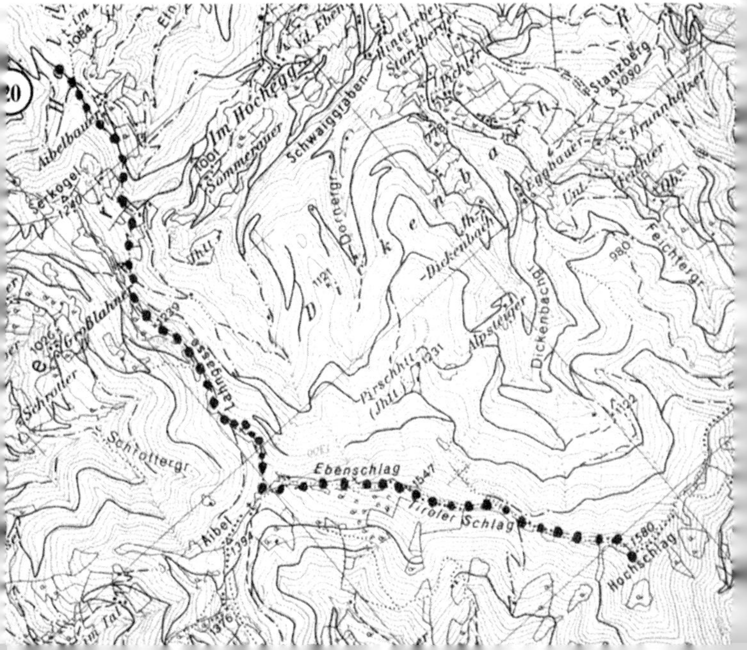

20
Im Hochegg
Aibelbauer
Serkogel
1240
Sommerauer
Schwaiggraben
Stanzberg
1090
Brunnhölzer
Eggbauer
Dorner
Dickenbach
Alpsteiger
Pirschhtt. (Jhtt.)
1231
Schrotter
Schrottergr.
Ebenschlag
Tiroler Schlag
Hochschlag
1580
Aibel
1394
Feichtergr.
980
1122

20 Stanz – Hochschlag

Als südlichster Berg der Fischbacher Alpen erstreckt sich der Hochschlag als fast 3 km langer steilflankiger Kamm, dessen höchste Schneide durch ein breites Joch gekerbt ist, das den Berg zweigipfelig macht. Seine isolierte Lage macht ihn zu einem der schönsten Aussichtsberge des Gebietes, von dem man über Schneeberg, Hochschwab und Hohe Veitsch bis in die Tauern, aber auch in die Ungarische Tiefebene hineinsieht. Zum Angreifen nah sind die Nordabstürze des gegenüberliegenden Hochlantsch. Es gibt zwei Varianten, um die Wanderung auf den Hochschlag zu beginnen: Entweder durch den Traßnitzbachgraben, dem Weg Nr. 1 folgend, bei vlg. Sänger und vlg. Riegler vorbei auf den Höhenrücken in die Nähe des Serkogels; oder direkt im Ort Stanz beginnend, durch den Hollerbachgraben zum vlg. Ödbauer und zum „Eiblbauern", südlich des Serkogels; nun noch ein Stück hinauf und beide Wege treffen sich. In südwestlicher Richtung, sehr hübsch am aussichtsreichen Kamm, verläuft der markierte Pfad weiter; Lahngasse wird dieses Wegstück bezeichnet. Über das „Kamskerkreuz" erreichen wir bald die Hofbaueralm mit der freundlichen Hütte (Jausenstation), und von hier geht es über den Almrücken steiler zum Gipfelkreuz des Ebenschlags (1557 m) hinauf. Nun ist es über das langgestreckte Joch nicht mehr weit zum Hochschlag (1580 m). Von hier könnten wir, der Markierung 740 folgend, über die Maißhöhe bis zum Straßegg weitergehen oder schon vorher nach Norden in den Brandstattgraben (7 km bis Stanz) abzweigen. Näher ist es jedoch, wenn wir vom Hochschlag über die Hofbaueralm und Lahngasse zurückgehen und der Markierung nach Osten folgend, über die Schafferbauerhalt nach Brandstatt absteigen.

Das Stanzer Tal gilt als westliche Begrenzung der sogenannten „Waldheimat": Diese trägt als einzige steirische Landschaft eine geographische Bezeichnung, die von einem Dichterwort herrührt: Petri Kettenfeier Rosegger hat sie so genannt und ihr damit ein unvergängliches literarisches Denkmal gesetzt. Der berühmte Dichter wurde am 31. Juli 1843 am Kluppeneggerhof als ältestes von sieben Kindern des Laurenz und der Maria „Roßegger" geboren, blieb bis zu seinem 17. Lebensjahr im Vaterhaus und lernte durch den entlassenen Schulmeister Michael Patterer und in der Schule von St. Kathrein am Hauenstein lesen und schreiben. Ab dem Sommer 1860 zog er mit dem Schneidermeister Ignaz Orthofer als Lehrling, später Geselle, zu den umliegenden Bauern auf die „Stehr", die ihm die vielgerühmte Kenntnis des Bauernvolkes und seiner Nöte und Bräuche vermittelte. 1870 erschien sein erstes Buch „Zither und Hackbrett". Im Jahre 1881 umfaßte sein Werk bereits 30 Bücher! Roseggers Ruf reichte weit über die Grenzen und trug ihm 3 Ehrendoktorate sowie hohe Orden und Auszeichnungen ein.

Wanderkarten: F & B: Blatt 4; ÖK: Blatt 134; lokale Wanderkarten; Gehzeiten: ab Stanz ca. 4 Stunden, ab Eibelbauerstraße ca. 2½ Stunden; HU.: 910 m bzw. 420 m.

21 Skilanglauf auf der Schanz und in Stanz

Skiwandern auf der Schanz: Vom Schanzsattel in 1171 m Seehöhe tragen wir unsere Langlaufski, der Sommermarkierung auf die Stanglalm folgend, vorerst etwa 2 km bergauf, wenn der Schnee hart ist, sonst können wir diesen mäßig steilen Anstieg auch schon „per Ski" zurücklegen. Nach einer halben Stunde erreichen wir eine Wegkreuzung und bei einem grün gestrichenen Schranken, der einen Forstweg absperrt, wenden wir uns nach rechts, während die „Stanglalm-Besteiger" (was mit Touren- oder Langlaufski möglich ist) sich nach links halten. – Ein kurzes Wegstück geht es leicht bergauf, und dann erreichen wir den Beginn des Rundkurses „Um den Teufelstein", den die Langlauffans sich dort nach jedem Neuschneefall selbst austreten. Die Strecke ist sehr nett, fast vollkommen eben und 6 km lang, wobei in „1 km-Abständen" Tafeln angebracht sind. Der 1498 m hohe Teufelstein wird dabei in einem Kreis vollkommen umrundet (mit schönen Ausblicken auf die Rax und nach Fischbach). *Die Langlaufloipe in Stanz:* Sie führt vom Ortsteil Unteralm bei Stanz bzw. direkt vom Ortszentrum über die „Hofwiese", überquert den Traßnitzbach und verläuft am schattseitigen Hangfuß, südlich des Tanzbaches über die Wiese bis in die Höhe von Fladenbach bzw. weiter bis Edelsdorf; die gesamte, gut gespurte Strecke ist 7 km lang.
Eine weitere Loipe gibt es auch drinnen im *Brandstattgraben;* der in ca. 630 m Höhe gelegene Rundkurs ist 3½ km lang. In der Brandstatt gibt es auch einen 1300 m langen Skilift mit 300 m Höhenunterschied, und ein weiterer Skilift im leichten Gelände (Kinder, Anfänger) steht oben auf der „Schanz" zur Verfügung.

Auf dem Weg von Kindberg ins Stanzer Tal, etwa 1 km südwestlich des Ortszentrums, findet man den wohl eindruckvollsten Kalvarienberg der oberen Steiermark. Vorbild für die 1674 vom Schloßherrn auf Oberkindberg, Abundio von Inzaghi gestiftete, 13 Stationen umfassende Anlage war zweifellos der Kalvarienberg von Graz. Inzaghi, im Zuge der Rekatholisierung in die steirische Landsmannschaft aufgenommen, hatte 1661 die Herrschaft Oberkindberg erworben (heute Sitz der gräflichen Familie Attems-Spiegelfeld, des Österreichischen Montanmuseums, 1980 und eines Heimatmuseums, 1981), sein Sohn Johann Anton ließ den Grundstein legen und ein Neffe, der spätere „Türkenpapst" Innozenz XI. weihte diesen nach alter Familientradition. Später wurde die Stiftung dem Paulanerorden zugesprochen, dessen Patres bis 1954 die geistliche Betreuung des Kindberger Kalvarienberges oblag. 1954 übernahm sie der Pfarrherr der Marktkirche St. Peter und Paul. Seit 1981 sorgt der „Verein zur Erhaltung des Kindberger Kalvarienberges" für die Renovierung der weitläufigen Anlage, die bald nach ihrer Weihe im Mai 1686 in der Fasten- und Passionszeit zum Ziel hunderter frommer Menschen aus der Umgebung wurde.

Wanderkarten: F & B: Blatt 4; ÖK: Blatt 134 und 135.

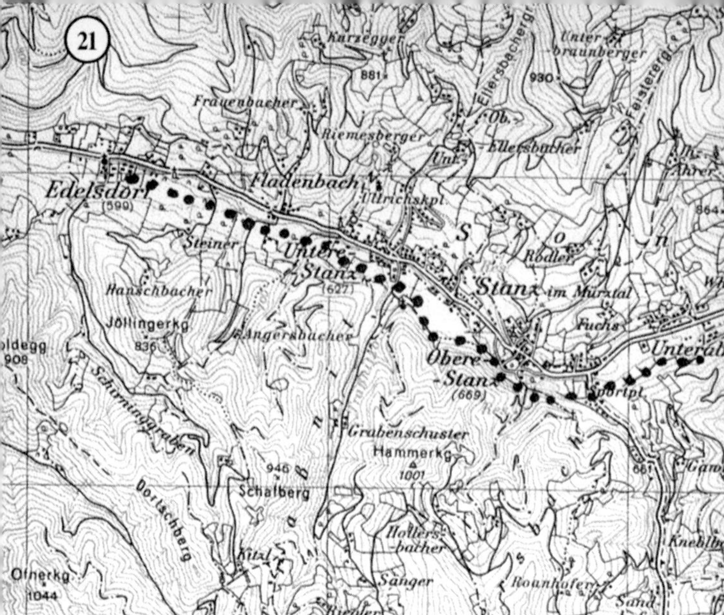
21
Kurzegger
Unter-
braunberger
881
930
Frauenbacher
Riemesberger
Ellersbacher
Edelsdorf
(599)
Fladenbach
Ullrichskpl
Steiner
Untere-
Stanz
(627)
Stanz im Murztal
Rodler
Fuchs
Hanschbacher
Jöllingerkg
836
Angersbacher
Obere-
Stanz
(669)
Sportpl
Grabenschuster
Hammerkg
1001
946
Schalberg
Dortschberg
Hollers-
bacher
Sanger
Otnerkg
1044
Sand-
hofer

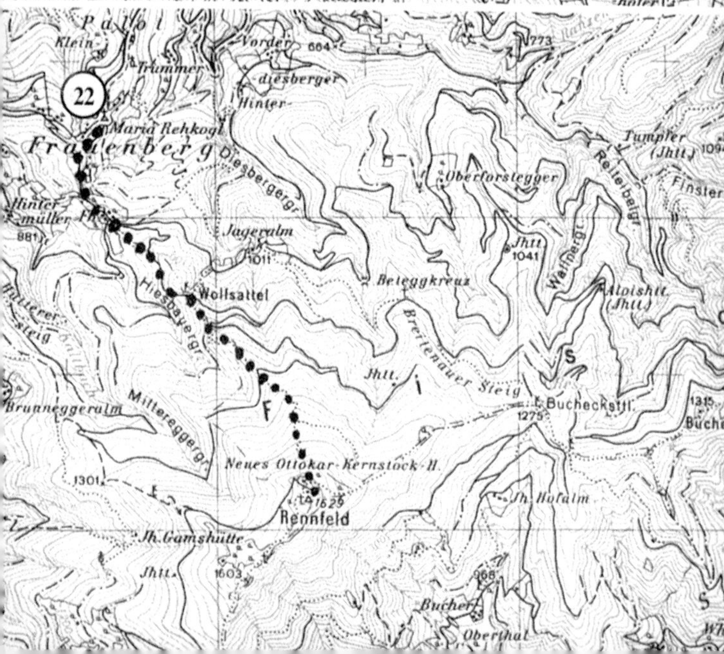
22
Klein
Trummer
Vorder
diesberger
Hinter-
664
773
Maria Rehkogl
Frauenberg
Diesbergergr
Hinter-
müller
881
Jageralm
1011
Oberforstegger
Jhtt
1041
Tumpler
(Jhtt)
1094
Wollsattel
Beteggkreuz
Breitenauer Steig
Bucheckstl
1275
Brunneggeralm
Mitteregerg
Neues Ottokar-Kernstock-H.
1629
Rennfeld
1301
Jh. Gamshutte
Jh. Hofalm
1603
966
Bucher
Oberthal

22 Über Maria-Rehkogel auf das Rennfeld

Man wandert von Bruck oder von der Burg Ober-Kapfenberg (beide Wege vereinigen sich) zum Wallfahrtsort Frauenberg, mit der Kirche Maria-Rehkogel, und von dort immer am Weg Nummer 715 zum Gipfel, 4 Stunden. Nach Frauenberg kann man aber auch mit dem Auto fahren, über Schloß Graschitz, und so die Wegstrecke auf die Hälfte abkürzen. Den Rückweg vom Rennfeld nimmt man dann am besten über den Buchecksattel und von dort über den sogenannten „Breitenauer Steig" nach Frauenberg zurück. Sehr lohnend ist aber auch eine Überschreitung des Rennfeldes über die Pischkalm nach Bruck, wo man dann von Freunden oder Familienmitgliedern abgeholt werden muß. In diesem Fall geht man den gesamten Grat des Rennfeldgipfels entlang. Es ist ein breiter Kammrücken, der von kleinen Felskegeln durchsetzt ist. Sehr interessant ist hier der Blick in die Breitenau und zu den Abstürzen des Hochlantsch, aber auch in das Murtal hinunter. Am Gipfel des Rennfeldes steht nahe dem großen Richtfunkgebäude ein Vermessungszeichen, und etwas abseits ein riesiges Holzkreuz für die Gefallenen beider Kriege; gleich unterhalb lädt das ganze Jahr über das ständig bewirtschaftete Ottokar-Kernstock-Haus zur Rast ein. Der Ausblick ist von hier umfassend und reicht vom Bachern über den gesamten Hochschwabstock mit seinen einzelnen Gipfeln, bis zu den Günser Bergen in Ungarn. Das Rennfeld baut sich aus ähnlichen Gesteinen wie die Stubalpe und vor allem die Mugel bei Leoben auf; es handelt sich also um Urgestein, die Geologen sprechen vom „Mugel-Rennfeldzug".

Am Weg von Frauenberg zum Gipfel stoßen wir mitten im Wald auf kleine eingezäunte Parzellen, wo Tannen und Ebereschen gepflanzt sind und auf diese Weise gegen Wildverbiß geschützt werden.

Die Wallfahrtskirche Maria-Rehkogel, zu der immer noch zahlreiche Pilger kommen, liegt in 939 m Seehöhe. Schon 1354 soll hier eine Kapelle gestanden haben, an deren Errichtung sich folgende Legende knüpft: Ein bei einer Treibjagd angeschossenes Reh soll unter einem Baum Schutz gesucht haben, in dessen Einbuchtung eine (aus St. Lorenzen i. M.) stammende Statue der Schmerzhaften Muttergottes, vielleicht auch ein derartiges Bild gestanden haben soll (Kirchenbau von 1489 bis 1496 im Auftrag des Admonter Abtes Anton Gratia Dei). Der Ende des 17. Jahrhunderts veränderte Innenraum enthält ausgezeichnete Werke Veit Königers, das 40 cm hohe Gnadenbild ist eine Marienklage aus der 2. Hälfte des 14. Jahrhunderts; zahlreiche Votivgaben, das prächtige Rokokogehäuse der Orgel, der spätgotische Taufstein und eine schöne alte steirische Krippe gehören zu den bemerkenswerten Sehenswürdigkeiten der Wallfahrtskirche.

Wanderkarten: F & B: Blatt 4; ÖK: Blatt 134 und 133; Gehzeiten: von Burg Kampfenberg ca. 4 Stunden, von Frauenberg ca. 2 Stunden, von der Pischk-Alm und vom Hutterer je ca. 1½ Stunden; HU.: Rennfeld 1629 m, Burg Kapfenberg ca. 650 m; Frauenberg 939 m, Pischk-Alm 1180 m; Gh. Hutterer 1150 m Seehöhe.

23 Pogusch – Hocheck – Roßkogel

Vom traditionsreichen, holzschindelgedeckten „Gasthaus Pogusch" folgen wir der rot-weiß-roten Markierung Nr. 455 in Richtung „Hocheck – Zebererhöhe – Parschlug". Der Weg führt zuerst durch Wald mäßig steigend hinauf, wobei wir an der Ostseite des flachen Waldrückens gehen, der sich gegen Süden bis zum sogenannten „Himmelreich" fortsetzt. Nach ½ Stunde erreicht man in einem Sattel die stimmungsvoll gelegene Himmelreichs-Kapelle (1674 erbaut) mit einer hölzernen „Außen- oder Freikanzel". Von hier führt eine Markierung in 5 Minuten auf eine freie Kuppe mit sehr lohnender Aussicht auf Aflenz, Turnau, Hochschwab, Hohe Veitsch und Teile der Eisenerzer Alpen. (Eine markierte Abzweigung führt durch den Weißenbachgraben nach St. Lorenzen i. M.) – Wir lassen uns durch die Markierung 455, nur unwesentlich steigend, zu unserem ersten Gipfelziel, dem 1325 m hohen Hocheck leiten. Die kleine, von Lärchen umstandene Gipfelkuppe ist jedoch ohne Ausblick. (Vom Hocheck kann man, zuerst einer Forststraße folgend, über den vlg. Hochecker zum Gh. Pogusch zurückgehen oder zur Jausenstation Huberbauer und nach St. Lorenzen absteigen). – Wir gehen aber im rechten Winkel weiter in Richtung „Zebererhöhe", wobei wir vorerst ein Stück absteigen müssen (überraschender Blick auf das untere Mürztal bis Kapfenberg und zum Rennfeld). Über eine Waldwiese, die auf einer kleinen Einsattelung liegt, steigen wir schließlich auf einem angenehmen Pfad, vorbei an uralten Lärchen, hinauf zum 1373 m hohen Roßkogel und seiner hübschen Gipfelwiese. (Weiterweg in 1½ Stunden zur 1486 m hohen Zebererhöhe und Abstieg nach Parschlug möglich).

St. Marein/Mürztal: Großer Markt um die 1251 als Pfarre bezeugte, schon 1103 dem Stift St. Lambrecht inkorporierte Kirche zur Hl. Anna mit gotischer St. Sebastianskapelle von 1490 (hohes Keildach, Außenkanzel an der NW-Ecke). Schloß Spiegelfeld: 1 km nordwestlich des Marktzentrums, ehemaliges Wasserschloß, im 13. Jahrhundert Wintersitz der Herren von Stubenberg; schon um 1202 ein „Pilgrim von Spiegelberg" (Spiegelfeld) genannt als Stubenbergischer Dienstmann; seit 1636 im Besitz der Familie „Matz (Matthias) von Spiegelfeld", bei der es bis 1894 verblieb. Das kaum noch als Schloß erkennbare Gebäude dient seit 1950 den VEW als Arbeiterwohnhaus. St. Lorenzen/Mürztal: Am Schwemmkegel des Stollingbaches liegende Siedlung um die älteste Pfarrkirche des Mürztales (schon 860, 875 und 925 als „ecclesia ad Muorizam" urkundlich genannt), deren Bereich einst fast das ganze Mürzgebiet und die Gegend um Mariazell umfaßte. Die ältesten Bauteile der Kirche zum Hl. Laurentius (Märtyrertod 258 n. Chr.) stammen aus der 2. Hälfte des 13. Jahrhunderts, gotischer Turm (1431–1481), die wertvollen gotischen Glasfenster hinter dem Hochaltar wurden nach Deutschland verkauft (1919); 2 davon im Museum für angewandte Kunst, Wien.

Wanderkarten: F & B: Blatt 4; ÖK: Blatt 134 und 103 sowie 102; Gehzeit: insgesamt ca. 3 Stunden; HU.: 366 m.

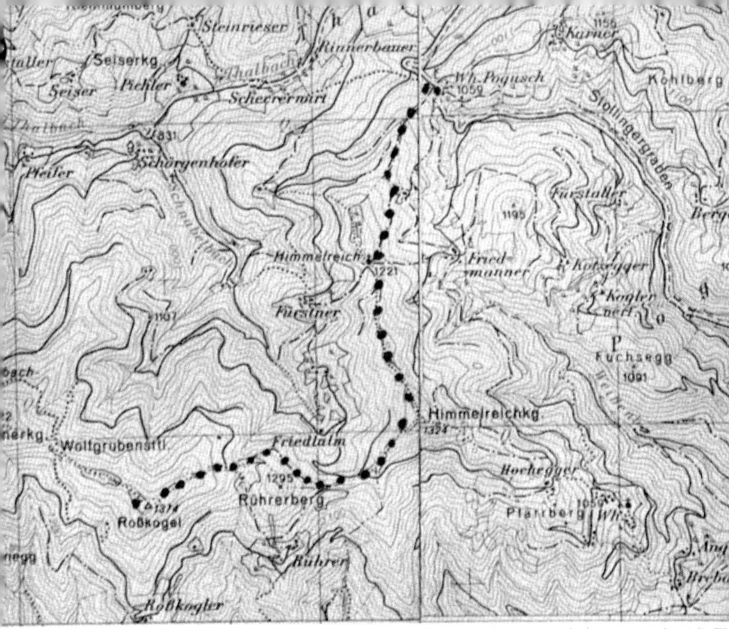

Steinrieser
Rinnerbauer
Karner
1156
Seiserkg
Pichler
Seiser
Thalbach
Scheerermart
Wh. Pogusch
1059
Kohlberg
Stollingergraben
Schörgenhofer
Pfeifer
1831
Fürstaller
1195
Himmelreich
1221
Fried-
manner
Kotsegger
Kogler
Fuestner
1107
Fuchsegg
1091
Himmelreichkg.
1324
Wolfgrubenstl.
Friedlalm
1295
Rührerberg
Hochegger
1374
Roßkogel
Pfarrberg
Wh.
Rührer
Roßkogler

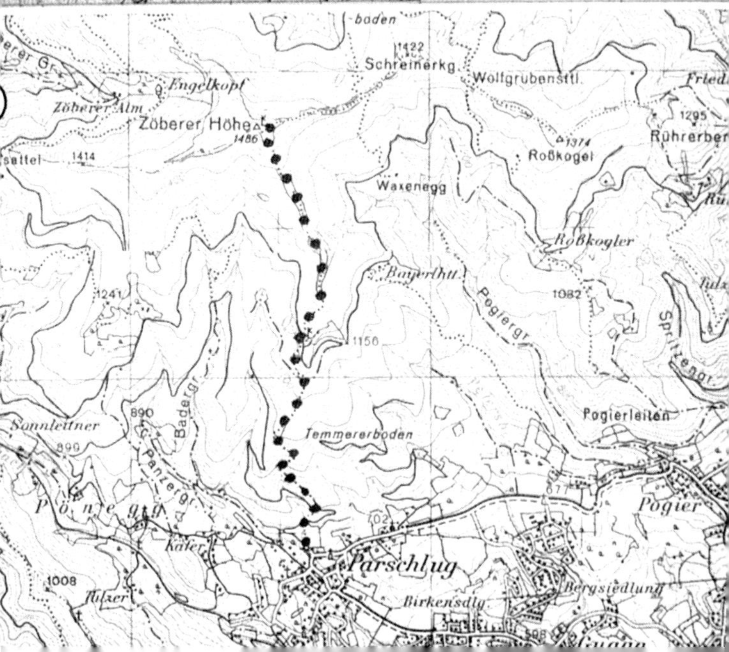

boden
1422
Schreinerkg.
Wolfgrubenstl.
Engelkopf
Zöberer Alm
Zöberer Höhe
1486
1414
1374
Roßkogel
1295
Waxenegg
Roßkogler
Bayerlhtt.
Pogiergr.
1241
1082
1156
Badergr.
890
Sonnleitner
899
Panzergr.
Temmererboden
Pogierleiten
Pogier
Kafer
Parschlug
Bergsiedlung
1008
Birkensdlg.

24 Parschlug – Zebererhöhe

Unser Ausgangspunkt ist der Gasthof Görgl im Ortsbereich von Parschlug, wo wir bereits die Markierungsnummer 455 finden. Über eine Weidefläche geht es aufwärts, dann führt uns der markierte Pfad gleich in den Hochwald hinein und schließlich geht es am besonnten Waldrand mit Blick auf Parschlug und das dahinter liegende Rennfeld aufwärts. Der Pfad ist sehr hübsch angelegt, führt manchmal in Serpentinen dahin und wird dann wieder von einem ebenen Weg abgelöst. Das Kopfende eines Forstweges wird berührt; ein paar Meter geht es nach dem Forstweg nach links (Achtung auf Markierung!), und dann führt uns der Steig weiter am Bergrücken ziemlich zügig aufwärts. – Nach etwa ¾ Stunden erreichen wir die markierte Abzweigung nach „Pogier“ und hier findet sich auch ein Hinweisschild: „40 Minuten zur Zebererhöhe“. Vorbei an mächtigen, alten Rotbuchen geht es nun am Kamm mäßig steigend weiter, und man genießt hier einen sehr schönen Blick über weite Teile des Mürztales.
Nun sehen wir aber auch schon die Almregion, die sich linker Hand weiter bis zur Zebererhöhe hinzieht. Der Kammrücken ist immer lockerer bewaldet, und bald darauf erreichen wir auch schon die Almwiese des flachen Gipfels der Zebererhöhe mit dem Gipfelbuch neben einem kleinen Felsblock (1486 m). Zwei Stunden sind wir von Parschlug heraufgestiegen und werden mit einem prachtvollen Ausblick auf die gesamte Hochschwabsüdseite mit herausragenden Gipfeln der Aflenzer Staritzen, des Ebensteins, Fölzsteins, Hochangers, der Gesäuseberge, der Fischbacher Alpen bis hin zu den Seetaler Alpen belohnt. – Eine Begehung der Zebererhöhe ist auch im Winter beliebt, wenn wenig Schnee liegt. Mit Skiern kann man die Zebererhöhe aber nur bei hoher Schneelage besteigen.

Parschlug: (1203 „Porseluch“, 1270 „Porssenloge“ genannt). In der steirischen Bergbaugeschichte spielte auch das kleine Parschlug eine kurze Rolle, fand sich doch hier ein Braunkohlenflöz, an dessen Abbau nach 1800 auch ein Alaunwerk gebunden war. Einigermaßen ergiebig war aber nur der 1958 eingestellte Abbau im Theresia- und Andrästollen, mit dem Andreas Ritter von Gredler ab 1852 auch den Alaunabsatz in den Wiener Raum steigern konnte. Im Jahre 1870 wurden 1935 Zentner Alaun erzeugt und 96.164 Zentner verkaufbarer Kohle gewonnen; dazu kamen 166.449 Zentner Kohlenschiefer und Staubkohle als Grundmaterial für die Alaunerzeugung. Der Name Parschlug weist – wie viele in der Umgebung – auf die dichte Besiedlung dieser Mürztaler Region durch die nach 580 hier eingesickerten Südslawen; es wird von „lokva“ = Tränke, kleiner Weiher abgeleitet, wobei die erste Silbe einen Personennamen (etwa „Porchj“) enthalten könnte. Wie Redfeld (1307 „Roetenfeld“) ist auch der Name Schirmitzbühel (1402 „Schirmpuhel“) auf das altslawische „črmin“ = rot, zurückzuführen!
Wanderkarten: F & B: Blatt 4; ÖK: Blatt 133 und 102; Gehzeit: 2 Stunden; HU.: 790 m. Waldlehrpfad (1990).

Beim „Bodenbauer"

Josersee beim „Bodenbauer"

Herbststimmung zwischen Hochschwabgipfel und Häuselalm

25 Pretalsattel – Brunnalm

Am besten unternehmen wir die Wanderung mit zwei Autos, stellen eines auf der Brunnalm und das andere am Pretalsattel ab, wo wir in 1071 m Seehöhe losgehen. Wir folgen der Markierung Nr. 430 vorerst einmal zügig im Wald aufwärts, erreichen dann aber bald die „Langeben", die sich in Form eines bewaldeten Höhenrückens in nördliche Richtung erstreckt. Zwischendurch gibt es interessante Ausblicke nach Westen. – Wir kommen an den „Drei Wetterkreuzen" vorüber und später zu einem dreibalkigen Kreuz. Hier können wir nun entweder der Markierung längs der Schichtenlinie östlich um den Eisnerkogel folgen, oder diesen auf Pfadspuren auch überschreiten. Vom 1440 m hohen Gipfel sieht man gut zum Rauschkogel und zur Rotsohlalm hinüber. Vom Gipfel steigen wir in nordwestlicher Richtung ab und stoßen bald wieder auf den markierten Weg, der nun auch die Nr. 406 a (Variante des Mariazeller-Weges) ausweist. Schließlich gelangen wir an eine Forstwegkreuzung und wählen den mittleren der Wege. Den 1490 m hohen Schwarzkogel umgehen wir östlich (könnten aber seinen bewaldeten Gipfel ebenfalls im Sinne der Haupt-Gehrichtung überschreiten). Bald erreichen wir dann die Fadeneben und können hier nun noch den (hin und zurück) halbstündigen Abstecher zur Rotsohlalm unternehmen. – Von der Fadeneben-Alm gehen wir sodann zuerst dem Weg 464 nach und folgen unterhalb der Schalleralm dem Steig Nr. 465, der direkt in die Veitsch zum „Radwirt" hinunterführt. – Neben einem Bacherl geht es ein Stück bergab, dann aber weist uns linkerhand bald eine Tafel zur Brunnalm.

Der erst 1966 „entschärfte" Pretalsattel (wie Pretul vom slawischen predel = Übergang, Sattel, Wasserscheide), seinerzeit durch das beliebte Alpenhotel „Hubertushof" vielbesuchtes Ausflugsziel, ist der höchste Punkt (1071 m) auf der Straßenverbindung aus der Veitsch ins Turnauertal. Am 3. September 1881 wurde das Magnesitwerk der „Veitscher Magnesit-Werke AG" eröffnet, und damit nahm die Industrie feuerfester Erzeugnisse von der 100 Jahre später zum Markt erhobenen Gemeinde ihren Anfang. Die berg- und hüttenmännischen wie kaufmännischen Leistungen des Begründers der Werke, des königlich-preußischen Kommerzienrates Carl Spaeter aus Koblenz am Rhein und seiner Mitarbeiter, wurden bald von Fachleuten in aller Welt anerkannt. Spaeter war 1878 auf historische Aussagen über Vorkommen von Eisen, Kupfer und Manganerze im Veitscher Gebiet, das schon von den Kelten und Illyrern besiedelt war, hin in das Nebental der Mürz gekommen und hatte ursprünglich dort nach Manganerzen gesucht. Auf der „Schmölz" wurden schon im Mittelalter der in der heutigen Katastralgemeinde Groß-Veitsch abgebaute, hochwertige Spateisenstein und die um 1580 und später am Dürrkogel im Kleinveitschgraben abgebauten Kupfererze erschmolzen.

Wanderkarten: F & B: Blatt 4; ÖK: Blatt 103; Gehzeit: 3½–4 Stunden; HU.: max. 320 m.

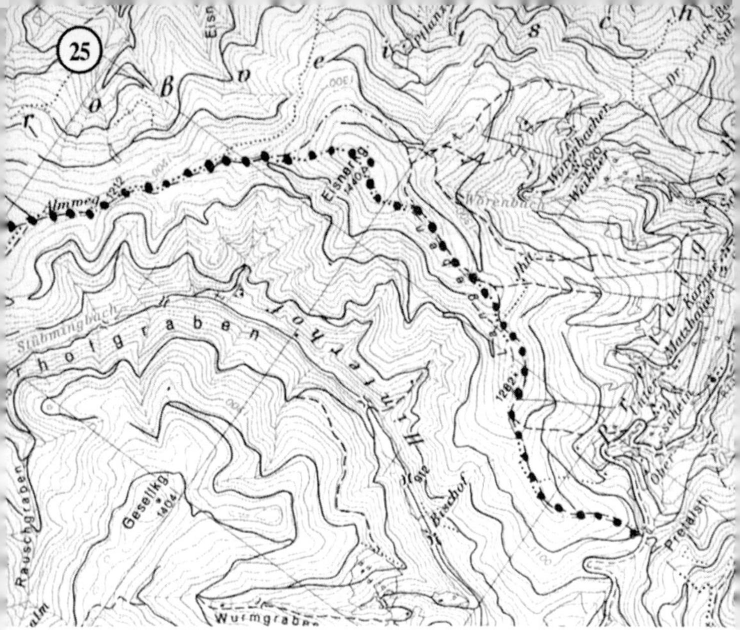
25
Almweg
Eisnerkg.
1440
Wörenbach
Stübmingbach
Geselkg.
1404
Rauschgraben
Bischof
Wurmgraben
Pretalsatt.

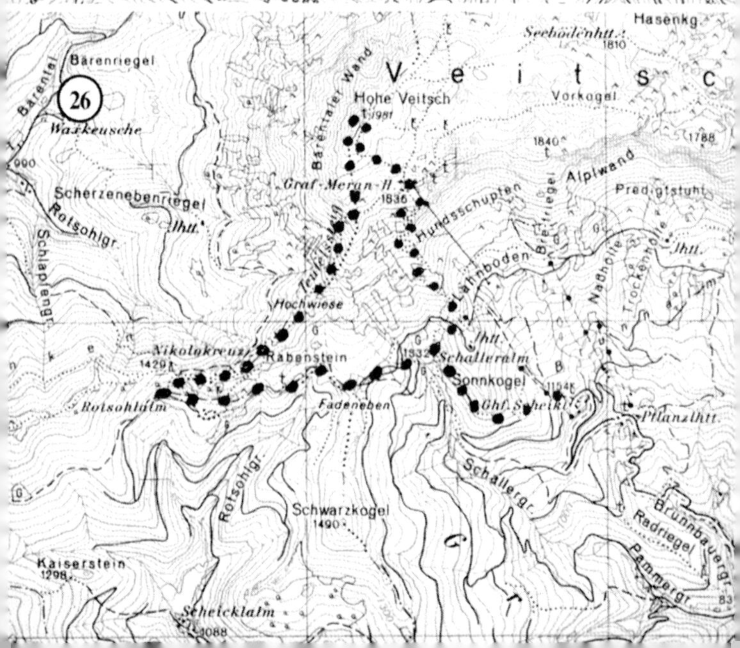
26
Hasenkg.
Seebodenhtt.
1810
Bärenriegel
Veitsc
Hohe Veitsch
1981
Vorkogel
Bärentaler Wand
Waxkeusche
1840
1788
Alplwand
Graf-Meran-H.
1836
Scherzenebenriegel
Predigtstuhl
Hundsschupfen
Rotsohlgr.
Lahnboden
Hochwiese
Nikolokreuz
1429
Rabenstein
1332
Schalleralm
Sonnkogel
Rotsohlalm
Fadeneben
Pflanzhtt.
Schallergr.
Rotsohlgr.
Schwarzkogel
1490
Brunnbauergr.
Radriegel
Pammergr.
Kaiserstein
1298
Scheicklalm
1088

26 Brunnalm – Hohe Veitsch – Rotsohl

Wir beschreiben hier die klassische Route von Süden über die Brunnalm, zu der wir bis auf 1154 m hinauffahren können. Wir gehen zuerst die Skilifttrassen hinauf und stoßen bald auf den schon von tief unten über den Radriegel heraufführenden markierten Pfad mit der Nummer 465, der neben der den Tourenskifahrern gut bekannten „Schallerrinne" in angenehmer Steigung auf das Gipfelplateau leitet. Nach 1½ Gehstunden haben wir bereits das ganzjährig bewirtschaftete Graf-Meran-Haus des Österreichischen Touristenclubs (1860 m) erreicht. Von dort sind es nur noch zwanzig Minuten bis zum mächtigen Gipfelkreuz auf 1981 Meter. Die Fernsicht ist umfassend: Der Dachstein im Westen, das Wiener Becken im Norden, die Oberungarische Ebene im Osten und der Bachern im Süden. Der Nahblick im Westen geht auf die imponierenden Felsgestalten des Hochschwabs. Dahinter schauen sogar einige schneebedeckte Häupter der Hohen Tauern hervor. Empfehlenswert ist es, die Tour als einen Rundweg zu gestalten, über den „Teufelssteig" zur Rotsohlalm abzusteigen und von dort mehr oder weniger eben zur Brunnalm zurückzugehen. Der Teufelssteig ist ein steiler Pfad zwischen den Veitschwänden herunter, aber in keiner Weise gefährlich. Am Rotsohlsattel und am Weg von dort zur Brunnalm kommen wir schließlich direkt an Spateisenlagerstätten und Spuren des früheren Bergbaues vorbei und können auch schöne Stücke des schweren, rostbraunen Gesteins sammeln. Hier steht die berühmte Nikolauskapelle mit den drei Nikolausfiguren. Vom Gipfel bis herunter sind wir übrigens auch gleichzeitig den berühmten Nord-Süd-Weitwanderweg mit der Nummer 05 gegangen, der weiter über die Turnaueralm bis zum Seeberg führt. Wir folgen aber der Markierung 464 nach Osten über die Schalleralm zurück zur Brunnalm.

Der Eisensteinbergbau am Südhang der Hohen Veitsch, dessen Spuren wir bei unserer Wanderung noch beobachten können, wurde 1880 wegen Vertaubung der Lagerstätte eingestellt. Bis 1924 wurde auf den in früheren Zeiten „Wasserbley" oder „schwarzer Ton" genannten, schon in der Hallstatt- und Latène-Periode zum Schwarzfärben von tönernen Gebrauchsgegenständen benützten Graphit geschürft und die Hohenwangener Rad- und Hüttengewerkschaft versuchte auch Manganerze zu gewinnen, nach deren Vorkommen ja auch Carl Spaeter gesucht und dabei das ihm unbekannte, später Magnesit genannte Mineral gefunden hatte. Seiner unbeirrbaren Initiative und seinen Verbindungen zur heimatlichen deutschen Industriewelt war es zu verdanken, daß im Jahre 1899 im ersten Magnesitwerk der Welt in Veitsch bereits 18 Schachtöfen – freilich mit einer geringeren Leistung als die heutigen – unter Feuer standen und etwa 500 Mann auf dem 9 Etagen umfassenden Tag- und Bergbau arbeiteten.

Wanderkarten: F & B: Blatt 4; ÖK: Blatt 103; Gehzeit: Brunnalm–Meranhaus ca. 1½ Stunden, Gipfel 20 Minuten; Meranhaus–Rotsohl – Brunnalm ca. 2 Stunden; HU.: 827 m.

27 Brunnalm – Rauschkogel – Turnaueralm – Turnau

Es gibt mehrere Möglichkeiten, die Turnaueralm zu erreichen: Entweder per Auto von Turnau bis zur Mautstelle „Greith" und dann weiter auf die Alm (1385 m) = insgesamt 11 km – oder zu Fuß vom Seeberg, vom Pretalsattel oder von der Brunnalm bei Veitsch.

Nachfolgend die letztgenannte Wanderung: Von der Brunnalm gehen wir zuerst über die Skilifttrasse aufwärts und dann hinüber zur Schalleralm, wo wir auf die Markierung stoßen. Wir wählen den Pfad in Richtung „Rotsohlalm" (viele freiliegende Erzbrocken) und mehr oder weniger nach der Schichtenlinie querend gelangen wir nach etwa 2 Stunden in den Bereich der weitläufigen Turnaueralm mit der Abzweigung zum Rauschkogel. Über ein kleines Hochmoor geht es zuerst eben, dann mäßig steigend im lockeren Almwald aufwärts, bis wir die Abzweigung zur Rauschalm erreichen. Hier folgen wir dem Wegweiser „Rauschkogel" steiler aufwärts, der Wald bleibt bald zurück und ein guter Steig führt uns in Serpentinen durch die Felswandeln und Schrofen hinauf auf den Gipfel des auf dieser Seite besonders steil abfallenden Rauschkogels. Das hölzerne Gipfelkreuz steht auf einem breiten, latschenbewachsenen Plateau (1740 m). Prachtvoller Ausblick auf Hohe Veitsch und viele Hochschwabgipfel. – Vom Gipfel kann man auf Pfadspuren zur Rauschalm direkt absteigen oder man geht im Sinne des Aufstieges zurück zur Abzweigung und folgt dort dem bezeichneten Weg in ¾ Stunden (Nr. 452) zu den Hütten der Rauschalm längs der Ostflanke des Rauschkogels. Von der Rauschalm läßt man sich besser nicht durch die leider unvollständige Markierung hinunter nach Turnau leiten, sondern folgt einfach der Alm-Forststraße, die dann unten auf die Landesstraße „Turnau–Pretal" stößt.

Die Bezeichnung „Magnesit" für das wertvolle Mineral, das seit 1968 nur noch in der Breitenau bei Mixnitz und in der Sunk bei Trieben abgebaut wird, stammt von einem „Magnesia" genannten Landschaftsstrich an der griechischen Ostküste. Auch 1641 wird die Verwendung von Magnesit als Dekorationsstein beim Bau des Hochaltars im Wiener Stephansdom dokumentiert, 1860 wurde beim Wiederaufbau des abgebrannten Stiftes Admont Triebener Magnesitstein verwendet, und bei St. Lorenzen im Paltental findet sich ein 1661 datiertes Taufbecken aus Magnesitstein. Der Name des Rauschkogels stammt übrigens – wie jener des Reischinggrabens – von der slawischen Wurzel „rušje" oder „ruševje" = die Zwergkiefer, das Krummholz, also die „Latschen", die heute noch sein Gipfelplateau bedecken.

Wanderkarten: F & B: Blatt 4; ÖK: Blatt 103 und Gebietskarte „Hochschwab"; Gehzeiten: Brunnalm–Turnaueralm ca. 2 Stunden, Turnaueralm–Rauschkogel 50 Minuten, Rauschkogel–Rauschalm–Turnau 2½–3 Stunden; HU.: Brunnalm 1154 m, Turnaueralm 1385 m, Rauschkogel 1720 m, Turnau 780 m.

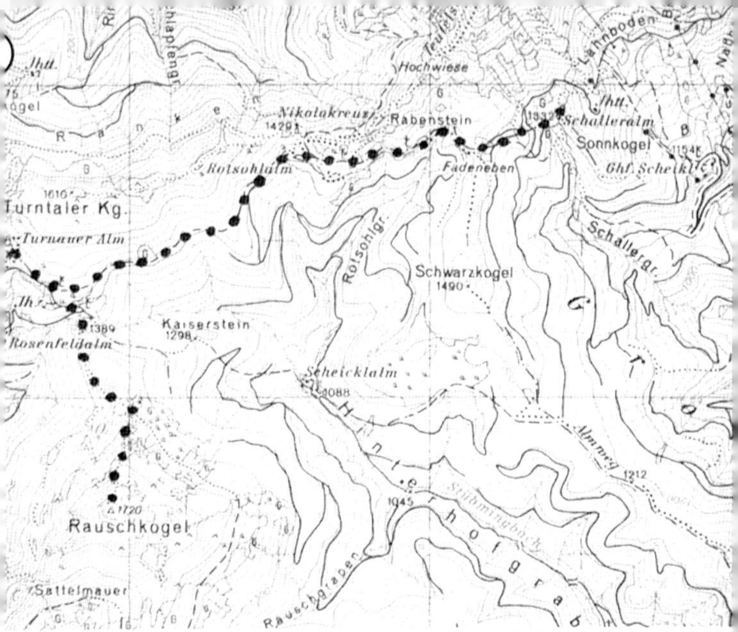
Hochwiese
Nikolokreuz
1429
Rabenstein
Schalleralm
Sonnkogel
Ghf. Scheikl
Rotsohlalm
Fadeneben
1610
Turntaler Kg.
Turnauer Alm
Rotsohlgr.
Schallergr.
Schwarzkogel
1490
Kaiserstein
1298
1389
Rosenfeldalm
Scheicklalm
1088
Almweg
1212
1045
Stübmingbach
1720
Rauschkogel
Rauschgraben
Sattelmauer
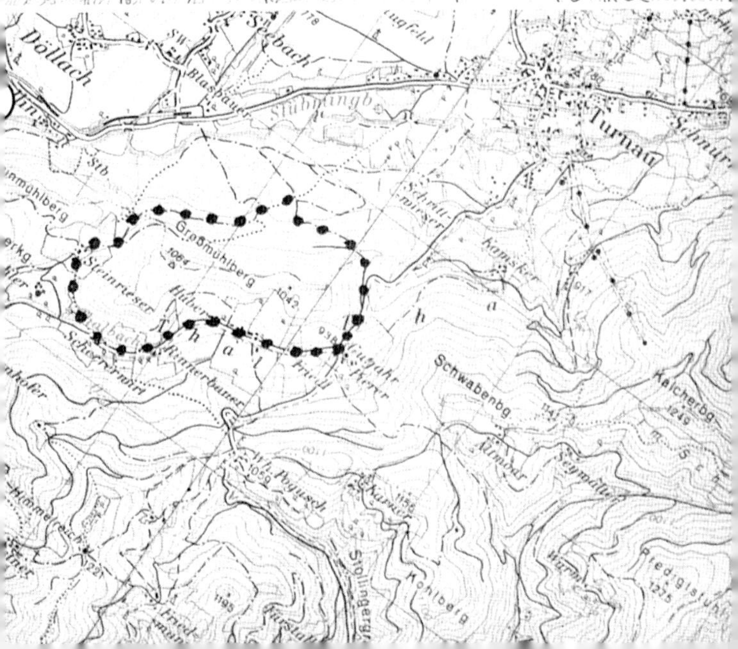
Döllach
Seebach
Blasbauer
Stübmingb.
Turnau
Großmühlberg
1064
1042
Steinrieser
Schwabenbg
Kalcherbg.
1249
Pogusch
1059
1150
Himmelreich
1221
1195
Kohlberg
Stollingergr.
Predigtstuhl
1235

28 Skilanglauf in Turnau

Neben den anderen Wintersportangeboten sind in Turnau besonders die beiden Langlaufloipen von Interesse. Eine Loipe umrundet auf einem stets besonnten Plateau zwischen Göriach und dem kleinen Weiler Seebach den Segelflugplatz. Die mehr als 6 km lange, doppelt gespurte Strecke nimmt ihren Anfang bei der Kegelbahn am Ortsrand und man bewegt sich hier in etwa 800 m Seehöhe. – Besonders lohnend ist aber die Loipe in der Katastralgemeinde Thal: Die 8 km lange und mit einem eigenen Spurgerät präparierte Route wird zurecht „Panoramaloipe" genannt, denn sie gewährt sehr schöne Ausblicke auf Aflenzer Bürgeralm, Staritzen, Schießling und Hohe Veitsch. In einer Seehöhe von 1000 m ist hier bis Ende März eine gute Schneelage gegeben. Der Rundkurs beginnt 2½ km südlich von Turnau, dort wo die Straße zum Schererwirt von der Pogusch-Sattelstraße abzweigt. Die Loipe ist gut ausgeschildert und verläuft in einem weiten, schön besonnten Hochtal; zuerst in südwestlicher Richtung über Wiesen und an Bauernhöfen vorbei. Bis zum Gh. Schererwirt folgt sie dem Thalbach und schwenkt nun dort nach Norden zum vlg. Steinrieser. Ab hier geht es auf Waldwegen in weit ausholendem Bogen nach Nordosten und Osten bis zum Ausgangspunkt zurück. Die Strecke umrundet dabei den Großmühlberg vollkommen.

Turnau: Erholungsort in 784 m Seehöhe. Von früher, insbesondere römerzeitlicher Besiedlung des Aflenzer Beckens sind uns keine authentischen Spuren überliefert, obwohl wir im Raum südlich von Vordernberg – also ziemlich nahe – Beweise für die Erzaufbereitung und die Trassenführung einer Römerstraße kennen und vermutlich ein über die Höhen führender Weg schon zur Römerzeit Eisenerz mit dem Salzatal bei Wildalpen verbunden hat, der jedenfalls später als Saumweg für pferdegetragene Eisenfrachten gedient hat. Erst von den Slawen, die nach der Auflösung der Römerherrschaft und den Wirren der Völkerwanderung im 6. und 7. Jahrhundert n. Chr. bis zu den Quellen von Enns, Mur und Drau einwanderten, sind uns Beweise ihrer Anwesenheit erhalten. Sie hatten sich dem Hochschwabgebiet von Süden her genähert und fanden in dem rund 10 km langen und 2 km breiten Talbecken zwischen Aflenz und Turnau günstige Siedlungsplätze, die freilich von ihren Vorgängern schon teilweise gerodet und urbar gemacht worden waren. Da die Alpenslawen jedoch keine Schrift, keine Münzen, Sakralbauten oder Grabsteine kannten – sie waren heidnischen Glaubens – ist von diesem Hirten- und Viehzüchtervolk außer charakteristischen Siedlungsformen nur eine große Zahl von Orts-, Fluß- und Bergnamen erhalten geblieben, die sich großteils auf die Eigenart von Bach- und Flußläufen bzw. auf Tiere oder Gebrauchsgegenstände sowie Landschaftsdetails (Baumarten, Hügel- und Bergformen etc.) bezogen.

Wanderkarten: F & B: Blatt 4; ÖK: Blatt 103 und 102; Gebietskarte „Hochschwab"; örtlicher Loipenplan!

29 Turnau – Ostereralm – Hochanger – Seebergalm

Unsere Wanderung soll uns in Form einer Überquerung von Turnau zum Seeberg führen, von wo wir mit Postbus oder Taxi zurückfahren können. Am angenehmsten beginnen wir unsere Wanderung im Ortsteil Eichholz (oberhalb von Turnau bzw. Göriach) beim Gh. Karlon. Wir können aber auch direkt in Göriach (oder an der Bundesstraße in Au) weggehen und die westliche der beiden markierten Wegvarianten – hinauf zur Ostereralm – wählen. – Der bequemste Aufstieg beginnt beim Gh. Karlon in ca. 1000 m Seehöhe. Die Markierung 450 leitet uns zuerst ein Stück eben auf einen Forstweg; nach einer halben Stunde biegt die Markierung links ab und nun geht es auf dem alten Almweg zügig durch Wald hinauf. Höher oben wird die Forststraße überquert, der Pfad wird eben, und bald treten wir auf die Ostereralm (ca. 1500 m) mit ihren vielen Hütten hinaus, von denen eine während der Sommermonate bewirtschaftet ist (1½ Stunden vom Gh. Karlon). – Auf aussichtsreichem Almsteig geht es nun über die runden „Almmugel“ weiter in einer halben Stunde zum Gipfelkreuz des Hochanger (1682 m) mit prächtvoller Aussicht auf Hohe Veitsch, Aflenzer Staritzen, Feistringstein, Oisching und viele Gipfel der Niederösterreichischen Kalkalpen. – Sehr hübsch ist der Abstieg durch locker mit Lärchen bestandene Almwiesen zum Hüttendorf der Göriacheralm und der von Mai bis Oktober (in der Nebensaison nur an den Wochenenden) bewirtschafteten „Strobl-Hütte“ (½ Stunde). In einer weiteren knappen Stunde führt uns von hier die Markierung (zuerst in Serpentinen durch Wald, dann eben auf einer Forststraße) durch das Lappental hinaus zu den Hütten der Seebergalm an der Mariazeller Bundesstraße.

Von der Seebergalm führt eine Mautstraße bis zum Parkplatz am Beginn des Aufstieges zur Göriacheralm.

T u r n a u : Im Raum von Aflenz und Turnau finden wir denn auch – ebenso wie im Mürztal und im Passailer Becken – eine deutliche Anhäufung von slawischen Bezeichnungen, die freilich von den ab 772 bis gegen Ende des 12./13. Jahrhunderts eingesiedelten, bayrischen Kolonisten meist nicht gleichlautend ausgesprochen werden konnten und daher allmählich der „deutschen Zunge“ angepaßt wurden. Hier einige Beispiele: Tragöß, Jassing, Oisching, Etmißl, Lonschitz, Pretal, Aflenz, Jauring, Tutschach, Drajach, Graßnitz, Döllach, Thulin, Strositz, Feistring, Stübming usw. Auch westlich von Aflenz stoßen wir auf Spuren slawischer Namensgebung, z. B. Präbichl, Glanzberg, Lamming, Strenitzkogel, Trofeng etc., während im Osten des Beckens (Gollrad, Missitul, Lopcintal, Predulgraben, Tonion, Student) sowie am Nordrand (Dullwitz, Mendlingbach, Staritzen, Lassing) weniger Spuren zu finden sind.

W a n d e r k a r t e n : F & B: Blatt 4; ÖK: Blatt 102 und 103; Gebietskarte „Hochschwab“; G e h z e i t e n : Gh. Karlon – Ostereralm ca. 1½ Stunden, Ostereralm – Hochanger 30 Minuten, Hochanger–Seebergalm ca. 1½ Stunden; H U . : Gh. Karlon ca. 1000 m, Ostereralm 1560 m, Hochanger 1862 m, Seebergalm 1147 m.

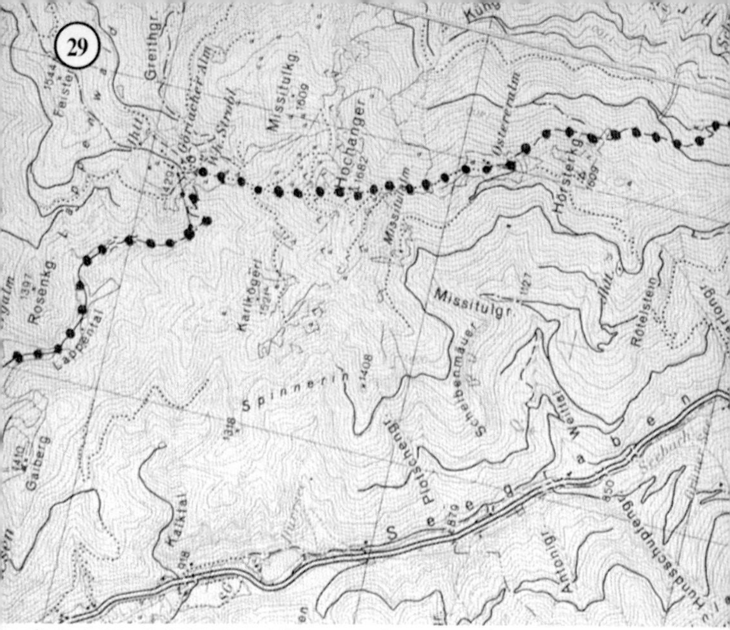
29
Greithgr.
Görtacher Alm
Missitulkg.
Hochanger
Österreralm
Hörsterkg.
Rosenkg.
Lappental
Karlkogerl
Missitulgr.
Scheibenmauer
Röteistein
Spinnerin
Gaiberg
Kalktal
Plotschengr.
Antonigr.
Hundsschupfengr.
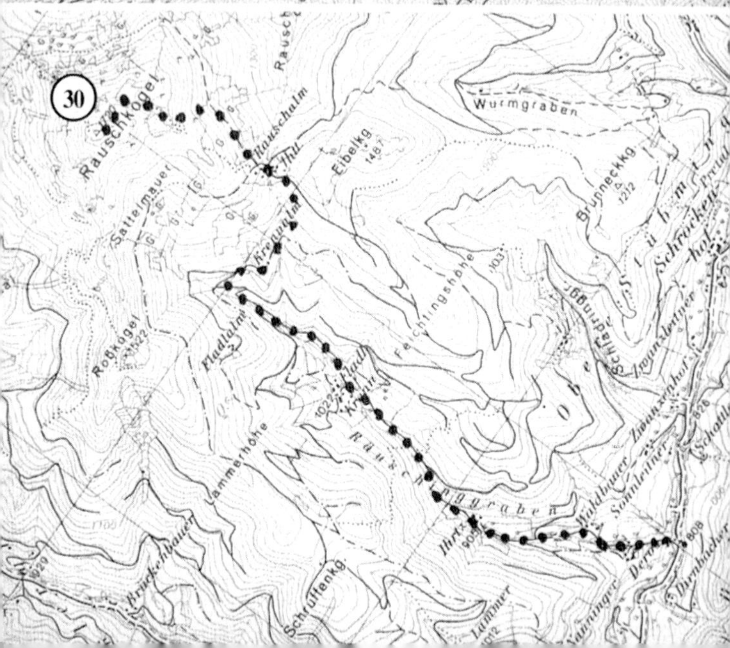
30
Rauschkogel
Rauschalm
Eibelkg.
Wurmgraben
Sattelmauer
Krennalm
Brunneckkg.
Roßkogel
Fladlalm
Feichtingshöhe
Schlagbringgr.
Jammerhöhe
Rauscheggraben
Schrottenkg.
Waldbauer
Sonnleitner
Dürnbacher

30 Skitour: Turnau – Rauschkogel

Unser Ausgangspunkt ist Turnau, wo wir in den meist geräumten Reischinggraben noch bis zum vulgo Fladl auf 1022 m Seehöhe hineinfahren können. Etwa 1 km folgen wir nun hier noch dem Reischinggraben in mäßiger Steigung aufwärts, um aber dann nach rechts einem Forstweg in Richtung „Krennalm" zu folgen. Weiter geht es nun ständig den Höhenrücken entlang in Richtung Rauschkogel. Eine Serie von steilen Almwiesen, lockeren Hochwaldbeständen und wieder Almflächen leiten gleichmäßig aufwärts und geben Gewähr für eine abwechslungsreiche Abfahrt. Östlich von uns sehen wir, etwas unterhalb, die Hütten der Rauschalm, dann kommen wir schon auf ein flaches Sattelstück unterhalb des Gipfels hinauf. Hier gibt es eine prachtvolle Aussicht hinüber zur Rax. Nun geht es steil am Kammrücken von Südosten nach Nordwesten auf das breite und flache Gipfelplateau. Wir kommen an einigen Dolinen-Einbrüchen vorbei, die uns zeigen, daß wir uns im Kalkgestein beziehungsweise in der Grauwackenzone befinden. Dann, nach 2 Stunden Aufstieg vom „Fladl", stehen wir schon zwischen den schneeverwehten Latschen und kleinen Wetterfichten am höchsten Punkt. Am äußersten Nordrand der Hochfläche steht das einfache, hölzerne Gipfelkreuz. Außerordentlich umfassend ist von hier die Rundsicht von der Rax über Hohe Veitsch, Tonion, Hochschwab, Eisenerzer Alpen, Zirbitzkogel, Stubalm, Koralm, Hochlantsch und Stuhleck. – Bei normalen Winterverhältnissen fahren wir wieder im Sinne des Aufstiegs zurück, nur bei besonders guten Frühjahrs-Firnbedingungen kann vom Rauschkogel aus auch direkt in die steilen Südflanken und Rinnen abgefahren werden.

Das Gebiet der heutigen Obersteiermark gehörte um die Jahrtausendwende zur 970 erstmals urkundlich genannten „Karantanischen Mark", der sogenannten Mark an der mittleren Mur, die das Gebiet zwischen der Koralpe und dem „Mons Predel" (dem Hügelgebiet der Wasserscheide zwischen Mur und Raab) mit der Hengistburg als Zentrum umfaßte und zur Keimzelle der Steiermark werden sollte. Es war von den Ungarneinfällen vom Ende des 8. Jahrhunderts bis zum Jahre 955 weitgehend verschont geblieben und gehörte weiterhin zum Deutschen Reich, so daß die vom Adel organisierte bayrische Besiedlung hier nicht unterbrochen wurde. Von 970–1035 leiteten die Eppensteiner die Geschicke der Mark an der mittleren Mur als Markgrafen, die seit 1012 auch Herzöge von Kärnten waren. Herzog Heinrich III. hatte als Vollender des 1096/1103 von seiner Familie erbauten, damals noch in Kärnten liegenden Benediktinerklosters St. Lambrecht 1103 auch die Pfarrkirche in St. Marein im Mürztal (bis 1958 dem Stift inkorporiert) erbauen lassen und sie samt Aflenz dem Benediktinerstift geschenkt.

Wanderkarten: F & B: Blatt 4; ÖK: Blatt 103; Aufstiegszeit: ca. 2 Stunden; HU.: ca. 700 m.

31 Skitour: Turntalerkogel

Von Turnau fahren wir etwa 1½ km in Richtung Pretalsattel und biegen dann linkerhand in den ständig geräumten Brücklergraben. Nach etwa 6 km erreichen wir beim Forsthaus „Greith" (963 m) den Endpunkt der Straße (Parkplätze vorhanden). Von hier führt ein markierter Forstweg hinauf zur 400 m höher gelegenen Turnaueralm. Im unteren Teil kann man über einige Wiesen abkürzen, und dann geht es zügig am Forstweg aufwärts. Rechterhand gibt es einmal einen Ausblick zum benachbarten Rauschkogel. Nach 1¼ Stunden erreichen wir die freien Flächen der Turnaueralm mit einigen Almhütten, die als Wochenendhäuser ausgebaut sind, einen kleinen privaten Skilift und den an Wochenenden auch im Winter bewirtschafteten „Alpengasthof Turnaueralm". – Wir steigen von hier entweder über die mäßig steilen Almflächen oder, mehr rechterhand, zwischen kleinen Waldinseln zum 1610 m hoch gelegenen Gipfelplateau, das nach Norden über steile Felsschrofen abbricht. Der 360-Grad-Rundblick ist umfassend: Hohe Veitsch, Rax, Tonion, Ötscher, Zeller-Hütte, Dürnstein, Hochkar, Hochschwab, Hochanger, Bürgeralm, Reiting, Zirbitz, Rennfeld, Koralm und Stuhleck. – Zwei Stunden haben wir von „Greith" benötigt. – Als zweite Tour empfehlen wir eine Besteigung des Hochanger von der Seebergalm aus (unterhalb des Seeberges): Zuerst geht es fast eben durch das Lappental und im Talschluß sodann durch lockeren Buchenwald bis auf die Göriacheralm (1430 m). Von der Alm geht es über den fast baumfreien Nordrücken die 250 Höhenmeter zum Gipfelkreuz des Hochanger hinauf, das wir nach insgesamt zwei Stunden erreichen (1682 m). Die Abfahrt können wir auch westlich unserer Aufstiegsroute bis zur Waldzone legen.

Turnau: Innerhalb des riesigen Pfarrsprengels von Aflenz ließ das Stift auch nach verschiedensten Erzen schürfen. Es ist bekannt, daß der Bergbau in der Steiermark zum Teil bis ins 13. Jahrhundert als bäuerlicher Nebenberuf betrieben wurde, so besaß der „Eisenbauer" am steirischen Erzberg eine Bauernhube, die ihm Nahrung lieferte und baute in der Zeit des geringeren landwirtschaftlichen Arbeitsaufwandes auf seinem Grund Eisenerz ab, schmolz es und lieferte einen Großteil des gewonnenen Eisens als Jahreszins an seinen Grundherrn ab. Erst im 12. und 13. Jahrhundert stieg wegen der vielen Kreuzzüge und Kriegszüge der Bedarf an Rüstung sowie deren Umfang, die Eisenbauern konnten mit der steigenden Nachfrage nicht mehr Schritt halten und dies hatte die Entstehung eines eigenen Bergmannsstandes zur Folge. Zu jenen Erzabbaustellen, die vor allem von den Stiften Admont und St. Lambrecht betrieben wurden, gehörten in unserem weiteren Betrachtungsgebiet die Baue in der Veitsch (Grubental, Brunnalpe und Rotsohl-Spateisenstein), in Niederalpl, Solln und Gollrad und jene im Gebiet von Turnaueralpe-Feistereck und Eiblkogel.

Wanderkarten: F & B: Blatt 4; ÖK: Blatt 103; Aufstiegszeit: ca. 2 Stunden; HU.: Greith 963 m, Turnaueralm 1385 m, Turntalerkogel 1610 m.

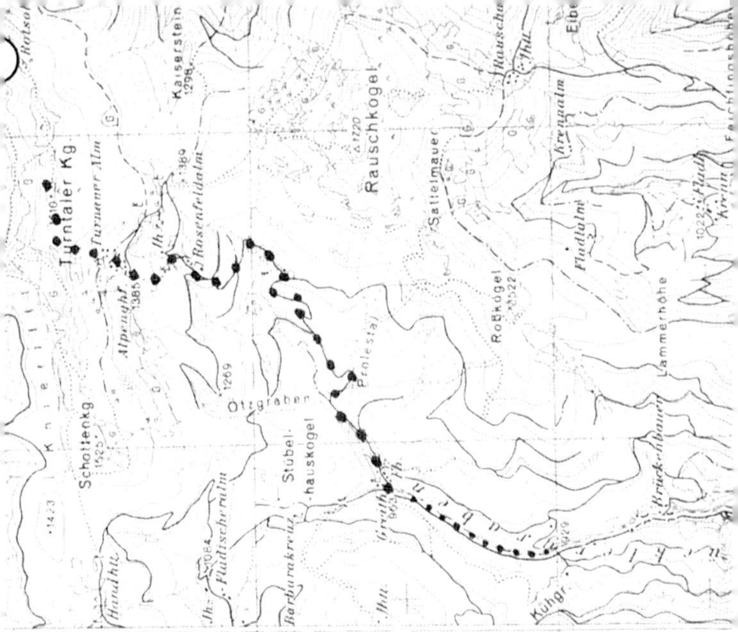

Turntaler Kg.
Turnauer Alm
Kaiserstein
1298
Rauschkogel
1720
Rosenfeldalm
Altpenghf.
1385
Schottenkg
1525
Ötzgraben
Stübelhauskogel
Proleslaj
1269
Sattelmauer
Roßkogel
1522
Krennalm
Fladialm
Lammerhöhe
Brückenbauer
Barburakreuz
Fladischeralm
1084
Handhtt.
1423
Kühgr.
1029

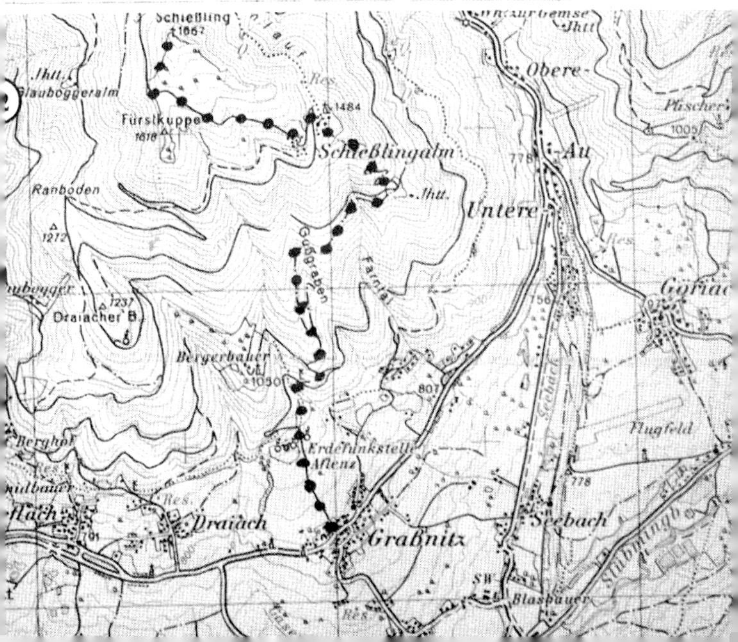

Schießling
1667
Glauboggeralm
Fürstkuppe
1618
1484
Schießlingalm
Ranboden
1212
Draiacher B.
1237
Bergerbauer
1050
Goggraben
Untere
Au
778
756
Plischer
1005
Obere-
Flugfeld
807
Erdefunkstelle Aflenz
Draiach
Graßnitz
Seebach
778
Blasbauer
Berghof

HOCHSCHWAB

(einschließlich Mariazeller Berge)

32 Graßnitz – Schießling

Unser Ausgangspunkt ist der Parkplatz bei der Erdefunkstelle in Aflenz. Von hier folgen wir dem Asphaltstraßerl in nördlicher Richtung und finden auch bald den Wegweiser „Schießlingalm Weg Nr. 863". Dann folgt unsere Route einem geschotterten Güterweg, und nach etwa 20 Minuten zweigt ein gut markierter Pfad vom Güterweg linker Hand aufwärts in den Wald ab. Weiter geht es durch einen Hohlweg aufwärts, der aber bald in einen Waldweg überleitet. Ein Bachbett wird überschritten, die Markierungsnummer 863 läßt uns den Forstweg über eine Waldwiese abkürzen, und nun geht es steiler über hübsche Lärchenwiesen aufwärts. Unser Pfad kürzt den sehr „gemütlich" angelegten alten Almtriebweg immer wieder ab; der Wald wird lockerer, und bald erreichen wir das Hüttendorf der Unteren Schießlingalm mit mehr als einem Dutzend Almhütten (viele als Wochenendhäuschen ausgebaut). Hier steht auch das Gasthaus „Schießlingalm", das wir in etwa 1½ Gehstunden von unserem Ausgangspunkt erreicht haben. – Wir gehen aber weiter in Richtung Oischingalm (Wegnummer 22) und steigen vorerst zur Oberen Schießlingalm auf, wo es noch einmal mehrere Almhütten gibt. Über hübsche, lärchenbesetzte Almwiesen geht es in mäßiger Steigung aufwärts, und etwas später zweigen wir dann unmarkiert rechter Hand über die weite Almfläche zur freien Kuppe des Schießling mit seinem hölzernen Gipfelkreuz ab (1667 m). In einer weiteren ¾ Stunde könnten wir von hier die direkt vor uns aufragende Gipfelgruppe des Oisching erreichen. Vom Gipfelkreuz des Schießling genießen wir einen Prachtblick auf die gegenüberliegende Aflenzer Bürgeralm, die Staritzen, den Hochschwabgipfel, den Reiting, die Seetaler Alpen u. a. m.

Turnau: In Turnau bestand am Zusammenfluß der drei Bäche im Jahre 1528 ein Großhammer, der dem Aflenzer Probst und Anwalt, Ritter von Seewald-Pögl von Reichenstein gehörte und von diesem später nach Thörl übertragen wurde. Noch gegen Ende des 19. Jahrhunderts lagen am Stübmingbach zwei Hammerwerke, in Au ein Streckhammer mit 1 Zerren- und 1 Streckfeuer sowie ein Schwanzhammer und 1 Lederbalg mit unterschlächtigem Rade, das 10 Antriebs-Pferdestärken lieferte. Diese drei gehörten den Nachfahren der Pögl, der Gewerkenfamilie Pengg von Auheim, deren Erzeugnisse (Pengg-Walenta) noch heute Weltruf genießen und welche auch das Hammerwerk der Familie Kipperer in Au gepachtet hatte. Am Ufer des Seebaches bei Au lag ein unergiebiger Steinkohlenbergbau, ein kleiner Braunkohlenbergbau in der Au bei Göriach ist zwar in älteren Bergbüchern nicht belegt, wurde jedoch nachweisbar 1836 belehnt, ging 1840 an Josef Sessler (1768–1842), den bedeutendsten Hammerherren dieses in Vordernberg, Sachendorf, Stanz, Großlobming und Krieglach begüterten Geschlechtes.

Wanderkarten: F & B: Blatt 4; ÖK: Blatt 102; Gebietskarte „Hochschwab"; Gehzeit: Aufstieg ca. 2 Stunden, Abstieg: ca. 1½ Stunden; HU.: ca. 820 m.

33 Skitour: Seewiesen – Oisching

Der Oisching ist der höchste Gipfel im Kammverlauf westlich des „Seegrabens", wie das Tal vor Seewiesen heißt. Eine Oisching-Besteigung ist gleichermaßen eine Sommer- und Herbsttour wie auch eine Skitour im Winter, nur daß man etwas unterschiedliche Ausgangspunkte wählt. – Die Winterbesteigung beginnen wir bei Kilometer 106,0 der „Mariazeller Bundesstraße", das ist etwa 3 km vor Seewiesen (von Aflenz kommend). Hier beginnt ein Forstweg, der uns an der Ostseite des Oisching bis zur Jagdhütte im Kasperlgraben nach oben führt. Von hier weg legen wir uns selbst eine Spur über Waldschneisen und Hochwald bis hinauf zur Oischingalm, wo der breite zuerst mit lockerem Almwald bestandene und dann immer weiter werdende Almrücken bis zum 1699 m hohen Gipfelplateau hinaufzieht (2½ Stunden Aufstiegszeit). Interessanter Tiefblick auf Seewiesen sowie zu „Staritzen", Feistringstein und Aflenzer Bürgeralm. Abfahrt gleich wie Aufstieg.
Die „Sommerbesteigung" beginnt 1½ km vor Seewiesen beim Wegweiser zur „Enzianhütte", wo man auf die Markierung Nr. 863 stößt und ihr dann weiter folgt. Durch prächtige Lärchenwälder wandern wir hinauf zum 1291 m hohen Hackentörl und queren dann die Westflanke des Oisching auf gut markiertem Pfad bis hinüber zur Oischingalm. Schon vorher – oder von der Alm – können wir den Gipfel mühelos in einer halben Stunde erreichen. Je nach Lust kann man nun die rund 5 km bis zur bewirtschafteten Schießlingalm weitergehen, die über eine Mautstraße von Draiach bei Aflenz aus befahren wird. Das Gipfelkreuz am 1667 m hohen Schießling kann leicht von der Alm aus erreicht werden.
Die Geschichte der Gemeinde Turnau, die 1960 zum Markt erhoben wurde und zu welcher auch die Katastralgemeinden Seewiesen, Au, Göriach (Flugplatz), Stübming und Thal gehören, ist eng mit jener ihrer Pfarre verbunden. Sie ist St. Jakob dem Älteren geweiht, wurde urkundlich 1387 erstgenannt und besaß bis zum Anfang des 18. Jahrhunderts eine Flachdecke über dem mittelalterlichen, mehrmals durch Erdbeben beschädigten, zweijochigen Schiff mit Sterngewölbe. Das Presbyterium stammt von 1646, der Turm ist – wie das Tor bezeugt – spätgotisch. Er soll der Legende nach ein Wachtturm zum Schutz für die durchziehenden Pilger und Wanderer gewesen sein und verfügt über drei Stockwerke, von denen eines gegen Ende des 18. Jahrhunderts zu Beginn des Schulwesens als Unterrichtszimmer verwendet wurde, damit der auch als Mesner fungierende Lehrer angeblich rasch zum Wetterläuten „bei der Hand sei". Die Einrichtung der Kirche, an deren südlicher Außenwand Fresken aus dem 14. Jahrhundert Christus und die Apostel und den Hl. Christophorus (1525) zeigen, ist großteils spätbarock. Rokoko-Hochaltar mit Statuen nach Veit Königer und Seitenaltar um 1760–1770.
Wanderkarten: F & B: Blatt 4; ÖK: Blatt 102, Gebietskarte „Hochschwab"; Gehzeiten: Skitour 2½ Stunden; HU.: 814 m; Wanderweg: 2–2½ Stunden; HU.: ca. 780 m.

Voisthalterhütte

Fölzalm mit Schartenspitze

Beim Gipfelkreuz am Fölzstein

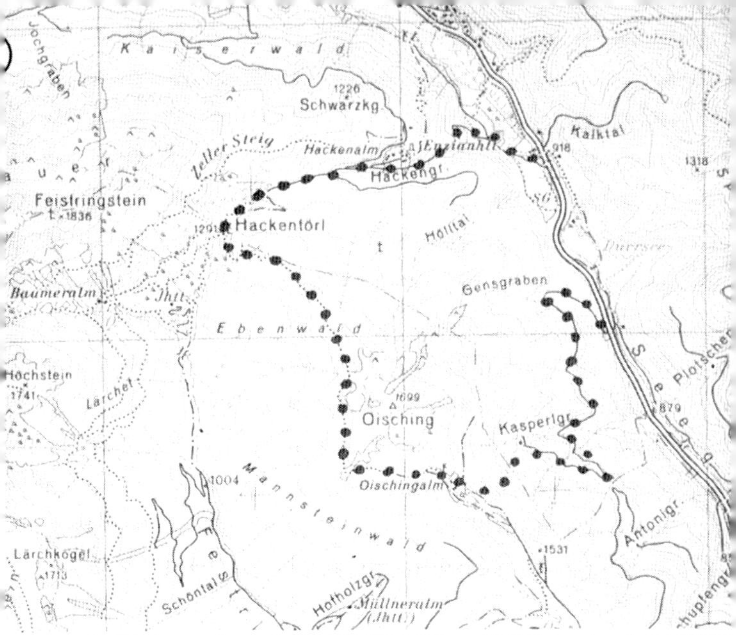

Kaiserwald
Jochgraben
1226
Schwarzkg.
Zeller Steig
Hackenalm
Enzianhtt.
Hackengr.
Kalktal
918
1318
Feistringstein
1836
Hackentörl
1291
Hölltal
Baumeralm
Ihtt.
Gensgraben
Ebenwald
Höchstein
1741
Lärchet
1699
Oisching
879
Kasperlgr.
1004
Mannsteinwald
Oischingalm
Antonigr.
Lärchkogel
1713
1531
Schöntal
Hofholzgr.
Müllneralm
(Ihtt.)

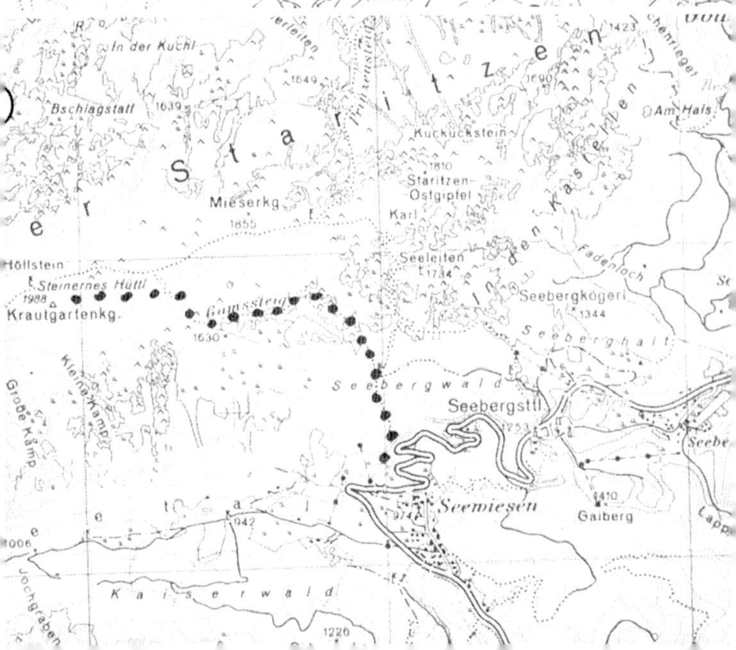

In der Kuchl
1423
1649
1639
1690
Bschlagstatt
Am Hals
Staritzen
Kuckuckstein
1810
Staritzen-
Ostgipfel
Mieserkg.
Karl
1855
Höllstein
Seeleiten
1734
Fadenloch
Steinernes Hüttl
1988
Krautgartenkg.
Gamssteig
Seebergkögerl
1344
1630
Seeberghalt
Kleine Kamp
Große Kamp
Seebergwald
Seebergsttl.
1253
Seewiesen
1410
Gaiberg
942
974
1006
Jochgraben
Kaiserwald
1226

34 Skitour: Krautgartenkogel

Nur bei Firnverhältnissen ist diese nicht allzu lange und dennoch sehr lohnende Tour anzuraten. – Der Krautgartenkogel liegt im Zug der Aflenzer Staritzen zwischen Seeberg und Hochschwab und unser Ausgangspunkt ist (von Aflenz kommend) die erste Kurve der Mariazeller Bundesstraße unter dem Seebergsattel in der Nähe des kleinen Skilifts. – Über Wiesen geht es ein kurzes Stück aufwärts und in einen Grabeneinschnitt in den Wald hinauf. Durch eine Schneise im westlichen Teil des sogenannten „Seebergwaldes" steigt man in einer Serie von kurzen Kehren aufwärts. – Nach etwa 1¼ Stunden erreichen wir das prachtvolle Felskar, umrahmt von Seeleiten, Mieserkogel und Krautgartenkogel. – Im Sinne des Aufstieges halten wir uns nun links und ziehen unsere Spuren in eine große Mulde hinauf. – Im lockeren Lärchenwald geht es durch eine weitere Mulde in westlicher Richtung aufwärts und zwar vorerst auf drei kleine Felsgipfel zu, die das Kar linkerhand begrenzen. – Erst weit drinnen schwenken wir dann in nordwestliche Richtung ab und steigen die länger werdenden, weiten felsfreien Hänge vor uns hinauf. Je nach Kondition und Lust legen wir unsere Spuren im steilen Gelände hinauf – und zwar bis zum Ansatz einer breiten Rinne, direkt unter den Felsen, und lassen hier in manchen Jahren schon unsere Ski zurück, weil das folgende Wegstück hinauf aufs Plateau meist abgeblasen ist. An diesem Platzerl, am Rand einiger Abbrüche, läßt sich's auch sehr gut rasten (2½–3 Stunden haben wir für den Aufstieg benötigt). – Es lohnt sich aber jedenfalls, zu Fuß die 10 Minuten auf das Plateau hinaufzusteigen, über das der Sommerweg über die Aflenzer Staritzen verläuft. Abfahren sollten wir am besten schon um 11 Uhr!

Zeit genug bleibt uns da, dem alten Paßübergangsstützpunkt Seewiesen einen Besuch abzustatten; aber über das „Steirische Heiligenblut" erfahren Sie, lieber Leser, auf den nächsten Seiten mehr. Erst möchten wir allen, die den Fahrstreckengeheimtip aus dem Mürztal – nämlich St. Lorenzen – Pogusch – Turnau – kennen, eine Besonderheit Turnaus in Erinnerung rufen. Im Jahre 1982 feierte die Marktgemeinde im Rahmen des Erzherzog Johann-Gedenkjahres durch eine Reihe von Aufführungen des „Nullerls" von Karl Morrè einen großen Erfolg. Karl Morrè wurde am 8. November 1832 in Klagenfurt am Alten Platz Nr. 4 als Sohn des Kaufmanns Peter Morrè und der Mürztalerin Aloisia Morrè, geborene Zutrum, absolvierte dort das Gymnasium, zog nach Graz und heiratete mit 25 Jahren die Grazerin Theresia Pongratz. Nach Bruck übersiedelt, besuchte er ab 1872 öfter die Hammerwerke in Au und Seebach. Er lernte die Nöte der Arbeiter und Bergbauern kennen, für deren soziale Besserstellung er ab nun in allen seinen Schriften unablässig kämpfen sollte.

Wanderkarten: F & B: Blatt 4; ÖK: Blatt 102, Gebietskarte „Hochschwab"; Aufstiegszeit: 2½–3 Stunden; HU.: ca. 1000 m.

5 Skitour: Göriacheralm und Hochanger

en ganzen Winter über (auch bei schlechterem Wetter) kann man diese elativ kurze und einfache Skitour unternehmen. Ausgangspunkt ist die alstation des Skiliftes auf der Seebergalm zu Füßen des Seebergsattels. leist werden wir ab hier schon Skispuren in Richtung Göriacheralm orfinden. Gemächlich wandern wir das erste Stück durch den reizvollen alboden des Lappentales hinein; anfangs ist auch der Hochangergipfel urz zu sehen. Ab der Talstation des Materialaufzuges zur Göriacheralm eht es in etwas steileren Serpentinen hinauf zu den Hütten der Alm 430 m), die auf einem breiten Sattel angesichts der Hohen Veitsch omantisch daliegt. Von der Alm steigen wir über den fast baumfreien ordrücken die 250 Höhenmeter zum (1985 errichteten) Gipfelkreuz des lochanger (1682 m) hinauf. Der Rundblick reicht von den Aflenzer taritzen bis zum Hochschwabgipfel. Uns direkt gegenüber der Oisching it dem schönen Gipfel-Skihang, dann natürlich Veitsch, Wildkamm, ax, die Felsabstürze der Tonion, Gemeindealm mit dem dahinterliegen-en Ötscher, im Südwesten Reiting und viele Gipfel der Rottenmanner auern und weiter gegen Süden zu Zirbitz, Gleinalm, Hochschlag, Hoch-ntsch. – Unweit des Gipfelkreuzes steht ein Marterl zum Gedenken an ne im September 1953 hier zusammen mit ihrem 6jährigen Enkerl erunglückte, 66jährige Frau. – Bei guten Verhältnissen können wir die bfahrt zuerst über den breiten Gipfelrücken in westlicher Richtung (und icht die Aufstiegsroute über den Nordhang) bis zur kurzen Latschenzone ählen. Von dort fahren wir in eine immer breiter werdende Mulde, die 1 einem Sattel mündet. Auf ihn steigen wir ein paar Meter hinauf, und ann geht es nach links hinunter in den lichten Buchenwald, wo wir auf nsere Aufstiegsspur stoßen.

orrè lernte den Bauernhof Maishirn kennen, schuf dort den groben, stolzen uarzhirn, sah den Schnurrerhof und das Haus des Gutjahr und traf auch das bende Vorbild seiner Hauptfigur, einen 70jährigen Köhler, der sich trotz seines ɔhen Alters noch aus Angst vor dem „Einlegerdasein" mit seiner schweren Arbeit ɔmühte. Aus ihnen schuf er die volkstümlichen Gestalten seines am 30. Oktober 84 im Grazer Stadttheater uraufgeführten Meisterwerkes „'s Nullerl", das später allen deutschsprachigen Ländern, ja sogar am kaiserlichen Hoftheater in Peters-urg und in New York aufgeführt wurde. Am 21. Februar 1897 erlag Karl Morrè ner schweren Krankheit; er ruht in einem Ehrengrab auf dem Grazer Zentralfried-of, und wie sehr die Steiermark diesen von Peter Rosegger mit höchstem Lob edachten Volksdichter ehrt, das zeigt sich besonders in der nie abreißenden ufführungstradition seines Meisterwerkes.

anderkarten: F & B: Blatt 4; ÖK: Blatt 102, Gebietskarte „Hochschwab"; ufstiegszeit: 1½–1¾ Stunden; HU.: 535 m.

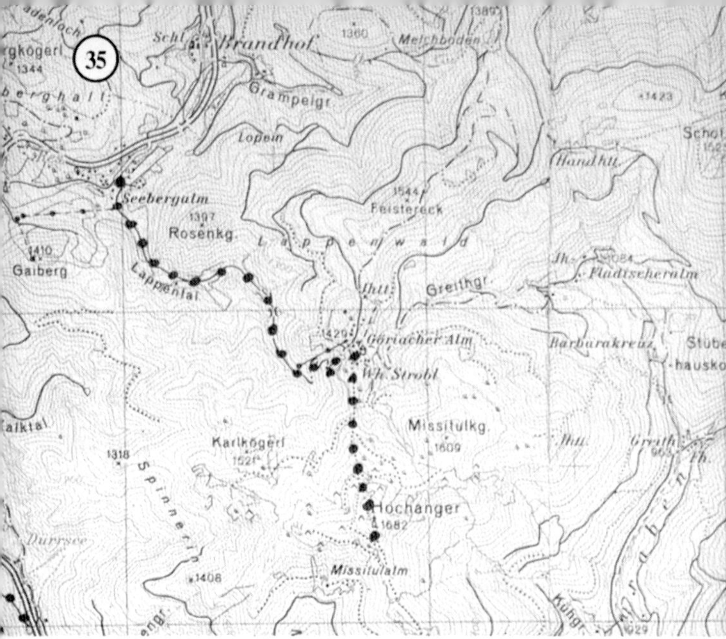
35
Brandhof
Melchboden
Grampelgr.
Lopein
Seebergalm
Rosenkg.
Gaiberg
Lappental
Lappenwald
Feistereck
Greithgr.
Göriacher Alm
Wh. Strobl
Barbarakreuz
Missitulkg.
Karlkögerl
Hochanger
Missitulalm
Spinnerin
Dürrsee
Kalktal

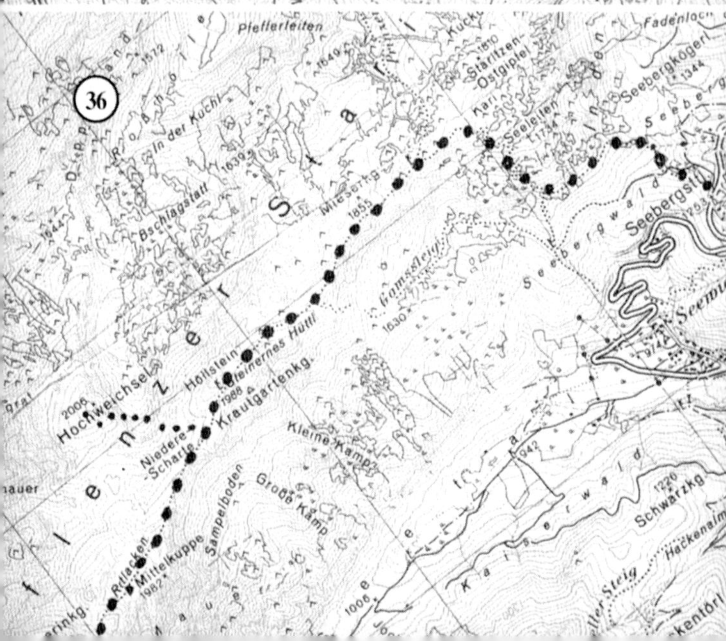
36
Pfefferleiten
Fadenloch
Seebergkögerl
Stüritzen-Ostgipfel
Seeleiten
In der Kuchl
Bschlagstall
Mieserkg.
Seebergwald
Gamssteig
Hochweichsel
Höllstein
Steinernes Hütt.
Kraulgartenkg.
Niedere Scharte
Kleine Kamp
Große Kamp
Sampelboden
Mittelkuppe
Schwarzkg.
Häckenalm

6 Aflenzer Staritzen – Voisthalerhütte

Die Aflenzer Staritzen sind ein Bergzug im östlichen Hochschwabgebiet mit vielen Wandermöglichkeiten. Der kürzeste und rascheste Anstieg führt vom Seebergsattel (1253 m) über die „Seeleiten" auf das Hochplateau der „Staritzen" (Weg Nr. 855), wo man sich für eine von zwei möglichen Varianten entscheiden muß. 4 Stunden benötigt man für die Rundtour (853) über den „Prinzensteig" (Erzherzog Johanns beliebtester Zugang vom Brandhof aus zum „Schwaben") zur hübsch gelegenen Mitterbodenalm und weiter über die Almstraße bis zum Brandhof.
Einen der schönen Herbsttage sollte man aber zu einer ganztägigen Wanderung (Gehzeit ca. 6½ Stunden) über das gesamte Hochplateau der „Staritzen" bis hinunter zur Voisthalerhütte und hinaus durch die „Untere Dullwitz" und das Seetal nützen: mit prachtvollem Ausblick auf die niederösterreichischen Berge und „unser" Mariazell auf der nördlichen Seite sowie auf Aflenzer Bürgeralm, Fölzstein, Edelspitzen und natürlich auf den Hochschwabgipfel selbst. Auf der Süd- und Westseite wandern wir zwischen 1900 und 2000 Metern ohne besondere Anstrengung dahin. Immer wieder genießen wir Tiefblicke vom Rand der Hochfläche entweder hinunter in die wilde Felsenwelt der „Ringe" oder auf die liebliche „Hochschwab-Parklandschaft" des Seetales. An Dolinen- und Karstformationen vorbei führt uns der Pfad schließlich zur Voisthalerhütte, die unter den Kletterwänden von Edelspitzen und Karlmauer prächtig daliegt (1654 m). Über die „Untere Dullwitz", den historisch interessanten Platz des „Franzosenkreuzes" und die „Florlhütte" (1284 m) wandern wir schließlich genußvoll hinaus in die Waldungen des Tales und lassen den langen Marsch auf den herrlichen Almböden des Seetales „ausklingen".

Seewiesen, ehemals Wallfahrerzwischenstation vor dem Seebergsattel in 974 m Seehöhe, hübsches Erholungsdorf mit dem Beinamen „Steirisches Heiligenblut". Das hübsche, holzschindelgedeckte Pfarrkirchlein zum Hl. Leonhard (hier Schutzpatron des Almviehs) – Mittelpunkt einer der kleinsten Pfarren der Steiermark – dürfte laut einer aktenmäßig bekundeten Baubewilligung durch den Salzburger Erzbischof Ortolf von Weisseneck um die Mitte des 14. Jahrhunderts errichtet worden sein, wurde 1366 geweiht und enthält als einschiffiger Kreuzrippengewölbebau ein wertvolles Hochaltargemälde des Hl. Leonhard von H. A. Weißenkirchner (1688) und eine hübsche Rokoko-Orgel von 1760. Auch die spätgotische Bildsäule (Anfang 16. Jahrhundert) und der Bildstock (1618) auf der Paßhöhe des Seebergsattels weisen auf die ehemals stark begangenen Wallfahrerwege nach Mariazell hin.

Wanderkarten: F & B: Blatt 4; ÖK: Blatt 102, Gebietskarte „Hochschwab"; Gehzeiten: Rundweg Seeleiten–Graualm (Mitterboden)–Brandhof 4–4½ Stunden, Rundweg Seeleiten–Ochsenreichkar–Kühreichkar–Voisthalerhütte–Seewiesen 6–6½ Stunden; HU.: 481 m bzw. ca. 770 m.

37 Wegscheid – Ramertal – Höll – Weichselboden

Man kann in Wegscheid oder Weichselboden die stets bestens markiert Wanderung beginnen, die 3½ bis 4 Stunden in Anspruch nimmt. – Vo Wegscheid gehen wir ein kurzes Stück auf der Straße in Richtung Seeber zurück und biegen nach Westen in das Ramertal ein (Fahrverbot). Ge mächlich steigt die Forststraße an, und hier wird unser Weg auch noch vo einem Bächlein begleitet. Die Markierung (Nr. 854) kürzt die Straß gelegentlich ab; nach einer guten halben Gehstunde wird der Wal dichter, und auf gutem Wanderpfad steigen wir hinauf zum Kastenriege (1094 m), der eine kleine Einsattelung zwischen Aflenzer und Zelle Staritzen darstellt. Wegkreuz mit „Paßbuch"; Wegweiser Richtung Grau alm – Seeberg oder Brandhof sowie auf die Zeller Staritzen. Abstieg übe eine kleine Felsrampe in die Hintere Höll mit ihren hübschen, vo Hochwald umstandenen Wiesenflächen. Über diese „Böden" wander wir zum Seesteinsattel (925 m), kürzen die 13 Kehren des Forstweges a und gelangen zum prachtvoll gelegenen Meran'schen Jagdhaus in de Höll, einem wunderbaren Wiesenplatz zu Füßen des Amphitheaters de beiden „Ringe". Rund 1000 Meter sind die Abstürze des Unteren Ringe hoch, in den man auf unmarkiertem Pfad problemlos hinaufsteigen kann - ein einmaliger Platz! (Geübte Bergsteiger können auch in den Oberei Ring weitersteigen.) Vom Jagdhaus reizvolle Wanderung hinaus nach Weichselboden durch die Vordere Höll mit den Quellfassungen für di 2. Wiener Hochquellenleitung; Holzkapelle für die verunglückten Arbei ter. Sehr hübsch die ebenen Wiesenflächen von Weichselboden mit de wenigen Forstarbeiterhäusern und der kleinen, idyllischen Kirche an de Salza.

Wer kann schon von uns Steirern am schmucken Gebäudekomplex des „Brandhofs" knapp unter der Paßhöhe des Seebergs vorbeifahren, ohne an jenen Mann zu denken, der 1828 folgende Stiftungsurkunde verfaßte:

> „Im 40. Jahre meines Lebens, nach gemachten reichlichen Erfahrungen in einer vielfach bewegten Zeit, beschloß ich, Erzherzog Johann von Österreich, in den schirmenden Alpen mir ein Haus der Ruhe, der thätigen, dem Frommen meines kaiserlichen Herrn und Bruders und seiner unerschütterlichen Bergvölker gewidmeten Zurückgezogenheit sowie auch als Beleg, wie sehr jederzeit mein Gemüth ehrgeizigen Streben fremd war – einfach und prunklos zu bauen."

An Stelle eines kleinen Bauernhofes 1822–1828 erbaut, wurde der auf 1080 m Seehöhe liegende Brandhof am 24. August 1828 feierlichst vom Erzbischofe von Erlau, Ladislaus Pyrker, unter großem „Zusammenfluß" der Bevölkerung eingeweiht. Ein schlichter, ursprünglich ebenerdiger, nur stockhoher Bau, zwischen dessen Flügeln sich eine im Achteck gebaute gotische Kapelle einschiebt, überragt von einem hohen Dachstuhle mit Glockentürmchen, bildet das Anwesen.

Wanderkarten: F & B: Blatt 4; ÖK: Blatt 102, Gebietskarte „Hochschwab"; Gehzeit: 3½–4 Stunden; HU.: 264 m.

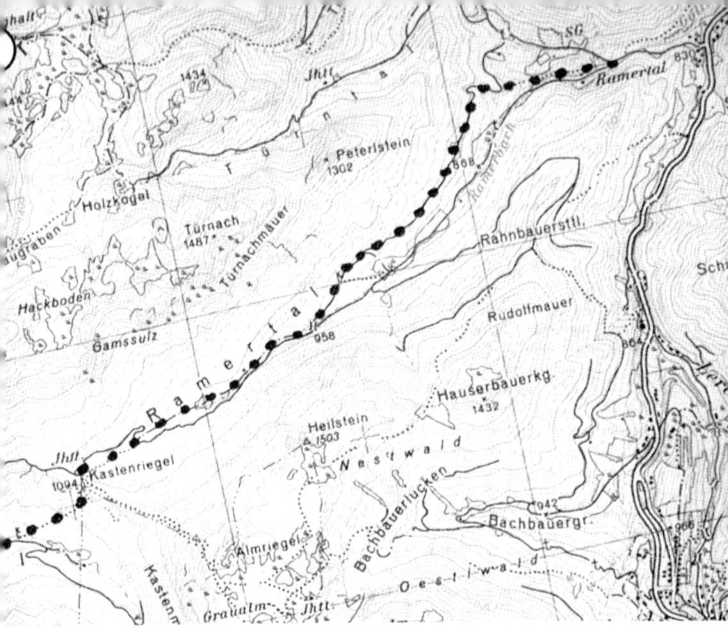

Ramertal
830
Peterlstein
1302
1434
Holzkogel
Türnach
1487
Türnachmäuer
Hackboden
Gamssulz
Rahnbauerstl.
Rudolfmauer
958
868
R a m e r t a l
Hauserbauerkg.
1432
Heilstein
1503
N e s t w a l d
Jhtt.
Kastenriegel
1094
Bachbauerlucken
942
Bachbauergr.
Almriegel
O e s t l w a l d
Graualm
864
966

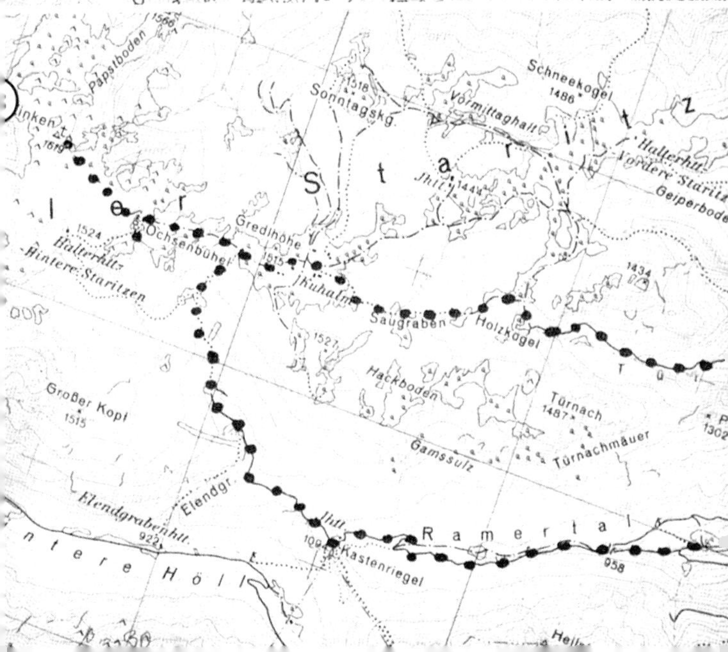

Päpstboden
1566
Schneekogel
1486
Sonntagskg.
1518
Vormittaghalt
S t a r i t z
Halterhtt.
Vordere Staritzen
Geiperboden
Jhtt.
1444
Gredlhöhe
1515
Ochsenbühel
1524
Halterhtt.
Hintere Staritzen
Kuhalm
Saugraben
Holzkogel
1434
1527
Hackboden
Türnach
1487
Türnachmäuer
Gamssulz
Großer Kopf
1515
Elendgr.
Elendgrabenhtt.
922
Jhtt.
R a m e r t a l
Kastenriegel
958
n t e r e H ö l l

38 Zeller Staritzen

Wir können mit dem Auto bis ins Ramertal hineinfahren, bis wir zur Abzweigung „Kastenriegel" kommen. Hier stellen wir unser Fahrzeug ab und folgen nun ein kleines Stück der Markierung „Brunngraben", um aber dann gleich links auf einem Forstweg durch das Türntal unsere Route weiter zu verfolgen. Am sogenannten „Holzkogel" gelangen wir schließlich auf die Alm-Waldflächen hinauf und folgen durch den Saugraben dem Almweg bis zur ausgedehnten Kuhalm (hier werden während der Weidezeit bis zu 250 Stück Vieh aufgetrieben). Über die Gredlhöhe und den Ochsenbühel gelangen wir auf diesem ausgedehnten Alm-Areal schließlich zur kleinen Erhebung des Zinken, des höchsten Punktes der Zeller Staritzen (1619 m). – Wir genießen hier einen lohnenden Ausblick von der Aflenzer Staritzen bis zum Hochschwabgipfel und zum Ebenstein, wir sehen aber auch fast alle Mariazeller Berge und viele Gipfel drüben im Niederösterreichischen. Interessant ist auch der Blick hinunter in die Höll mit ihren felsumschlossenen, grünen Flächen. – Den Abstieg können wir vom Ochsenbühel aus über einen markierten Weg hinunter zum Kastenriegel unternehmen, womit wir dann eine Rundwanderung unternommen haben, die insgesamt 5 Stunden an reiner Gehzeit erfordert.

Wie der Brandhof, der noch immer im Besitz der Familie Meran steht, gehören auch die weiteren Ortschaften nördlich des Seebergs bis zur Salza zum Gebiet von Gußwerk, der größten Landgemeinde Österreichs. (PLZ: A-8632; 700 m Seehöhe; Auskünfte: Tel. 03862/2503)

Der Name des Ortes stammt von dem dort 1742 gegründeten und 1899 stillgelegten Eisenwerk. Die riesigen staatlichen Forstbesitzungen in diesem obersteirischen Raum sind – wie Mariazell und Gußwerk – eng mit dem zunächst mit Aflenz beschenkten Kloster St. Lambrecht verbunden. Hier treffen die Kolonisationsräume von vier Klöstern zusammen: von Admont, das das Salzatal von Westen her aufgeschlossen hat, von Neuberg, das später den östlichen Bereich behauptete, von Lilienfeld, das den von Niederösterreich her angrenzenden Bereich durch Rodungen urbar machte und schließlich jener des schon erwähnten St. Lambrecht, das 1103 durch die Schenkung des Kärntner Eppensteiner-Herzogs Marquart das Tal von Aflenz von der Mürz im Süden bis an die niederösterreichische Grenze als Ausstattungsgut erhielt und es bis 1786 verwaltete.

Unter Abt Otkat (1153–61) wurde die „Cella" des Hl. Petrus in Aflenz gegründet, in der um 1157 fünf Benediktinerpatres bezeugt sind.

Wanderkarten: F & B: Blatt 4; ÖK: Blatt 102, Gebietskarte „Hochschwab"; Gehzeit: 5 Stunden; HU.: ca. 700 m.

39 Wegscheid – Pfeifferalm – Spielmäuer

Unser unmarkierter aber nicht schwer zu findender Rundweg beginnt direkt bei der Kirche von Wegscheid, wo wir zwischen Kirche und Friedhof einem berasten Weg zuerst rechts aufwärts folgen, um aber nach wenigen Minuten bereits links ein markantes Steigerl zu wählen, welches uns nun mäßig steigend, zuerst über einen Waldschlag, nach oben führt. Ober uns die Felswände der Spielmäuer, linkerhand taucht die Hohe Veitsch auf. Nach etwa 45 Minuten kommen wir an die ersten Felsschrofen heran, und mittels einer Holzleiter überwinden wir eine zwei Meter hohe, glatte Stufe. Bald lassen wir diesen besonders romantischen Abschnitt hinter uns, und folgen dem Pfad nun in einigen Serpentinen aufwärts. Nach weiteren 15 Minuten erreichen wir ein Plateau und im lockeren Wald gleich darauf die Hütten der Pfeifferalm. Wir steigen nun pfadlos am Rand eines Windwurfs aufwärts und stoßen bald auf einen steil angelegten Forstweg. Nach einer guten halben Stunde von der Pfeifferalm gelangen wir auf den höchsten Punkt der Spielmäuer mit einem trigonometrischen Vermessungszeichen. Knappe zwei Stunden haben wir von Wegscheid bis herauf benötigt und genießen nun einen prachtvollen Tiefblick direkt am Rand der Steilabstürze der Spielmäuer: zu unseren Füßen unmittelbar die Kirche von Wegscheid und die sich in Richtung Mariazell schlängelnde Bundesstraße; dahinter stehen Hohe Veitsch und Tonion. – Beim Abstieg gehen wir ein kurzes Stück den steilen Forstweg zurück bis zur Alm, biegen aber dort nun auf einem gut ausgebauten Forstweg in nördlicher Richtung ab, um auf diesem Weg in einem weiten Bogen die Spielmäuer (1360 m Seehöhe) zu umrunden. In mäßiger Steigung geht es in vielen Serpentinen auf der Forststraße abwärts und beim „Jagabauer“ erreichen wir die Bundesstraße und müssen auf ihr noch rund einen Kilometer bis zu unserem Ausgangspunkt zurückmarschieren.

Von Aflenz wurde im Auftrag des bereits genannten Abtes die Gründung der „Cella“ von Mariazell vorgenommen; als Ankunftstag des namentlich nicht bekannten Gründers der späteren Wallfahrtskirche wird in Mariazell der Thomastag, also der 21. Dezember des Jahres 1157, angenommen. Die Loslösung des nördlich des Seeberges liegenden Teiles der Domäne führte mit der auch im Aflenzer Raum richtungsweisenden Entwicklung des Eisenwesens gemeinsam zum raschen Aufstieg beider Regionen. Schon Anfang des 12. Jahrhunderts ließ der Abt von St. Lambrecht am Mischenriegel bei Gollrad, wo es uralte Gold-, Silber-, Kupfer- und Bleigruben gab, und am Postel den „Spateisenstein“ brechen ($FeCO_3$). In Gollrad, einem alten Knappendorf am Nordhang des Seeberges sowie einst bedeutenden Bergwerksort, erinnern noch die Ruinen des Röstofens und Blähhauses sowie die Kirche der Hl. Barbara, der Schutzpatronin der Bergleute, an die alten Lebensgrundlagen dieses Gebietes.

Wanderkarten: F & B: Blatt 4; ÖK: Blatt 102, Gebietskarte „Hochschwab“;
Gehzeit: Aufstieg 1¾–2 Stunden, Abstieg ca. 1 Stunde; HU.: 542 m.

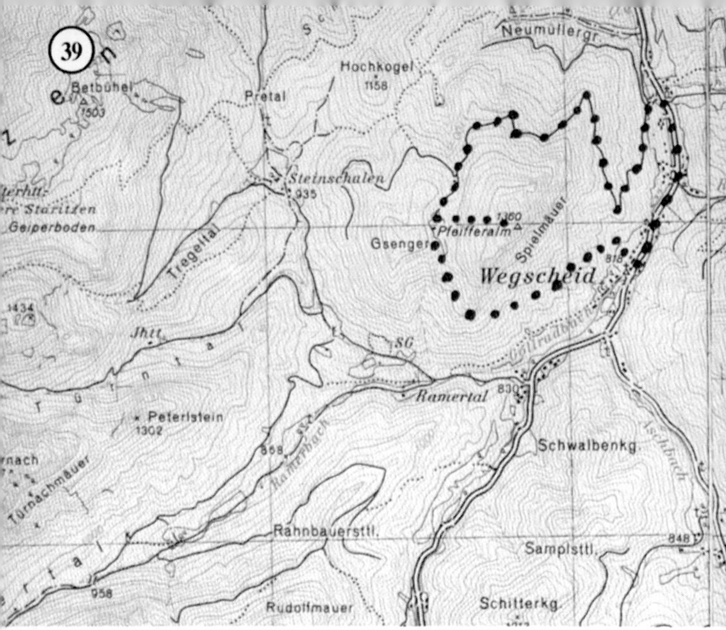
39
Betbühel
1503
Pretal
Hochkogel
1158
Neumüllergr.
Steinschalen
935
Geiperboden
Tregeltal
1360
Pfeifferalm
Gsenger
Spielmäuer
818
Wegscheid
1434
Jhtt.
SG
Ramertal
830
Peterlstein
1302
Schwalbenkg.
858
Ramerbach
Aschbach
Turnachmäuer
Rahnbauerstll.
Samplsttl.
848
958
Rudolfmauer
Schitterkg.

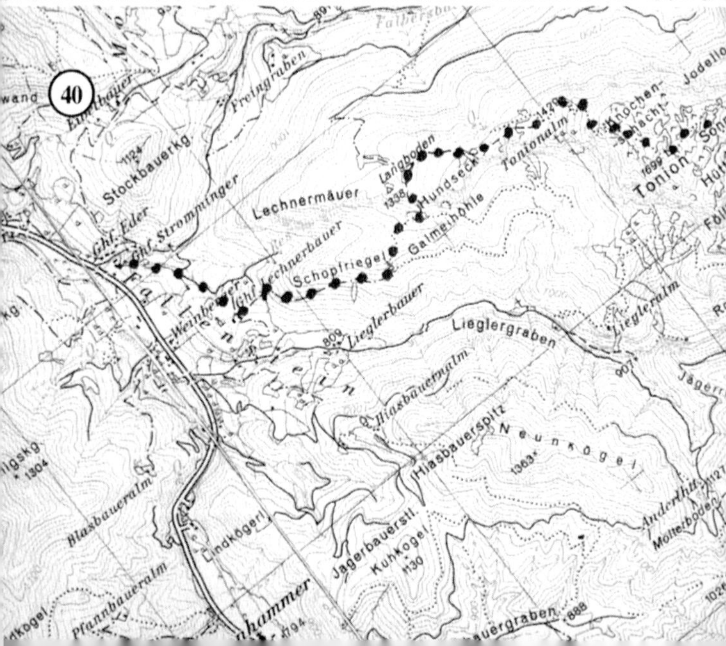
40
Freingraben
1124
Stockbauerkg.
Stromminger
Lechnermäuer
Langboden
1338
Hundseck
1420
Tonionalm
Knochen-schacht
1699
Tonion
Ghf. Eder
Ghf. Stromminger
Lechnerbauer
Galmeihöhle
Schopfriegel
Weinbeißer
Lieglerbauer
Lieglergraben
809
Liegleralm
907
Hiasbauernalm
Hiasbauer
Hiasbauerspitz
Neunkogel
1363
1304
Blasbaueralm
Lindkögerl
Jagerbauerstl.
Kuhkogel
1130
Pfannbaueralm
1127
Molterboden
1026
888

40 Auf die Tonion

Die Wanderung auf die 1699 m hohe Tonion ist eine echte Familientour. Sie geht beim Gasthof Fallenstein beziehungsweise beim Gasthof Eder – an der Bundesstraße zwischen Gußwerk und Gollrad in etwa 750 m Seehöhe – weg und führt in 2½ Stunden auf den Gipfel. Verlängert man die Wanderung zu einer Rundtour über die „Schöneben" und den Freingraben, dann sind auch für den Rückweg 2½ Stunden zu veranschlagen; ansonsten um fast eine Stunde weniger.

Vom Gasthaus Fallenstein oder Eder geht der immer sehr gut markierte Pfad 428 zuerst längs eines Güterweges bis zum Bauernhaus Lechnerbauer, das auf einer wunderschönen Hochebene, umrahmt von Fels und Wald, liegt. In Serpentinen geht es durch steilen Wald hinauf, oben folgen Holzschläge, mit lockerem Ahornwuchs bestanden. Und dann ist es nicht mehr weit zur bewarteten Hütte auf der Tonionalm (1478 m), die sehr romantisch unter den Felsabstürzen der Tonion liegt. Die „Naturfreunde Gußwerk" betreuen die Hütte in vorbildlicher Art so, daß an Wochenenden von Juni bis Ende Oktober immer eine andere Familie dort Dienst macht.

Von hier geht es nun problemlos bis zum Gipfel hinauf. Der Gipfelrundblick geht von Dürrenstein und Ötscher im Nordosten zur Kräuterin und zu Teilen des Hochschwabs. Im Süden ist es die Hohe Veitsch, welche die Szene beherrscht. Die Rundtour führt uns vom Gipfel in Richtung Osten, an Sonntags- und Hochschnäbelkogel vorbei, bis zur weiten Almfläche des Herrenbodens. Weiter im Osten haben wir vor uns die beiden eigentümlich geformten Rasenberge des Königskogels und des Proles. Über die „Paulaquelle" steigen wir durch Hochwald zur Schöneben ab. Auf einem Güterweg gehen wir dann den Falbersbach entlang, durch den Freingraben hinaus bis zum Gasthaus Fallenstein.

Aus dem Spateisenstein wurde das sogenannte „Waldeisen" erzeugt, das aufgrund seiner Güte bald jenem des Erzbergs Konkurrenz machte. Nach der Errichtung des „Eisengußwerkes" bei Mariazell, mit dem er auch besitzmäßig eng verbunden war, nahm der Gollrader Bergbau seinen großen Aufschwung, der 1891 in der maximalen Erzförderung von 30.000 Tonnen gipfelte, aber bereits 5 Jahre später, 1896 eingestellt wurde. In der unteren „Waldau" und bei Strobl, am Zusammenfluß von Salza und Aschbach, waren schon in der Mitte des 14. Jahrhunderts unter der Patronanz von Stift St. Lambrecht Eisenwerke entstanden, in welchen die auf der Rotsohl, der Sohlenalm und in Gollrad abgebauten Erze verarbeitet wurden. 1742 erwirkte dann der Abt Eugen Graf Inzaghi von Kaiserin Maria Theresia das Privileg zur Errichtung des „Eisengußwerkes bei Mariazell", das fortan dem Ort seinen Namen gab: „Gußwerk".

Wanderkarten: F & B: Blatt 4; ÖK: Blatt 103; Gehzeit: Aufstieg 2½ Stunden, Rückweg 1½ Stunden, über „Schöneben" 2½ Stunden; HU.: ca. 950 m.

41 Mit Skiern auf die Tonion

Ausgangspunkt ist das Gasthaus zum Fallenstein an der Mariazeller Bundesstraße. Von hier folgen wir dem Freingraben etwa 1½ km taleinwärts bis wir rechts eine Skispur (an den Wochenenden von den „Kennern" bei Schönwetter fast immer gespurt) durch einen mäßig geneigten Hohlweg nach Südost hinaufziehen sehen. Ihr folgen wir an einer kleinen Almwiese vorbei und dann durch Hochwald ohne Unterwuchs eine gute ¾ Stunde aufwärts, bis wir den oberen Teil eines Forstweges erreichen. (Zur Abfahrt müssen wir ihn wegen Schonung der Jungkultur trotz nur mäßiger Neigung benützen.) Ein kurzes Stück begehen wir nun den Forstweg, um dann bald wieder ein kleines Hohlwegstück zu wählen, das uns (am Ende der Lechnermauer) auf den breiten Kammrücken führt, der sich von der Tonion in westlicher Richtung herunterzieht. „Langboden" (1338 m) heißt dieser Platz zurecht. Auf dem nur ganz locker bewaldeten Almrücken steigen wir gemächlich zur Tonionalm (1429 m) mit der im Sommer bewirtschafteten Naturfreunde-Hütte an. Vor uns nun schon der prächtige, nach Nordwest gerichtete Gipfelhang der Tonion, der uns beste Abfahrtsfreuden vermittelt. In einer ¾ Stunde erreichen wir über ihn das abgeblasene Gipfelplateau und in weiteren 10 Minuten das Gipfelkreuz mit seiner Aussicht auf Kräuterin, Hochschwab, Veitsch, Schneealm, Rax, Schneeberg, Ötscher und Mariazell. 3 Stunden Gesamt-Aufstiegszeit. – Eine weitere Variante auf die Tonion führt durch den Freingraben über WH. Schöneben – Falbersbachalm – Buchalpenkreuz – Herrenboden – Hochschnäbeltörl zum Gipfel. 4 Stunden Aufstiegszeit; bei Nebel jedoch im letzten Teil unter Umständen Orienteriungsschwierigkeiten. – Auch vom Niederalpl kann die Tonion über Weißalm – Ochsenboden – Herrenboden erstiegen werden.

Hauptauftraggeber blieb für lange Zeit das „Hauptzeugamt" von Wien, das schon im Zeichen des heraufziehenden 7jährigen Krieges (1756–63) Mörser, Kanonen und Munition bestellte. Weiters wurden auch Öfen, Kessel, Geschirr, Grabplatten und Gußstücke verschiedenster Art hergestellt. 1786 ging Gußwerk in staatliche Aufsicht über, am 1. Oktober 1800 erfolgte die Übergabe an das Montanärar, zusammen mit der dem aufgelösten Stift St. Lambrecht entzogenen Kameralherrschaft Mariazell und allen dazugehörigen Hämmern. 1829 wurde ein Kanonenbohrwerk errichtet, nach dem unglücklichen Ende des Krieges von 1866 mußte der Staat das Werk 1869 an die Neuberg-Mariazeller Gewerkschaft verkaufen. 1875 mußte nach der Umstellung der Artillerie auf Bronzerohre der den meisten Gewinn bringende Geschützguß eingestellt werden. Nach 1882 wurden noch Gerätschaften für den Berg- und Hüttenbetrieb produziert, aber schon 1899 mußte der letzte Hochofen ausgeblasen werden.

Wanderkarten: F & B: Blatt 4, ÖK: Blatt 103; Aufstiegszeit: ca. 3 Stunden, HU.: ca. 950 m.

41

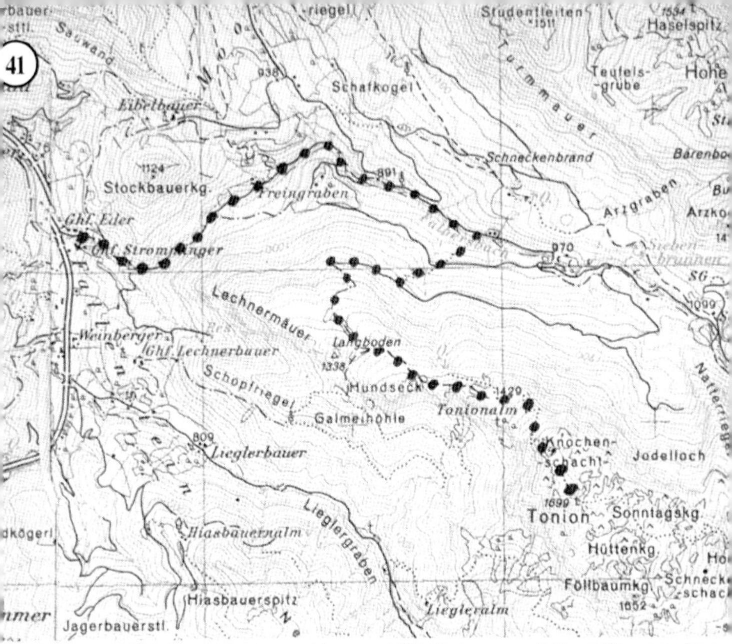
Sauwand
Studentleiten
1511
1534
Haselspitz
938
Schafkogel
Teufels-grube
Hohe
Eibelbauer
Turmmauer
Schneckenbrand
Bärenbo
1124
Stockbauerkg.
891
Freingraben
Arzgraben
Arzko
Ghf. Eder
Ghf. Stromminger
970
SG
1099
Lechnermauer
Langboden
Weinberger
Ghf. Lechnerbauer
1338
Schopfriegel
Hundseck
1429
Tonionalm
Galmeihöhle
Knochen-schacht
Jodelloch
809
Lieglerbauer
1699
Tonion
Sonntagskg.
Lieglergraben
Hiasbauernalm
Hüttenkg.
Föllbaumkg.
1652
Hiasbauerspitz
Lieglerlalm
Jagerbauerstl.

42

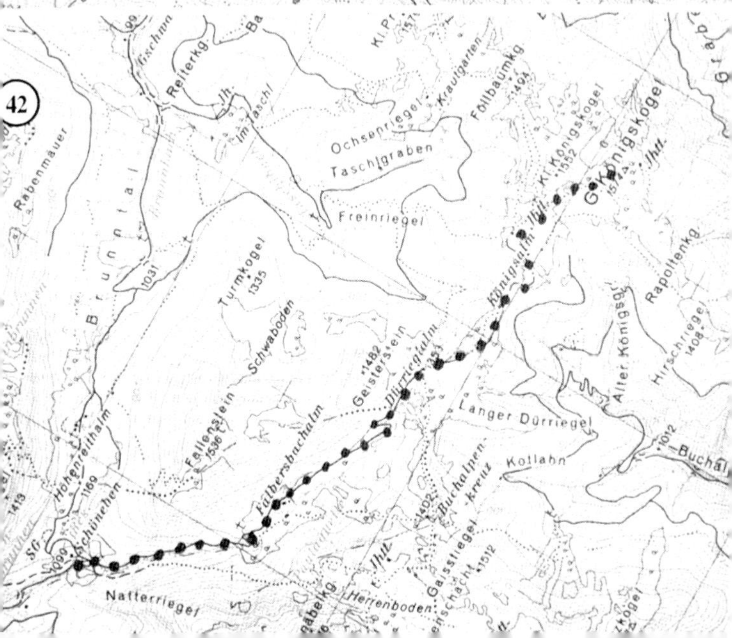
Reiterkg.
Im Taschl
Ochsenriegel
Krautgarten
Föllbaumkg
1494
Kl. Königskogel
1552
Gr. Königskogel
1574
Rabenmauer
Taschlgraben
Freinriegel
Brunntal
Rapoltenkg.
Königsalm
Turmkogel
1335
1031
Schwaboden
Dürriegelalm
1482
Geisterstein
Alter Königsgl
Hirschriegel
1408
Langer Dürriegel
Fellenstein
1536
Fälbersbachalm
Kollahn
1012
Buchal
Höhenreithalm
1169
Schönehen
Buchalpen-kreuz
1402
Gaissriegel
1512
1413
SG
1099
Nafterriegel
Herrenboden

42 Skitour: Dürriegel und Königskogel

Zwischen der Hohen Veitsch und Mariazell, zwischen dem Aschbachgraben und dem oberen Mürztal gibt es einige sehr hübsche Bergziele, die zwar dem Nord-Süd-Weitwanderer und dem „Mariazell-Geher" ein Begriff, den meisten übrigen Steirern aber wenig bekannt sind: Tonion, Königskogel, Proles und Student. Wegen ihrer – zumindest auf jeweils einer Seite – sanften Formen sind sie aber auch leichte Skiberge. Dürriegel und Königskogel bieten sich gerade für den Anfänger beim Skitourengehen förmlich an, denn die Zustiege sind verhältnismäßig kurz und wenig anstrengend und die Abfahrten leicht. In der Nähe, also am Seeberg oder Niederalpl, können andere Familienmitglieder dem Liftsport frönen, so daß für jeden etwas „abfällt". – Wir empfehlen, es einmal mit Dürriegel und Königskogel zu versuchen. Ausgangspunkte sind entweder „Fallenstein" im Aschbachgraben an der Bundesstraße zwischen Seeberg und Mariazell oder Frein bzw. Gschwandt bei Mürzsteg (vom Aschbachgraben ist der Zugang etwas näher). – Wir folgen der roten Markierung in den Freingraben hinein, den Falbersbach aufwärts (Wildbachverbauung) bis zum ehemaligen Wirtshaus auf der „Schöneben", wo sich der NSWW mit dem „Mariazeller Weg" kreuzt. Ein Hinweisschild „Dürriegel-Königskogel" zeigt uns den weiteren Weg, der uns in mäßiger Steigung zu den hübschen Hütten der Falbersbachalm bringt, die dann weiter oben in die Dürriegelalm (1350 m) übergeht. Wir können nun direkt auf dieselbe zugehen oder der Markierung nach rechts zum Buchalpenkreuz (1400 m) folgen. Hier machen wir nach dem ein- bis zweistündigen Aufstieg (je nach Ausgangspunkt) Schluß oder gehen noch eine knappe Stunde weiter bis zum Großen Königskogel, dessen Gipfelhang echtes Skivergnügen bietet. Von hier können wir dann direkt über die Dürriegelalm zurückfahren.

Zum Gemeindegebiet von Gußwerk gehören die Siedlungen Greith, Greifenstein, Aschbach, Gollrad, Wegscheid, Weichselboden und der heutige Tourenausgangspunkt Fallenstein; es ist mit seinen 285 km^2 Fläche die größte Landgemeinde Österreichs. Die auch für den Bereich von Gußwerk einflußreiche Bedeutung des größten mitteleuropäischen Wallfahrtsortes Mariazell äußert sich nicht nur in den durch den Bezirk führenden Wallfahrerwegen, sondern auch in der damit verbundenen Geschichte der an diesen Wegen liegenden Anwesen und Siedlungen. So durfte etwa der gegenüber unserem heutigen Ausgangspunkt, dem Gasthof „Zum Fallenstein" gelegene Stockbauerhof seit dem Jahre 1572 das erzherzoglich österreichische Wappen mit den Jahreszahlen 1572 und 1599 führen, nachdem die Gemahlin Erzherzog Karls, Anna Maria auf der Reise nach Mariazell von Geburtswehen überrascht, in diesem Hause entbunden hatte.

Wanderkarten: F & B: Blatt 041 und 031; ÖK: Blatt 103; Aufstiegszeit: bis Buchalpenkreuz ca. 2 Stunden, bzw. gut 1 Stunde; HU.: 650 m bzw. 410 m; bis Königskogel (1574 m) je 1 Stunde mehr; HU.: ca. 820 m bzw. 580 m.

43 Skitour auf die Hohe Studen

Wegen ihrer relativ geringen Höhe von 1600 Metern und der dadurch meist bis in die Gipfelregion reichenden Bewaldung kann man die Berge der Mürzsteger Alpen oft auch bei schlechteren Verhältnissen ersteigen; im Almwald-Gürtel gibt es auch keine Orientierungsschwierigkeiten. – Ausgangspunkt ist der Gh. Fallenstein an der Mariazeller Bundesstraße, wo wir in der Regel schon die Steigfelle anlegen und dem romantischen Freingraben mit seinen Klammen und Eisgebilden längs des Falbersbaches ca. 4½ km taleinwärts folgen. An einer Waldlichtung mit einer Heuhütte (Pkt. 970 m auf der österr. Karte) verlassen wir den Falbersbach (hier kommt linkerhand der Arzgrabenbach heraus und gegenüber führt der Freingrabenweg über eine Betonbrücke zur Schöneben) und folgen der schwach erkennbaren Vertiefung eines alten Hohlwegs durch lockeren Hochwald hinauf, wobei wir hier dem Arzgraben folgen. – Durch eine Waldschneise geht es aufwärts, immer auf den kleinen Einschnitt zu, der von den Ausläufern der Turmmauer und dem kleinen Felsturm des Arzkogels gebildet wird. Dazwischen steigen wir in einigen Kehren hinauf und stehen dann überraschend oben im weiten Almgelände des flach ansteigenden Buchalpenbodens. Durch lockeren Almwald steigen wir nun (am oberen Rand einer Aufforstung) genau nach Norden weiter zur Studenalm, die wir bald erreichen. Neben der verfallenen, alten und der neuen Almhütte geht es vorüber zum unfern gelegenen Gipfel der Hohen Studen (1539 Meter hoch, durch eine Stange markiert) mit ihrer flachen Kuppe. Unweit der um 4 m niedrigere Großkogel mit seinem Gipfelkreuz und der um 14 Meter höhere Ochsenhalterstein. – 3½ Stunden Aufstieg vom Gh. Fallenstein.

Sehenswürdigkeiten: Gußwerk: Pfarrkirche zum „Heiligen Kreuz" (1850); ein klassizistisch ausgerichteter Bau mit zentraler Flachkuppel. Ausstattung klassizistisch: Hochaltar von 1850 mit Altarblatt von J. Binder; 1952 neun große Decken- und Wandgemälde des Seckauer Mönches Bruder Lukas Reicht.

Zuvor hatte seit 1748 eine Hl. Geist-Kapelle im „Amtshaus" bestanden. der jetzige Pfarrhof und die neue Einsegnungskapelle auf dem erst Ende der sechziger Jahre angelegten Friedhof stammen vom Architekten Kurt Weber-Zell.

Orts-, Berg- und Geländenamensdeutung: dem letzten Stande nach: Gollrad: eindeutig slaw. Ursprungs: „gol" = kahl; „hrd" = Gipfel; also etwa: der kahle Gipfel, die „nackte" Bergspitze! Tonion: wahrscheinlich nach einem slawischen Personennamen „Tanik", dem Almbesitzer auf den Berg übertragen; Formenentwicklung in der Mundart etwa von „tanıgovagora" – der Berg des Tanik(g), zu tanigow, tonegow, toigo(w), toni(g)on – Tonion. Als Alm-Name weiblich auszusprechen: die Tonion! Der „Hohe Student": einer der vielen Hörfehler der böhmischen Landvermesser; schon mundartlich richtiger als „die Studen" (Betonung auf 2. Silbe); kommt von der slaw. Wurzel „studen" = kalt; die Hohe Studen ist also eine „kalte Alm"!

Wanderkarten: F & B: Blatt 041 und 031; ÖK: Blatt 103; Aufstiegszeit: 3½ Stunden; HU.: ca. 790 m.

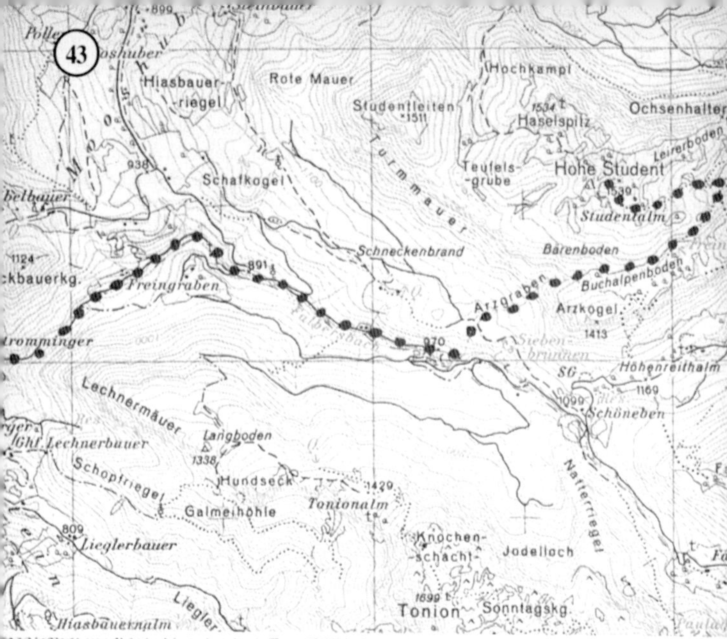
43
Rote Mauer
Hochkampl
Hiasbauer-
riegel
Studentleiten
1511
1534
Haselspitz
Ochsenhalter
Leirerboden
938
Schafkogel
Teufels-
grube
Hohe Student
1539
Studentalm
Turmmauer
Schneckenbrand
Bärenboden
1124
891
Freingraben
Arzgraben
Buchalpenboden
Arzkogel
1413
970
Siebenbrunnen
SG
Höhenreithalm
1169
1099
Schöneben
Lechnermäuer
Ghf. Lechnerbauer
Langboden
1338
Schopfriegel
Hundseck
1429
Galmeihöhle
Tonionalm
Natterriegel
809
Liegierbauer
Knochen-
-schacht-
Jodelloch
1699
Tonion
Sonntagskg.
Liegler
Hiasbauernalm

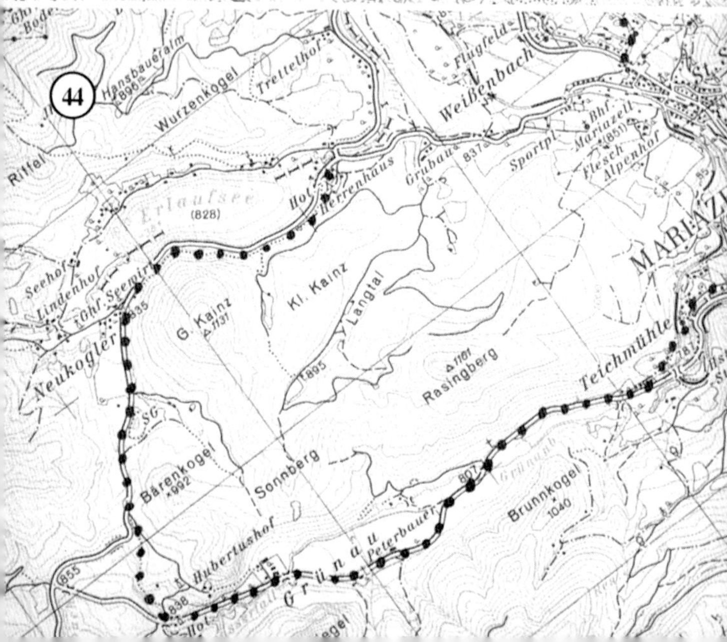
44
Hansbaueralm
896
Wurzenkogel
Trettelhof
Flugfeld
Weißenbach
Riffel
Herrenhaus
Grubau
837
Sportpl.
Bhf.
Mariazell
(851)
Flesch
Alpenhof
Erlaufsee
(828)
Seehof
Lindenhof
Ghf. Seemirt
835
Kl. Kainz
Langtal
G. Kainz
1131
MARIAZE
Neukogler
895
1161
Rasingberg
Teichmühle
SG
Bärenkogel
992
Sonnberg
807
Brunnkogel
1040
855
Hubertushof
Peterbauer
838
Grünau

Rauchkar im zeitigen Frühjahr

Blick vom Karlhochkogel zur Hochschwabsüdwand

Festlbeilstein im Spätherbst

44 Rundweg: Mariazell – Erlaufsee

Mit der Nr. 1 ist einer der beliebtesten Mariazeller Rundwanderwege markiert, der den Erlaufsee, Marienwasserfall und die ruhige Voralpenlandschaft der Grünau miteinschließt. Eine „Fitneßmeile“ mit Kneipp-Möglichkeit im Grünaubach bietet für alle Altersklassen Abwechslung am Pfad, der mit viel Liebe und beträchtlichen Kosten angelegt wurde; auch ein gedruckter Naturführer liegt für die rund 14 km lange Strecke auf. – Am Parkplatz in Mariazell beginnt der Pfad, der im ersten Teil (bis zum Erlaufsee) mit dem N-S-W-W ident ist. – Vom Strandbad am Erlaufsee führt der Steig (nun blaumarkiert) in den Wald hinauf und verläuft parallel zur Landesstraße bis zum Seehof, um dort nach Süden abzuschwenken und Richtung auf die „Zellerhütte“ zu nehmen. Kaum merklich steigend wird die flache Einsattelung der Tretenalm überschritten, und der Pfad schlängelt sich nun durch Wald hinunter in die Grünau bis zum Hotel „Marienwasserfall“. Es lohnt sich, die kleine Schlucht mit der Marienstatue unter dem stäubenden Schleier eines Wasserfalls aufzusuchen. – Geübte Bergwanderer können von hier eine Erweiterung der Wanderung unternehmen und in einer ¾ Stunde die rund 200 Höhenmeter zum 1075 m hohen Köckensattel (Jausenstation) hinauf – und zur „Teichmühle“ absteigen, wo diese Variante wieder auf unseren Wanderweg stößt. Die „Familienwanderer“ spazieren aber durch die Grünau mit ihrer beschaulichen Wald-Wiesenlandschaft weiter und kommen dabei an den Stationen einer „Fitneßmeile“ vorbei, die als Neuerung auch „Kneippstationen“ im Grünaubachl miteinschließt! Weiter führt der Weg auf Stegen und Brückerln durch ein „Feuchtbiotop“, um schließlich unter einem Bahnviadukt zur „Teichmühle“ und zurück nach Mariazell zu führen.

Mariazell: Bekanntester Marienwallfahrtsort Mitteleuropas, 870 m Seehöhe, ca. 2300 Einwohner, 1243 als Zelle, 1266 als Ort urkundlich erstgenannt, 1342 Markt, 1948 Stadt. Herzog Heinrich III. von Kärnten schenkte den gesamten Aflenzer Besitz dem von ihm begründeten Stift St. Lambrecht, das nördlich des Seeberges durch den legendären Mönch Magnus um 1157 eine „Zelle“ errichten ließ. Um die wundertätige Marienstatue, die Magnus mit sich gebracht und auf einem Baumstrunk niedergestellt hatte, errichtete er die erste Urzelle am Ort der heutigen Gnadenkapelle. Über der gnadenbringenden Marienstatue wurde schon um 1200 eine romanische Kirche erbaut, um die bald eine Siedlung entstand. Der Neubau des Schiffes als gotische Hallenkirche (1380–96) mit gotischem Mittelturm wird mit den umfangreichen Dankesgeschenken begründet, die König Ludwig von Ungarn 1377 nach seinem Sieg gegen den nordbulgarischen Türkenvasallen Fürst Sračimir nach Mariazell brachte. Die Barockisierung erfolgte zwischen 1644 und 1683. Nach dem Sieg über die Türken vor Wien (1683) wurde das Gnadenbild eine Art Reichsheiligtum der Monarchie.

Wanderkarten: F & B: Blatt 3; WK 031; ÖK: Blatt 72; Wanderführer „Mariazellerland“; Gehzeit: 3–3½ Stunden; HU.: über Rasingberg ca. 300 m, sonst unwesentlich!

45 Mariazell – Schwarzwalster – Habertheuersattel – Mariazell

In der Umgebung der Stadt Mariazell gibt es viele Möglichkeiten zum Spazierengehen und Wandern. Wir dürfen nachstehend eine ausgedehnte Wanderung, die 5–6 Stunden in Anspruch nimmt, vorschlagen: Vom Ort gehen wir auf der „Wertanek-Promenade“ bis zum Bahnhof, dann weiter durch die freundliche Wiesenlandschaft zur „Waldschenke“ und folgen nun dem bezeichneten Waldweg nach Mitterbach (Abzweigungsstichweg zum Erlaufsee). Vor dem Ort treffen wir auf die Bundesstraße und gehen nun entweder Richtung Mitterbach und richten uns dort nach der rotweißen Markierung zum Schindelgraben, oder wir gehen auf der Bundesstraße einige hundert Meter in Richtung Mariazell und folgen der blauen Markierung in den Lurggraben (bis zum Forstweg im hinteren Lurggraben, wo wir nach links einschwenken müssen). Sehr schöne Ausblicke gibt es unterwegs auf „Zellerhüte“, Gemeindealm und Ötscher. – Durch den Schindelgraben geht es durch Wald, mit immer wieder interessanter Aussicht in die Voralpenlandschaft, hinunter zur Schwarzen Walster. Sie fließt durch ein Schluchtengelände, das durch Dolomitgestein geprägt ist (besonders schöne Alpenflora im Juni/Juli). Weiter geht es nun in die Nähe des aufgestauten, fjordartigen Hubertussees mit der sehenswerten, modernen „Bruder Klaus-Kirche“. Nun müssen wir gut 1 km auf der leider nicht staubfreien Zufahrtsstraße zum See (entlang der Walster) in Richtung Halltal gehen, (vorbei am Morzin-Denkmal) und lassen uns dann in südwestlicher Richtung durch ein Hinweisschild hinauf zum Habertheuer-Sattel (1011 m) leiten, der genau nördlich der Bürgeralm liegt. Von hier geht es gemächlich durch Wald und später über Wiesen nach Weißenbach und zurück nach Mariazell.

Unter den Heiligtümern der Christenheit nimmt auch jenes der „Lieben Frau von Mariazell“ einen herausragenden Platz in der Gunst der Gläubigen ein. Jahrhunderte hindurch schlug hier in Stunden der Not oder des Dankes das Herz der Völker eines großen Reiches und der Nationen jenes weiten Raumes, der sich immer wieder als Bollwerk gegen die Flut aus dem Osten bewähren mußte. In unseren Tagen ist es freilich nicht mehr der frühere „Erbfeind der Christenheit“, nach der Öffnung des Ostens strömen wieder tausende Gläubige zur „Magna Mater“, von der sie nun kein „Eiserner Vorhang“ mehr trennt. Die wachsende Zahl der Wallfahrer läßt die Erinnerung an frühere Zeiten aufleben: im Jubeljahr 1757 kamen über 370.000 Pilger in den steirischen Gnadenort, 1957 mehr als 1 Million! Sogar 2 Päpste haben sich vor der „Zellerin“ verneigt: Papst Pius VI. auf der Reise nach Wien im Jahr 1782, und Johannes Paul II. (Karol Wojtyla) im September 1983!

Wanderkarten: F & B: Blatt 031; ÖK: Blatt 72 und 73; Wanderführer „Mariazeller Land“ und WK „Mitterbach am Erlaufsee“, Wegnummernfolge: 2, 1, 20, 690, 692; Gehzeit: 5–6 Stunden; HU.: max. 180 m.

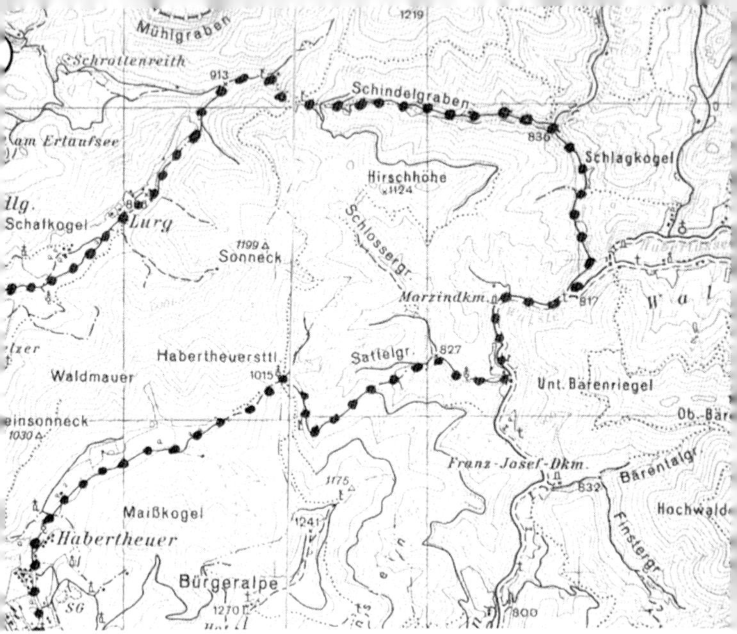
Mühlgraben
1219
Schrottenreith
913
Schindelgraben
am Erlaufsee
836
Schlagkogel
Hirschhöhe
×1124
Schalkogel
Lurg
Schlossergr.
1199
Sonneck
Marzindkm.
817
Habertheuersttl.
Sattelgr.
827
Waldmauer
1015
Unt. Bärenriegel
Ob. Bär
1030
Franz-Josef-Dkm.
Bärentalgr.
832
1175
Hochwalde
Maißkogel
1241
Finstergr.
Habertheuer
Bürgeralpe
SG
1270
800

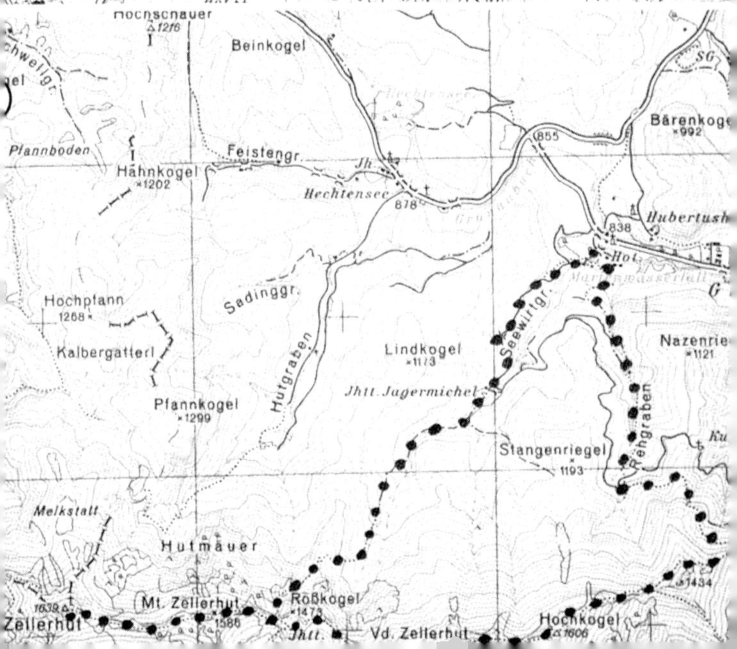
Hochschauer
1216
Beinkogel
SG
Bärenkoge
×992
855
Pfannboden
Feistengr.
Jh.
Hahnkogel
×1202
Hechtensee
878
Hubertush
838
Hochpfann
1268
Sadinggr.
Kalbergatterl
Lindkogel
×1173
Seewirtgr.
Nazenrie
×1121
Hutgraben
Jhtt. Jagermichel
Pfannkogel
×1299
Rehgraben
Stangenriegel
×
1193
Melkstatt
Hutmauer
×1434
1639
Mt. Zellerhut
Roßkogel
×1473
Zellerhut
1586
Jhtt.
Vd. Zellerhut
Hochkogel
1606

46 Auf die „Zellerhüte“

Vorderer Zellerhut (1628 m), Mittlerer (1587 m) – und Großer Zellerhut (1639 m) bilden im Westen von Mariazell einen eigenen Bergzug, dessen gesamte Überschreitung ebenso wie das Besteigen einzelner Gipfel einen ganzen Herbsttag ausfüllen kann. Am besten beginnen wir die Wanderung beim Hotel Marienwasserfall in der Grünau und folgen der Markierungsnummer 293, zuerst über Güterwege beim „Jagermichl“ vorbei und dann durch prächtigen Hochwald, dessen Rotbuchenbestände im Herbst festlich verfärbt sind. Bald wird der Pfad steiler, und im Zickzack geht es auf eine markante „Schneid“ mit uralten mächtigen Tannen hinauf und drüben im nun schon recht „alpinen“ Gelände der Kar-Rinnen in der sogenannten „Hutmauer“ weiter rasant nach oben. Zwischen Roßkogel und Mittlerem Zellerhut gelangen wir auf den Bergkamm; von hier sind es nur noch 20 Minuten auf den Mittleren „Hut“ mit seiner interessanten Aussicht: Der gesamte Hochschwabzug bis zum Ebenstein, vorgelagert Kräuterin und Riegerin und weiter im Osten Veitsch und Tonion, Gemeinde- und Bürgeralm sowie im Norden der behäbige Ötscher liegen prachtvoll vor uns. Natürlich sehen wir auch zum „Gnadenort“ hinein und zum Erlaufsee hinaus. 4 Stunden benötigen wir für diesen Weg hin und zurück. Zum Großen Zellerhut mit seinem mächtigen Gipfelkreuz sind es gute 20 Gehminuten hinüber, und wenn wir die Wanderung zu einer Rundtour über Vorderen Zellerhut – Feldhütte – Rehgraben ausdehnen, sind wir gute 1½ Stunden zusätzlich unterwegs. – Zum Abschluß unserer Wanderung besuchen wir den sehr romantisch gelegenen Marienwasserfall mit der Heiligenstatue hinter den „Wasser-Schleiern“.

Da die künstlerischen und architektonischen Besonderheiten der Mariazeller Basilika, deren Mittelturm 1990 renoviert wurde, in vielen Kunstführern umfassend dargestellt werden, möchten wir auf einige Sagen und eine seltene Brauchtumsform, das „Schifferlsetzen“ aufmerksam machen. Am Abend des 5. Dezember (Nikolaus) ist in dieser Gegend früher – wie auch im St. Lambrechter Gebiet und in Teilen Bayerns – das „Schifferlsetzen“ üblich gewesen: Die Kinder legten selbstverfertigte, mit Sprüchen bezettelte „Nikolausschiffchen“ aus Papier in die Häuser von wohlhabenden Paten und anderen Leuten ein und holten sie gefüllt wieder ab.

Bedeutendste Vertreterin der Mundartdichtung unserer Zeit in diesem Gebiet ist neben dem gebürtigen Mariazeller Ferdinand Fauland die am 4. August 1920 als Tochter eines Holzarbeiterehepaares im Freingraben geborene Martha Wölger, die seit Jahren am Dörfelstein bei Admont lebt und frische, von viel sprachlichem Lokalkolorit getragene Mundart als „Markenzeichen“ führt.

Wanderkarten: F & B: Blatt 031; ÖK: Blatt 72; Wanderführer „Mariazeller Land“; WK „Mitterbach am Erlaufsee“, Gehzeiten: Marienwasserfall – Mittlerer Zellerhut ca. 2¼ Stunden, Mittlerer Zellerhut – Großer Zellerhut 20 Minuten, Rückweg über Vorderen Zellerhut – Feldhütte – Rehgraben (Weg 294) 3–3½ Stunden; HU.: Grünau 836 m, Mittlerer Zellerhut 1449 m, Großer Zellerhut 1639 m.

47 Skilanglauf in Halltal bei Mariazell

Der Einwohnerzahl nach ist Halltal eine der kleinsten Gemeinden der Steiermark und vom Blickwinkel der Landeshauptstadt liegt diese reine Bauern- und Forstarbeitergemeinde auch sehr entlegen, wenn nicht gar versteckt. Die ruhige Wald-Berglandschaft übt aber einen besonderen Reiz auf ihre Besucher aus. Ein kleiner „Edelstein" – wie Dichter zurecht festgestellt haben – ist das Gebiet der „Mooshuben", wo unsere Langlaufloipe angelegt ist. Stützpunkt ist der bekannte Gasthof Wieland, und hier nimmt auch der 6 km lange Rundkurs seinen Ausgang. In 900 m Seehöhe gelegen, geht es zuerst über Wiesen- und Weideflächen in Richtung Westen, den Waldrand entlang, und dann kommen wir schon zum Rieglermoos, einem besonders hübschen, mit schlanken Birken bestandenen Plätzchen. Das Moor steht unter Naturschutz, und im Sommer kann man hier seltene Pflanzen finden.; wie überhaupt die Mooshuben dem „Sommer-Wanderer" ebenfalls ans Herz zu legen ist. Am Rieglerkogel vorbei schwenken wir nun nach Süden – es geht ein bißchen bergauf, aber nirgendwo gibt es „ungute" Steilstücke. Nun taucht der Student (eigentlich richtig „Die Studen") mit seinem Felsriegel auf, und nach einer kurzen Waldpassage schwenken wir schon nach Osten, kommen in Nähe des Gh. Steinacher wieder auf freies Gelände hinaus und laufen über Wiesen zum Ausgangspunkt zurück. Hier ist es dann der schon auf niederösterreichischer Seite stehende Göller mit seinem wuchtigen Gipfelaufbau, der unsere Blicke anzieht. – Vom Ortszentrum führt auch eine zweite Loipe mit einem 9–10 km langen Rundkurs ins Obere Halltal. Zum Winterwandern gibt es auf den vielen geräumten Wegen reichliche Möglichkeiten.

An der nördlichen Spitze der Steiermark fließt die Salza, deren Name auch an die Bergarbeiter erinnert, die der St. Lambrechter Mönch Magnus als legendärer Begründer des bekanntesten mitteleuropäischen Marienwallfahrtsortes Mariazell betreuen sollte, aus dem niederösterreichischen Salzleiten ins Halltal ein (Hall, a. d. Germanischen kommend, bedeutet „Salzsudstätte".) Im tiefen Einschnitt unter dem Sitz der Magna Mater Austriae nimmt sie ihren Weg zur Enns. Die genannten Namen weisen darauf hin, daß in der Mitte des Halltales glaubersalzartige Salzquellen existierten. Deren Nutzung wurde zwar schon vor der letzten Jahrhundertwende vernachlässigt, wohl aber erinnern Bezeichnungen wie „Hallhof" oder „Pfannacker" an die vom bergbaureichen Stift St. Lambrecht einst betriebene Abbautätigkeit. Der bäuerliche Charakter des Tales, in welchem auch viele Kohlenbrenner arbeiteten, ist erhalten geblieben; die Vielzahl der früher bestoßenen Almen ist wohl zurückgegangen, aber noch der Vater des heutigen Besitzers des Gh. Wieland erzeugte Pechöl als althergebrachtes Vorbeugemittel gegen Viehkrankheiten.

Wanderkarten: F & B: Blatt 3; ÖK: Blatt 73, Wanderführer „Mariazeller Land", WK „Mitterbach am Erlaufsee", Loipenplan.

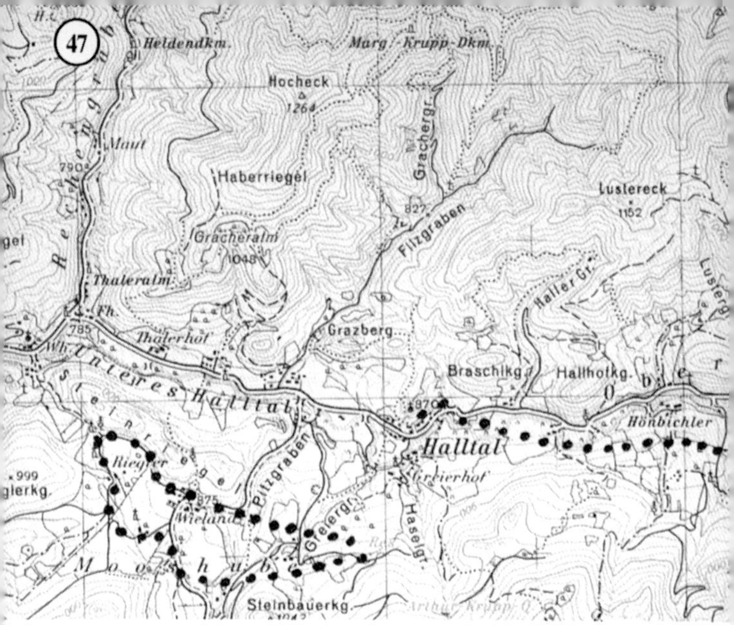
47
Heldendkm.
Marg.-Krupp-Dkm.
Hocheck
1264
Maut
790
Haberriegel
Gracherg.
Lustereck
1152
827
Filzgraben
Gracheralm
1048
Thaleralm
Fh.
785
Thalerhof
Grazberg
Haller Gr.
Braschikg.
Hallhofkg.
Wh. Unteres Halltal
Höhbichler
870
Halltal
Riegler
Greierhof
999
875
Wieland
Filzgraben
Greiergr.
Haselgr.
Steinbauerkg.

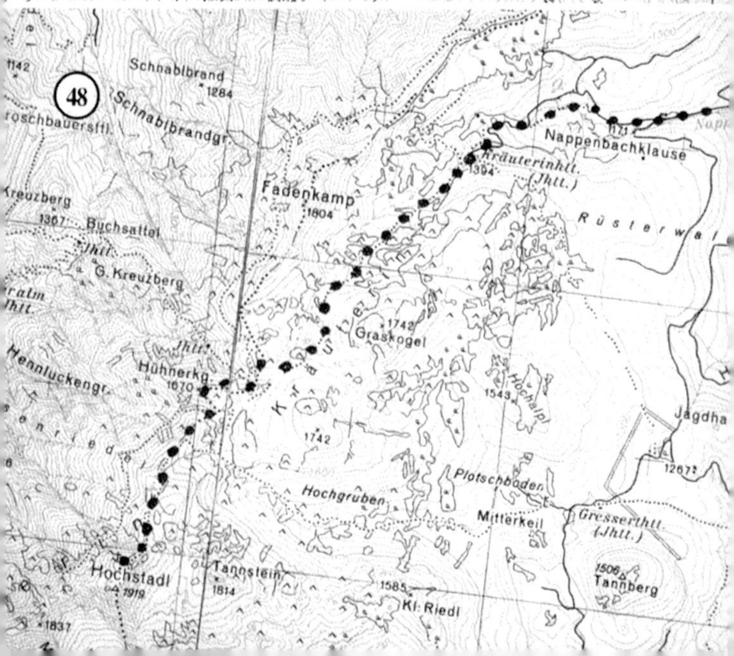
48
1142
Schnablbrand
1284
Schnablbrandgr.
Nappenbachklause
Kräuterinhtt.
(Jhtt.)
1394
Kreuzberg
Fadenkamp
1804
1367
Buchsattel
Jhtt.
G. Kreuzberg
Rüsterwal
1742
Graskogel
Jhtt.
Hühnerkg.
1670
Hennluckengr.
1543
Hochalpl
Jagdha
1742
1267
Plotschboden
Hochgruben
Mitterkeil
Gresserhtt.
(Jhtt.)
1506
Tannberg
Hochstadl
1919
Tannstein
1814
1585
Kl. Riedl
1837

48 Dürradmer – Kräuterin

Wir fahren mit dem Pkw oder Bus auf der Salzatal-Bundesstraße von Gußwerk bis Greith. Von dort führt eine fünf Kilometer lange Fahrstraße durch die Ramsau bis Dürradmer, zum Ausgangspunkt unserer Wanderung. Bei der Forstarbeitersiedlung – das ganze Gebiet befindet sich im Besitz der Bundesforste – beginnt dann eine Forststraße mit der Bezeichnung „Kräuterinstraße". Hier befindet sich ein versperrter Schranken: wir folgen nun dem sehr gut markierten Weg mit der Nummer 289, der uns auf den 1919 Meter hohen „Hochstadl", den höchsten Punkt der Kräuterin, einer „gerodeten Alm", führt.

Rund sechs Kilometer geht dieser Forstweg in mäßiger Steigung über die voll bewaldeten Kalkkuppen zwischen „Mitterberg" und dem „Aufgspreizten", später unterhalb der felsigen „Fadenmauer" zur Nappenbachklause und von dort weiter zur 1394 Meter hohen Kräuterinhütten-Alm.

Von der Kräuterinhütte führt das Steiglein dann durch lockeren Lärchenwald unter den Felsen des 1804 Meter hohen Fadenkamp vorbei, hinauf auf das weite Almplateau der Kräuterin, das sich zwischen Graskogel, Fadenkamp und Hochstadl erstreckt. Hier sieht man auch das erste Mal das Gipfelziel, den Hochstadl, als runden, ganz leicht ersteigbaren, teilweise latschenbewachsenen Felskopf. In kurzer Zeit, über einen breiten Grat mit Ausblicken ins Niederösterreichische, dann über ein paar Felsstufen, leitet uns der Pfad auf das breite Gipfelplateau. 2½ bis 3 Stunden waren wir vom Schranken in Dürradmer unterwegs. Etwa 100 Meter vom Gipfelkreuz entfernt befindet sich die höchste Stelle des Hochstadl mit einer Vermessungsstange und dem Gipfelbuch. Von hier hat man einen hervorragenden Ausblick auf die direkt gegenüberliegende einsame und wilde Riegerin, auf die nur Jagdsteige führen – ein geheiligtes Gamsrevier –, und auf die Wandfluchten des Hochschwabs, aus denen der Hochschwabgipfel und vor allem der markante Klotz des Ebensteins herausragen.

In den bei unserer Kräuterinwanderung zu durchquerenden, Forstregionen zeigen sich noch deutlich die Spuren der größten Windbruchkatastrophe dieses Jahrhunderts, als am 2. November 1966 ein Wirbelsturm viele Quadratkilometer Waldes verwüstete. Kräuterin: bereits im 13. Jahrhundert: die „Grida-Alm", die „Greither-Alm", zusammenhängend mit dem Rodungsnamen „Greith" (das „Gereuthe"). Als „Greither Alm" schon 1577 in der „Mariazeller Anrainungskarte" genannt. Dürradmer: jener Ort, wo die „Radmer" (s. d.) „dürr", also dünn, in schwachem Gefälle fließt: 1390 nur die „Radmer" oder das „Radmır-Tal" Ableitung von Radmer: vermutlich vom ahd. „hraban" = der Rabe. In der Mariazeller Anrainungskarte von 1577 findet man „Rabner-Alm"; „Der Rabner-Fluß", und den ehemaligen Namen von Weichselboden: nämlich die „Rabner-Hütten".

Wanderkarten: F & B: Blatt 031 und 041; ÖK: Blatt 102 und 103; Gebietskarte „Hochschwab"; Gehzeit: 5–6 Stunden; HU.: ab Fangbrücke 1111 m.

49 Aflenzer Bürgeralm – Mitteralm – Fölzsattel

Der Doppel-Sessellift auf die Aflenzer Bürgeralm ist die einzige mechanische Aufstiegshilfe auf das „Schwaben-Plateau“, die bei Zeitknappheit von Vorteil sein kann. Die „Bewegungsfreudigen“ werden aber den Aufstieg (1½ Stunden) zu Fuß unternehmen: von der Sesselliftstation folgen wir der Autostraße bis zum Gh. Pierer, wo die Mautstraße beginnt. Gleich danach zweigt der markierte Fußweg (862) ab. Nach ¾ Stunden hübscher Blick zum Fölzstein, dann weiter durch Wald bis zur Lifttrasse und an der Quelle vorbei, erreichen wir wieder die Zufahrtsstraße knapp unter dem Almdorf der Bürgeralm. – Nun folgen wir der Markierung „Fölzalm“ und steigen über den breiten Rücken der Schönleiten hinauf auf die fast ebene Almfläche, die von einzelnen Latschenfeldern unterbrochen wird. Wenn man vom Pfad die paar Meter bis zum Abbruchrand des Plateaus vorgeht, hat man interessante Einblicke in die Kletterwände von Mitteralmkogel bis Mitteralmturm. – Unser Pfad schlängelt sich weiter durch Schrofen bis zur kleinen Einsattelung der „Zlacken“ (1743 m). Vor uns die Felsfluchten des Feistringsteins; nur sein erster Gipfel (Steinmann) ist auf gutem Steiglein für den Wanderer zu erreichen (auf den Hauptgipfel muß man klettern!). – Nach dem Zlackensattel steigen wir in Serpentinen die 150 m hinauf auf das Hochplateau der Mitteralm (Notunterstandshütte der Bergwacht Aflenz); 1½ Stunden von der Bürgeralm. In stetem Auf und Ab nun in ¾ Stunden bis zum Fölzsattel (ab Unterst. Hütte Stangenmarkierung). – Von hier nun entweder denselben Weg zurück oder über die Fölzalm zum Schwabenbartl bzw. über die Voisthalerhütte durch die Dullwitz ins Seetal und weiter nach Seewiesen.

Aflenz: Zentrum der Alpenregion „Hochschwab“, als Sommer- und Wintersportziel vielbesuchter Luftkurort in 763 m Seehöhe.

Die dreischiffige Pfarrkirche gehört zu den größten (mit 55,9 m lichter Länge ist sie sogar länger als der Grazer Dom) und merkwürdigsten Sakralbauten des Landes. Ihre „große“, ca. 2 Tonnen schwere Glocke gilt als die schönste und wertvollste Österreichs und wurde vom berühmten Judenburger Meister Hans Mitter gegossen. Das oberste Geschoß des mächtigen, südseitigen Turms (1451) ist als Wehrgeschoß ausgebildet und enthält unter seinem Spitzhelmdach eigene Schießkammern sowie 1510 angebrachte Eckerker. Ebenso betrachtenswert wie die wertvolle Kircheneinrichtung sind der 1517 neben dem Gotteshaus vom hier gebürtigen St. Lambrechter Abt Valentin Pierer (1514–1541) auf romanischem Grund erbaute, achteckige und spätgotische Karner mit einem Sterngewölbe und einem kleinen Michaelsaltar aus der Mitte des 17. Jahrhunderts sowie das wuchtige Propsteigebäude mit dem spätgotischen Nordflügel und der rätselhaften gotischen Tierskulptur (Panther oder Löwe?) auf einem Menschenkopf an der Westfront.

Wanderkarten: F & B: Blatt 4; ÖK: Blatt 102; Gebietskarte „Hochschwab“;
Gehzeiten: ohne Lift 5, sonst 3½ Stunden; HU.: 450 m bzw. 1150 m.

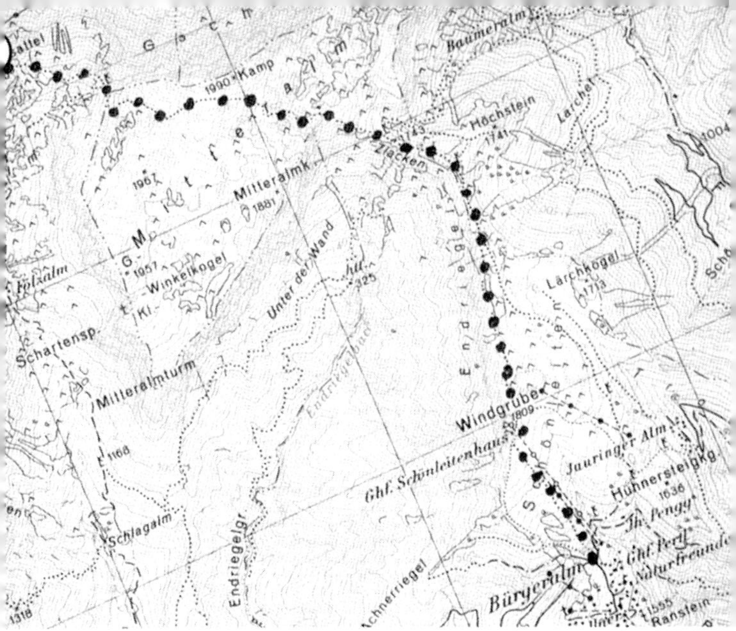
Baumeralm
Kamp
1990
Höchstein
1741
Larcher
1743
Zacken
1967
Mitteralmk.
1881
1957
Winkelkogel
Unter der Wand
Ihtt.
1325
Lärchkogel
1713
Schartensp.
Mitteralmturm
Endriegelbach
Windgrube
1809
Ghf. Schönleitenhaus
Jauringer Alm
Hühnersteigkg.
1636
Jh. Pengg
1168
Schlagalm
Endriegelgr.
Ghf. Perfl
Naturfreunde
Achnerriegel
Bürgeralm
1318
1555
Ranstein
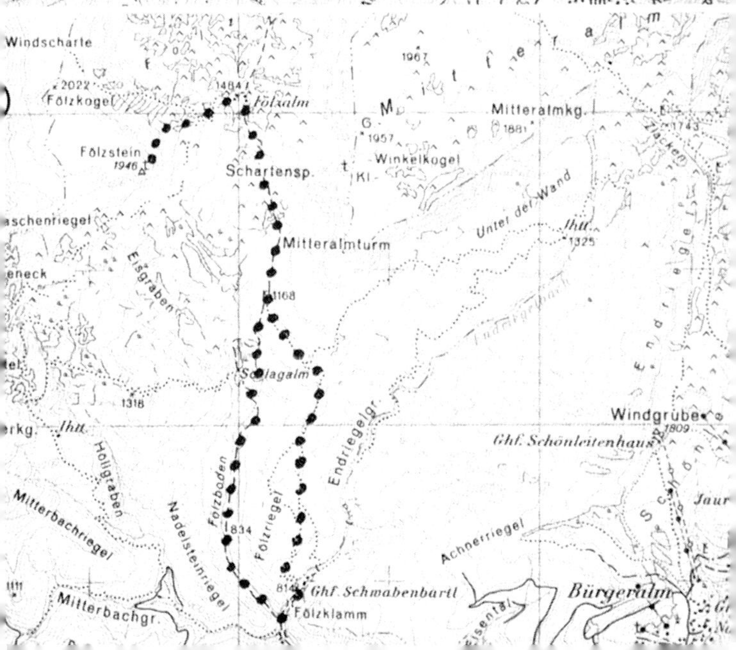
Windscharte
2022
Fölzkogel
1484
Fölzalm
1967
Mitteralmkg.
1881
1743
Zacken
Fölzstein
1946
1957
Winkelkogel
Schartensp.
Unter der Wand
Ihtt.
1325
Mitteralmturm
Eisgraben
1168
Schlagalm
1318
Ihtt.
Endriegelgr.
Windgrube
1809
Ghf. Schönleitenhaus
Höllgraben
Mitterbachriegel
Nadelsteinriegel
Fölzboden
834
Fölzriegel
Achnerriegel
Ghf. Schwabenbartl
814
Fölzklamm
Mitterbachgr.
Bürgeralm

50 Schwabenbartl – Fölzstein

Von Aflenz fahren wir durch den Fölzgraben, den Fölzerbach entlang bis zum Parkplatz vor der Fölzklamm. Von hier gibt es zwei direkte Wege auf die Fölzalm: entweder vom Schwabenbartl (814 m) über den Fölzriegel nach der Markierungsnummer 860 (Pkt. 1168), oder über den Klammweg, der kurz vor dem Schwabenbartl durch eine kleine, romantische Klammstrecke führt. Die Felsen stehen dort ein Stück so eng beisammen, daß kein Pfad neben dem durchfließenden Fölzerbodenbach Platz hat; so ist der Bachlauf mit Rundhölzern voll überbrückt. Beide Wege treffen sich dann bei 1168 m und führen unter den prachtvollen Kletterwänden der Schartenspitze vorbei, zu den beiden Almhütten auf der Fölzalm. Die Hütten stehen auf 1484 m. Hier oben liegt ein hügeliges herrliches Almgebiet, umrahmt von Fölzstein, Fölzkogel, dem Halbrund der Bärmauer, dem Fölzsattel und den Wänden der Schartenspitze. Über den Fölzsattel (1626 m) führt ein Weg weiter zur Voisthalerhütte und zum Hochschwab. Wer es sich ganz leicht machen will, der kann aber auch mit dem Sessellift auf die Aflenzer Bürgeralm fahren und von dort, eben beziehungsweise leicht fallend, den blau markierten Pfad Nummer 862 zum Fölzsattel und von dort den Weg Nummer 860 zur Fölzalm nehmen.
Auf den Fölzstein selbst haben wir keinen markierten Pfad, aber ein klar erkennbares Steiglein, das am südlichen (bergaufschauend linken) Rand des breiten gras- und latschenbestandenen Rückens in vielen Serpentinen hinaufführt. Zum Schluß geht es über Geröll und einige harmlose Schrofen ziemlich steil auf das weite, ebene Gipfelplateau, das am Rand der Südabstürze ein mächtiges Gipfelkreuz trägt. Der Weg ist völlig ungefährlich, wenn man aufpaßt und keine Steine abtritt. Prächtig ist der Blick nach Süden; im Norden und Westen wird er vom „Schwaben" mit all seinen Gipfeln beherrscht.

In Aflenz zu Gast, darf man aber ob der vielen schönen Gebäude, Bildstöcke und Skulpturen nicht auf zwei bekannte, hier heimische Künstler vergessen. Der eine, Paul Kassecker, 1903 in Villach geboren, hat als preisgekrönter Maler, Plastiker und Graphiker die malerische obersteirische Gebirgswelt, vor allem „seinen" Hochschwab und seinen „Heimatort" Aflenz dargestellt und unter anderen das bekannte „Waldbauernbub"-Denkmal in Krieglach sowie den Kruzifixus in der Kapelle am Hochwechsel geschaffen; die andere, Grete Scheuer, wurde am 6. Juni 1900 in Aflenz geboren, wirkte schon ab 1931 als Journalistin und Schrifstellerin in Berlin und kam bald nach Kriegsende in die steirische Hauptstadt, wo die Roseggerpreisträgerin zu den Begründern der legendären Dichterwiege „Forum Stadtpark" zählte.
Wanderkarten: F & B: Blatt 4; ÖK: Blatt 102; Gebietskarte „Hochschwab"; Gehzeit: 1¾ Stunden bis Fölzalm, Fölzalm–Fölzstein 45–60 Minuten; Rückweg über Zirbeneck – Jagdhütte – Märchenwiese 2¾ Stunden; HU.: Fölzklamm 800 m, Fölzalm 1484 m, Fölzstein 1946 m.

51 Etmißl – Riegnereck – Tragöß – Grubeck – St. Ilgen

Diese „Fast-Rundwanderung“ unternimmt man am besten mit 2 Autos, wovon man eines nach St. Ilgen stellt. – Ausgangspunkt ist sodann Etmißl, wo wir von der Kirche weg dem markierten Weg (Nr. 846) in Richtung „Tragöß“ folgen. An den Bauernhöfen vorbei, geht es im Oischinggraben gemächlich aufwärts. Schließlich begleitet der Wald beiderseits den Weg. Die markierte Abzweigung zur Schwarzenbachalm lassen wir linkerhand liegen. An einer Jagdhütte sowie einer Wildfütterung kommen wir vorüber und erreichen bald das kleine bewaldete Plateau des Riegnerecks (1200 m). Nun folgen wir dem Hinweisschild durch Wald hinunter in den „Haringgraben“ (überraschender Blick auf Meßnerin) bis wir auf die Markierung mit der Tafel „Grubeck–St. Ilgen“ stoßen. – In einer halben Stunde sind wir von hier in Tragöß-Oberort; für unseren Rundweg halten wir uns aber rechterhand. Der Kreuzungspunkt liegt auf 847 m und von hier gehen wir mäßig steigend unterhalb der Pillsteiner Mauern und der Schafhalthöhe auf den Sattelübergang des Grubecks (1188 m) hinauf. In südlicher Richtung zweigt hier ein Weg über die Lenggeralm in den Hubostinggraben ab. Wir folgen jedoch der Nr. 845 und der Hinweistafel „Fuchstal–St. Ilgen“ und erreichen (fast eben weitergehend) die kleine Einsattelung der Fuchseben mit schönem Blick über das Ilgener Tal hinweg auf den Festbeilstein. Die Tafel „St. Ilgen“ führt uns nun auf einem schmalen Pfad steil durch Wald abwärts. Ein Forstweg wird überquert, und weiter geht es durch das Fuchstal im Wald auf einem „Serpentinen-Steig“ hinunter, bis schließlich die Bergwiesen und Häuser mit der hübschen Kirche von St. Ilgen auftauchen, wo wir nach ca. 4 Stunden eintreffen.

Thörl: 638 m Seehöhe, ca. 2600 Einwohner, gehörte seit 1103 zur Aflenzer Expositur des Benediktinerstiftes St. Lambrecht. Bald danach, schon 1370, arbeitete hier der erste Eisenhammer, neben welchem seit 1520 das „Thörler Schloß“ mit Turm und Barbara-Kapelle die Talenge abschließt. Von 1466 bis gegen Ende des 16. Jahrhunderts stand beides im Besitz der Gewerken Pögl. Im Weiler „Büchsengut“ wurden später von der weltbekannten Firma Pengg (Drahtseile, Drahtstifte, Ketten etc.) Drahtzieh-Anlagen errichtet. Über dem alten Industrieort thront die Ruine der spätgotischen Burg Schachenstein (1465–1471 vom Abt Johann von Schachner aus St. Lambrecht als letzte Höhenburg der Steiermark zur Sicherung der Mariazeller Straße erbaut). Sie steht auf dem Ausläufer des „Schöckel“ und verlor erst durch den Ausbau der Straßensperre („Toerlein“) einen Teil ihrer Bedeutung.
St. Ilgen: 6 km nördlich von Thörl; 1184–1430 war im Buchberg laut einer Urkunde von Kaiser Friedrich ein Bleibergwerk; der Name St. Ilgen zeigt wie St. Gilgen, Gilg und ähnliche eine der Mundartformen von Ägydius.
Wanderkarten: F & B: Blatt 4; ÖK: Blatt 102; Gebietskarte „Hochschwab“; WK „Erholungsdorf Etmißl“ v. Johanna Nadler; Gehzeiten: ohne Tragößabstecher ca. 4 Stunden, sonst 5½–6 Stunden; HU.: ca. 515 m.

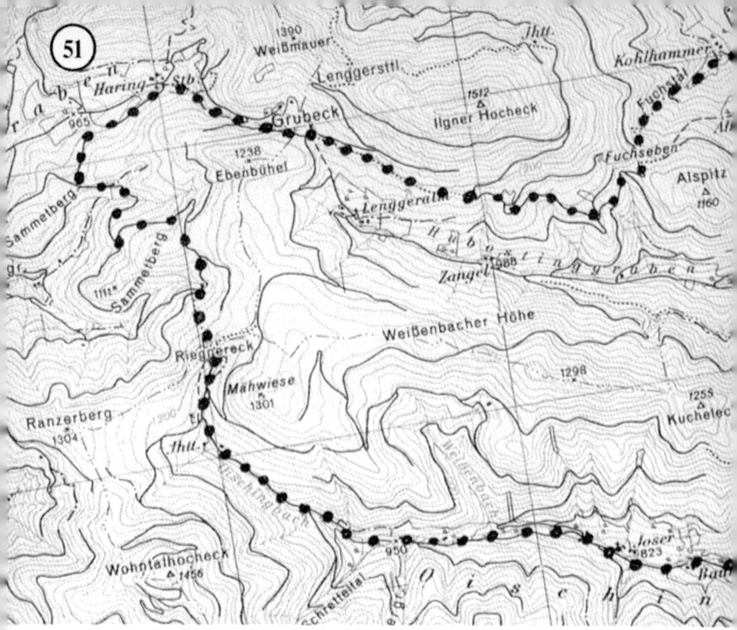
51
Weißmauer
1390
Lenggersttl.
Kohlhammer
Fuchstal
Haring
965
Grubeck
1512
Ilgner Hocheck
1238
Ebenbühel
Fuchseben
Alspitz
1160
Sammetberg
Lenggeralm
Zangel
988
Sammetberg
Weißenbacher Höhe
Rieggereck
Mahwiese
1301
1298
1255
Ranzerberg
1304
Joser
823
950
Wohntalhocheck
1456
Schrettltal

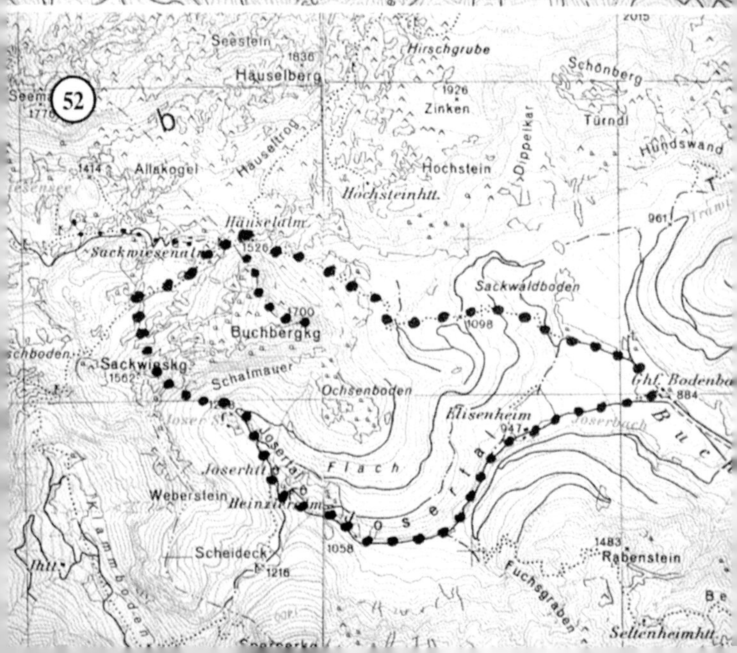
52
Seestein
1836
Hirschgrube
Häuselberg
1926
Zinken
Schönberg
Türndl
Hundswand
1414
Allakogel
Häuseltrog
Hochstein
Dippelkar
Hochsteinhtt.
961
Häuselalm
1526
Sackwiesenalm
Sackwaldboden
1700
1098
Buchbergkg
Sackwiesskg
1562
Schafmauer
Ochsenboden
884
Elisenheim
947
Joserbach
Joserhtt
Flach
Weberstein
Heinzlerreim
Josertal
1058
Scheideck
1216
1483
Rabenstein
Fuchsgraben
Seltenheimhtt.

52 Bodenbauer – Josersee – Buchbergkogel – Häuselalm

Ausgangspunkt ist der bekannte Gasthof Bodenbauer, von wo wir längs der Markierung 839 zu Füßen der Meßnerin in das Josertal hineinwandern. Bald erreichen wir die sommersüber voll bewirtschaftete Heinzleralm, von wo es nur ein kurzes Stück zur Wegkreuzung „Klamm–Tragöß" und „Josersee" ist. (Über den flachen Almsattel des 1216 m hohen Scheidecks verläuft der Pfad durch Hochwald hinunter auf den Klammboden und über die Klausen und Klammhöhe nach Tragöß bzw. vorher zum Grünen See.) – Von der Wegkreuzung steigen wir in wenigen Minuten hinauf zur Joseralmhütte und sind dann auch schon bald in kurzer Zeit beim Josersee, der reizend zwischen den Felsschrofen von Weberstein, Schafmauer und Buchbergkogel eingebettet liegt. Ein kleines Verlandungsmoor zeigt interessante Pflanzen. – Genau am nördlichen Uferrand des 1228 m hoch liegenden Sees markieren rote Farbtupfen unseren Weiterweg hinauf zur Schafmauer (zuerst steil, dann in angenehmen Serpentinen). Oben, am breiten Kamm gehen wir auf nicht mehr markierten Pfadspuren im lockeren Almwald ein paar Schritte in nördliche Richtung und sehen dann vor uns bereits die Hütten der Sackwiesenalm liegen (1418 m). Von hier sollten wir uns den 15minütigen Abstecher zum Sackwiesensee nicht entgehen lassen, gehen aber dann in östl. Richtung das kurze Stück bis zur Häuselalm (1528 m). Direkt südlich führt ein schon von unten gut erkennbarer Pfad zuerst steil durch eine ausgeschnittene Latschengasse, dann sehr aussichtsreich längs der Felsabstürze zur Markierungsstange mit Gipfelbuch des 1705 m hohen Buchbergkogels mit interessantem Blick auf Sackwiesensee und Josersee sowie auf viele Hochschwabgipfel. – Von der Häuselalm steigen wir dann auf bekanntem Weg zum Bodenbauer ab.

Von Kapfenberg (1192 Markt, 1924 Stadt) führte schon jahrhundertelang eine vielbefahrene Straße durch den Thörlgraben in das Aflenzer Becken, das erst nach der Schenkung von 1025 an Beatrix von Eppenstein allmählich kolonisiert wurde. Im Jahre 1103 ging das Gebiet als neuerliche Schenkung von den Begründern des Stiftes St. Lambrecht, den Eppensteiner Kärntnerherzögen in den Besitz der dortigen Benediktiner über und gehörte bis ins 19. Jahrhundert als reiche Pfründe zu den bestgepflegten Besitzungen des Stiftes, dessen Patres von hier aus auch das Heiligtum der „Magna Mater Austriae" in Mariazell begründeten. Zum Rodungsgebiet des Stiftes gehörte auch das St. Ilgener Tal, wo in Buchberg schon gegen Ende des 12. Jahrhunderts ein Bleibergwerk bestand, das bis 1430 in Betrieb gestanden sein soll. Für die Knappen und Bergbauern des Tales ließ dann Stift St. Lambrecht 1677 anstelle des kleineren got. Gotteshauses eine größere, dem Hl. Ägidius (Irg, Ilg, Irgel) geweihte Kirche im Barockstil errichten, die der Abtei auch bis 1958 inkorporiert war.

Wanderkarten: F & B: Blatt 4; ÖK: Blatt 102 und 101; Gebietskarte „Hochschwab"; Gehzeit: Bodenbauer – Klamm – Tragöß 3 Stunden, Josersee – Häuselalm – Bodenbauer ca. 5 Stunden; HU.: 332 m bzw. 678 m.

53 Bodenbauer – Pillsteinerhöhe

Vom Bodenbauer folgen wir in westlicher Richtung der Markierung in das Josertal hinein, bis links der kleine Bachlauf des Fuxgrabens herauskommt. Dort finden wir einen Forstweg östlich des Bachlaufs, dem wir kurz bis zur ersten großen Kehre folgen. Hier setzt ein Pfad an, nun unmarkiert, der in Serpentinen durch den Wald hinaufführt. In einem Waldschlag verliert sich der Pfad, wir steigen aber gerade hinauf und erreichen dabei das Ende der Forststraße. Unser Weiterweg folgt nun einem alten Alm-Triebweg. Wir kommen ganz knapp am Rabenstein mit seinen Höhlen vorbei und folgen dem Almweg in mäßiger Steigung weiter aufwärts. Es gibt einen guten Blick hinunter auf die Grafenalm und den Josersee, bis wir schließlich einen freien Rücken (Rastplatz) erreichen. Hier stehen wir oberhalb des sogenannten Seltenheimgrabens, in dessen oberen Bereich wir ein kurzes Stück bis zu den Seltenheim-Jagdhütten absteigen. Wir genießen einen großartigen Blick auf die gesamte Hochschwabkette (herausragend Festlbeilstein, Karlhochkogel, Fölzstein). Der Pfad quert nun einige Seitengräben und führt schließlich in einem großen Bogen zur Pillsteineralm. Man kann diesen gesamten Weg wohl als echten „Panoramasteig“ mit Blick zur Hochschwabkette bezeichnen. – Wir müssen nun nicht den direkten Weg zur Pillsteineralm wählen, sondern können bei einem doppelgipfeligen Felstürmchen scharf nach rechts auf einem Pfad durch Latschen hinauf auf einen Rücken abzweigen und erreichen bald die Pillsteinerhöhe mit ihrem eisernen, kleinen Gipfelkreuz (1581 m). Der Weiterweg zur Meßnerin, deren Gipfelkreuz wir verhältnismäßig nahe sehen, dauert etwa 1½ Stunden und ist nur für Geübte zu empfehlen. – Zu beachten ist, daß die beschilderte Route vom 10. September bis 20. Oktober aus jagdlichen Gründen nicht begangen werden soll.

Heutzutage wird das Heiligtum der Magna Mater Austriae in Mariazell nicht nur durch eigene, mit der Nummer 06 gekennzeichnete Pilgerwege aus allen Himmelsrichtungen „erwanderbar“ gemacht, auch viele Verkehrslinien führen direkt nach Mariazell, so beispielsweise eine Buslinie von Graz über Bruck, Kapfenberg und den Seeberg. Am bald vielbegangenen Pilgerweg über den Seeberg wurde zwischen 1355 und 1366 für die durchziehenden Pilger und anderen Reisenden eine Kirche errichtet, die dem Patron des Almviehs und des Eisenwesens, dem Hl. Leonhard, geweiht war und um welche sich schon um 1390 der Ort Seewiesen als Amt der Herrschaft Aflenz schloß. Um den zunächst vom Stift, später von großen Hammerherren (Pögl, Pengg) betriebenen Hammerwerken bessere Transportmöglichkeiten zu gewähren, wurde 1883 mit dem Bau einer Schmalspureisenbahn begonnen, deren 22,7 km lange Trasse bis zu den Hämmern von Au bei Seewiesen reichte und die, bereits nach 210 Tagen, am 8. Dezember 1883 eröffnet werden konnte.
Wanderkarten: F & B: Blatt 4; ÖK: Blatt 102; Gebietskarte „Hochschwab“; Gehzeiten: Bodenbauer–Pillsteinerhöhe 3½ Stunden (bis Meßnerin zusätzlich 1½ Stunden); Rückweg: ca. 2 bzw. 4¼ Stunden; HU.: 697 m bzw. 951 m.

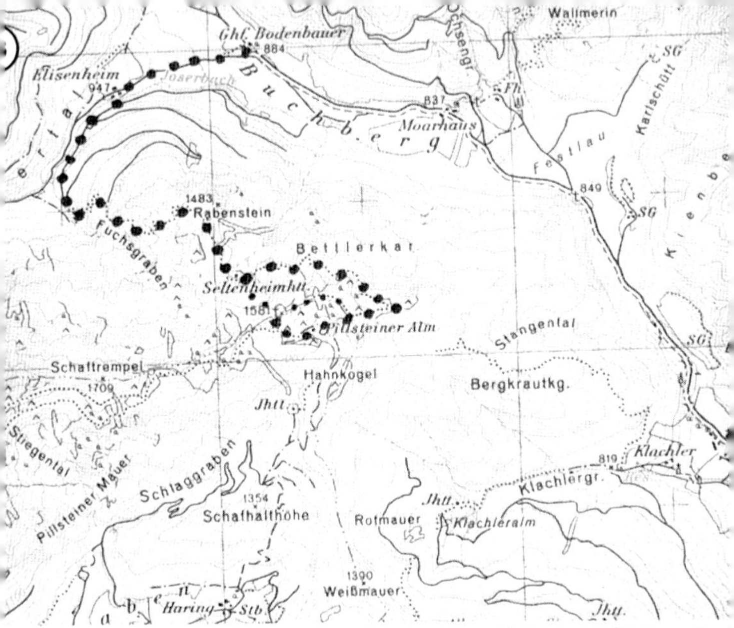

Wallmerin
Ghf. Bodenbauer
884
Elisenheim
947
Buchberg
837
Moarhaus
Ochsengr.
Fh.
Karlschütt
SG
Festlau
849
1483
Rabenstein
Fuchsgraben
Bettlerkar
Seltenheimhtt.
1581
Pillsteiner Alm
Stangental
Schaftrempel
1709
Hahnkogel
Bergkrautkg.
Jhtt.
Stiegental
Schlaggraben
Pillsteiner Mauer
819
Klachler
Klachlergr.
1354
Schafhalthöhe
Rotmauer
Klachleralm
1390
Weißmauer
Haring
Stb.

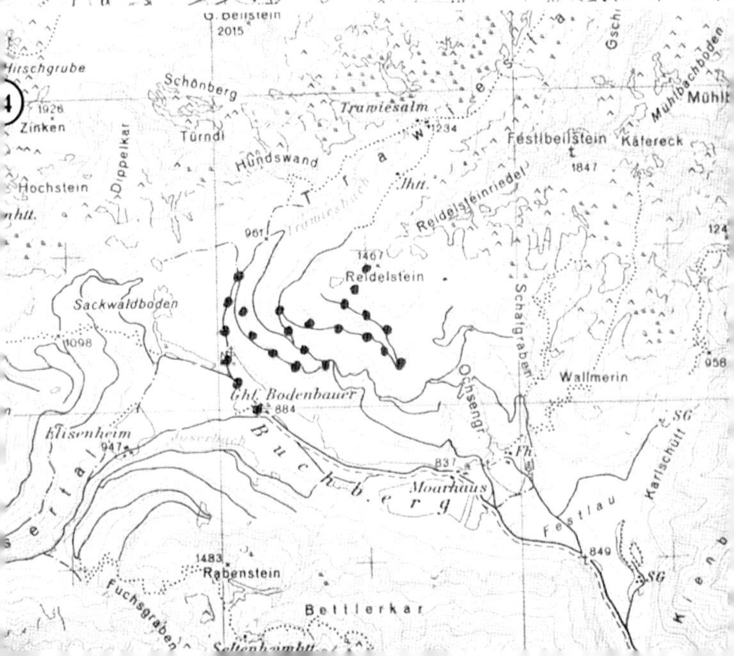

G. Beilstein
2015
Hirschgrube
Schönberg
Tramiesalm
1926
Zinken
Türndl
1234
Festlbeilstein
Kätereck
Mühlbachboden
Hundswand
1847
Hochstein
Dippelkar
Jhtt.
Reidelsteinriedel
961
1467
Reidelstein
Sackwaldboden
1098
Schaigraben
958
Wallmerin
Ghf. Bodenbauer
884
Elisenheim
947
837
Moarhaus
Ochsengr.
Fh.
Karlschütt
SG
Festlau
849
1483
Rabenstein
Bettlerkar
Fuchsgraben

54 Vom Bodenbauer auf den Reidelstein

Der 1467 m hohe Reidelstein ist eine prachtvolle „Aussichtsloge" auf die schönsten Teile der Hochschwabsüdseite und als „Vorsommertour", wegen der höher oben noch gegebenen Schneelage, immerhin schon eine richtige Bergwanderung. – Wir gehen vom bekannten Gasthof Bodenbauer los. Er liegt, so wie die anderen „Böden" rund um den Hochschwab, in einer echten „alpinen Parklandschaft" und Familienmitglieder, welche auf diese Halbtagswanderung nicht mitkommen wollen, können hier unten ausgiebig spazierengehen. Wir folgen zuerst der Markierung in Richtung Trawiesalm, verlassen diese aber bereits nach einem Kilometer, um – noch vor der Überschreitung des Trawiesbächleins – rechts den zweiten Forstweg zu wählen. In mäßiger Steigung gehen wir nun die Wege derart, daß wir bei Abzweigungen immer dem nach oben führenden folgen. In etwa 1200 Meter Seehöhe, nach einer knappen Gehstunde, verlassen wir den obersten Forstweg dort, wo er ganz weit nach Osten ausschwenkt und man den Festlbeilstein sieht. Pfadspuren führen uns von hier ziemlich steil nach oben auf den Gratrücken des Reidelsteinriedels (es ist nicht nötig, den kleinen Gipfelaufbau selbst zu besteigen). Hier stehen wir vor einer überwältigenden Bergkulisse: Uns gegenüber das Rauchkar mit den wuchtigen Felsbastionen der Klettergipfel Großer Beilstein und Stangenwand und neben uns, direkt am Reidelsteinriedel ansetzend, schwingt sich als kühner Kletterturm der Festlbeilstein mit seiner scharfen, lotrechten Südwestkante in den Himmel. Trittsichere und geübte Wanderer können im Sommer die Tour noch fortsetzen, indem sie die Schutthänge an der Südseite des Festlbeilsteins queren und durch eine steile Rinne auf die Hochflächen des Mühlbachbodens hinaufsteigen, um von dort Karlalm und Karlhochkogel zu erreichen (Abstieg über Karlgraben oder G'hacktbrunn!).

Hier wie überall im Gebirge und in den Wäldern fordert die Natur vom Wanderer „waidgerechtes" Verhalten! Auf den Hochflächen zwischen Reidelstein, Karlhochkogel und Fölzstein findet man gelegentlich bis weit über 100 Stück starke Gemsrudel, insgesamt den größten Gemsenbestand in den Ostalpen, den wir letztlich dem hegerischen Wirken Erzherzog Johanns verdanken, der als „Brandhofer" die Ausrottung der Hochschwab-Gemsen verhinderte. Frühe Belege beweisen dies: der 1946 m hohe Fölzstein galt schon 1535 („Velczstain wo die Gembsen irn Valcz haben") als „mueter der Gembssen" (s. a. „Gamsmutter" im Tennengebirge südlich von Abtenau). Mit dem Namen Fölzstein wollen wir auch einige Berg-, Flur-, Bach- und Ortsnamen auf ihren Ursprung untersuchen: Fölz(bach): evtl. von slaw. „bela" = der weiße, klare Bach (auf Kalkboden!) oder von mhd. velze = Rinne, enge Talstelle! Schwabenbartl: 814 m Seehöhe, in älteren Karten als „Schwabenwirt" bzw. „Frühauf" genannt (vermutlich früher schwäbischer Besitzer namens Rupert). Joseralm (-see, -tal, -sattel): vom Anwesen Fötz, vulgo Joser in der Fölz!
Wanderkarten: F & B: Blatt 4; ÖK: Blatt 102; Gebietskarte „Hochschwab"; Gehzeit: ca. 2 Stunden; HU.: ca. 600 m.

Androthalm

„In der Höll" beim Abstieg zum Teufelssee

Am Buchberg bei Landl

55 Auf den Karlhochkogel

Wir beginnen unsere Wanderung ca. 3,5 km vor dem „Bodenbauer", dort wo der Schuttstrom aus dem Karlgraben herauskommt und lange Zeit hindurch abgebaut wurde. Wir folgen vorerst dem ausgebaggerten Graben bis nach hinten, wo wir – in der Nähe der ersten Wasserfallstufen – zum Bachbett absteigen können. Hier beginnt auch der (unmarkierte, aber leicht zu findende) Pfad – bergaufschauend linkerhand. In angenehmen Serpentinen führt uns der Pfad durch den Bergwald hinauf; weiter oben einige Gerinne querend. Nach 1 Stunde erreichen wir die Latschenzone und vertrauen uns weiter dem Steiglein an. Ein Stück geht es im schluchtartigen Karlgraben dahin, dann erreichen wir eine Quelle und die almartige erste Karstufe unterhalb des Mühlbachkogels. Hier finden sich die Fundamentreste ehemaliger Hütten und zahlreiche Murmeltierkolonien. Nochmals müssen wir kurz in den Graben zurück, aber dann gelangen wir schon in die weite Karmulde („Karl") unterhalb des Bergrundes, das sich vom Mühlbachkogel über Karlhochkogel, Karlmauer, Windscharte, Fölzkogel bis zum Fölzstein hinzieht. Rechterhand führt ein Steig in die Windscharte, von wo man steil zur Fölzalm absteigen kann. Wir halten uns aber auf Steigspuren links (sie verlieren sich dann später) und weichen den steilen, felsplattendurchsetzten Grasflanken, die sich vom Karlhochkogel bis ins „Karl" ziehen, aus. Wir steigen (steil, aber ungefährlich) auf das Plateau zwischen Mühlbachkogel und Karlhochkogel hinauf und erreichen den Gipfelbuchbehälter (2096 m) über Geröll von Westen her. 3 –3½ Stunden Aufstiegszeit und ein Prachtblick auf die direkt gegenüberliegenden Südwände des Hochschwabs mit dem Schiestlhaus. Unmarkierter Abstieg zum Ghacktbrunn möglich!

Festl-Beilstein; Großer Beilstein, Beilstein nw. von Torstein: von mhd. bil, die Stelle, an der das Wild „gebeilt" = gestellt wird. Zagelkogel: nach „zagel" = Schwanz, die schwanz- oder zungenförmige Gestalt eines Talbodens (Zagelboden), danach erst der Zagelkogel benannt. Etmissl: 1214 „fluvius Zehmizel", 1344 „Etmizzel" geht nach Pirchegger auf einen slaw. Personennamen „Zetomisl" zurück (ähnlich wie Tragöß vom Personennamen Dragigost). Aflenz: nach einem Baumbestand, erste Nennungen von 1025 „locus Auelniz" vom slaw. jablan = Apfelbaum, jablonica = Apfelbaumbach. Oisching: (1494 „in der Olschen") bei Etmissl, nach der Erle (altslaw. olša). Häuselalm: vom Hals = enge Stelle; Hälsl-Alm – Häuslalm (siehe an Ort und Stelle). St. Ilgen: s. Hl. Legende (sveti Ilg, slaw.) Hl. Ägydius.

Wanderkarten: F & B: Blatt 4; ÖK: Blatt 102; Gebietskarte „Hochschwab"; Gehzeit: Schütt-Karlhochkogel 3–3½ Stunden, Abstieg über Ghacktbrunn zum Bodenbauer ca. 2½ Stunden; HU.: ca. 1250 m; Quelle ober Karlalm!

55
Karlschütt
Kienberg
Nadelmauer
Sauangerkg
Brennsattel
Zirbeneck
Waschenriegel
Fölzkogel
Windscharte
Karlhöchkg
Gschirrmauer
Mühlbachböden
Mühlbachkg
Kälereck
Festlbeilstein
Reidelsteinriedel
Schalgraben
Wallmerin

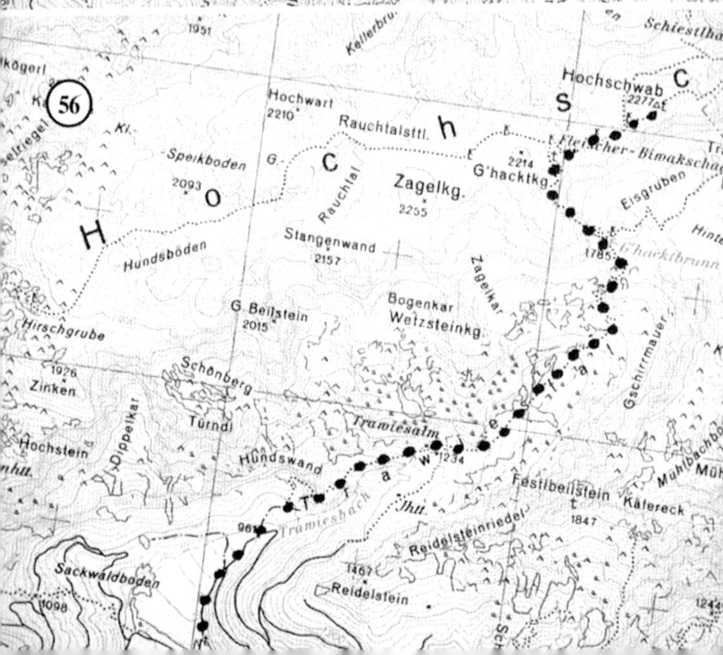
56
Hochschwab
2277
Hochwart
2210
Rauchtalsttl.
Speikboden
2093
Zagelkg.
2255
G'hacktkg
2214
Eisgruben
Stangenwand
2157
Hundsböden
G. Beilstein
2015
Bogenkar
Wetzsteinkg.
Hirschgrube
Zinken
Schönberg
Turndl
Hochstein
Trawiesalm
Hundswand
Festlbeilstein
1847
Kälereck
Reidelsteinriedel
Reidelstein
Sackwaldboden
Gschirrmauer

56 Vom Bodenbauer über das „Ghackte" auf den Hochschwab

Nur konditionsstarken Bergwanderern, die auch trittsicher und einigermaßen schwindelfrei sind, kann diese großzügige Bergfahrt empfohlen werden. – Vom Bodenbauer weg halten wir uns an die Markierung Nr. 839 (884 m liegt unser Ausgangspunkt hoch). Zuerst geht es völlig eben in den Hochwald hinein, der Trawiesbach wird auf einem Steg überquert, beim schönen Flecken unter den Felsen der Hundswand beginnt der Anstieg in den Laubwald hinauf, und sodann geht es durch Wald in mäßiger Steigung weiter bis zur prachtvoll gelegenen Trawiesalm mit der verfallenen Almhütte, überragt vom kühnen Horn des Festlbeilsteins und dem Zug der „Gschirrmauer". In mäßiger Steigung geht es auf den nächsten Karboden unterhalb des Ghacktsteins hinauf, und dann führt der Pfad steiler in Serpentinen auf die Felsstufe zum „Ghacktbrunn", von wo es einen sehr lohnenden Weiterweg unterhalb der Südwände auf den Trawiessattel und durch die Obere Tullwitz hinunter zur Voisthalerhütte gibt. – Die Geübten vertrauen sich aber nun den Leitern, Trittklammern, Stiften und Drahtseilen hinauf durch das „Ghackte" an; ein Weg, der richtig Spaß macht. Relativ rasch ist die abwechslungsreiche Steilstufe überwunden und am Rand des Hochplateaus (vorbei an der schon oft lebensrettenden „Fleischer-Biwakschachtel") geht es nun über den breiten Westrücken zum Gipfelkreuz (2277 m), wo wir mit einer Rundsicht von der Donau über den Großglockner bis zu den Julischen Alpen belohnt werden. 20 Minuten unterhalb des Gipfels liegt das ganzjährig bewirtschaftete Schiestlhaus. Leistungsstarken Gehern kann der Rückweg zum Bodenbauer über die Hochflächen und Dolinenmulden der Hundsböden, der Hirschgrube und der Häuselalm angeraten werden, wobei es großartige Ausblicke gibt.

Die letzte Formgebung der Hochschwabberge erfolgte in der Eiszeit, in welcher große Talgletscher die bekannt schönen Talschlüsse (Buchberg, Tragöß, Seeau, Seetal!) bis zu 200 m unter den heutigen Talboden ausschürften. Die Enden dieser Gletscher zeigen mächtige Moränenreste im Tragößtal und beim Leopoldsteinersee, aber auch die breiten Becken von St. Ilgen und Tragöß an. Nur rund 17% des Hochschwab-Massivs bestehen aus undurchlässigen Gesteinen (Werfener Schichten, Reingrabner Schiefer), nahezu 83% hingegen aus verkarstungsfähigem Gestein und Lockermassen, durch die ein Großteil der Niederschläge und Schmelzwasser ins Berginnere gelangen, von dem das Wasser dann auf der Höhe der Sperrschieferschichten in sogenannten Überlaufquellen oder den typischen Karstquellen mit der stärksten Schüttung austritt.

Wanderkarten: F & B: Blatt 4; ÖK: Blatt 102; Gebietskarte „Hochschwab"; Gehzeiten: Aufstieg: 3½–4 Stunden, Rückweg über Häuselalm 3–4 Stunden; HU.: Bodenbauer 884 m Seehöhe, Trawiesalm 1234 m; Ghacktbrunn 1785 m, Fleischerbiwak 2153 m, Hochschwabgipfel 2277 m.

57 Skitour Rauchkar

Für den Tourenskiläufer, den erfahrenen Skialpinisten, ist das Rauchkar eine der „skifahrerisch“ und landschaftlich schönsten Touren im Hochschwabgebiet, ja sogar in der Steiermark. Man soll sie erst im Frühjahr – zwischen März und Mai – durchführen, wenn sich der Schnee gesetzt hat und die harte Unterlage bei Tag durch Sonneneinstrahlung oder warme Tagestemperatur auffirnt. Zu diesem Zeitpunkt gibt es im Rauchtal keine Lawinengefahr mehr. Macht man die Tour noch im März, kann man schon vom Bodenbauer mit Steigfellen weggehen – in schneearmen Wintern oder im April muß man die Ski schon ein Stück tragen. Wir gehen zuerst im ebenen Talgrund, an einem Kreuz vorbei, dann längs eines Forstweges und folgen immer dem bestens markierten Pfad Richtung Trawiesalm-Hochschwab. Der Trawiesbach wird überschritten, beim markanten Felsriegel der Hundswand (vor Jahren kam hier eine verheerende Staublawine herunter) beginnt eine Steilstufe. Mäßig steigend wandern wir weiter bis zu einem Holzschlag (etwa 500 Meter vor der Trawiesalm), wo wir nach links, das heißt nach Norden, abbiegen und bald die Waldzone verlassen und in das Rauchtal hinaufsteigen. Wir gehen genau zwischen den beiden großartigen Felsgestalten des Großen Beilsteins und der Stangenwand hindurch und stapfen im harten Morgenschnee über mehrere Geländestufen bis hinauf zum Rauchtalsattel. Hier verläuft der Sommerweg Hochschwab–Häuselalm. Wenn man früh genug dran ist, kann man rechts, das heißt nach Osten, auf den 2255 m hohen Zagelkogel steigen.
Wir sind 3 bis 4 Stunden unterwegs; also Abmarsch beim Bodenbauer um 6 Uhr! Wir müssen um zirka 10 Uhr abfahren, wenn es schon auffirnt und noch nicht zu weich ist, dann gibt es nur mehr ein seliges Schwingen und Gleiten!

1881 erschien bei der AV-Sektion Austria in Wien der erste Hochschwabführer, 8 Jahre später begann die Sektion „Voisthaler“ mit der wege- und hüttenbaulichen Erschließung in „ihrem“ Arbeitsgebiet. Führend in der bergsteigerischen Erschließung waren steirische Kletterer, wobei die Grazer Turner – Bergsteiger (von Glanwell, Petritsch, Stopper, Weitzenböck, später Baumgartner, Obersteiner, Vorbeck u. a.) herausragten. Nach der mühsamen ersten Hochschwab-Winterbesteigung am 16. Februar 1867 durch Robert Freiherr von Walterskirchen, den St. Ilgener Jäger Berger und einen Knecht von Buchberg aus erreichte schließlich der Mürzzuschlager Toni Schruf („Meisterfahrer der Alpenländer Österreichs“ und Erbauer der ersten Skihütte der Alpen auf der Großen Scheibe nahe seiner Heimatstadt) am 9. März 1895 in Begleitung des Forstadjunkts Linhart aus Aflenz auf der Route vom Bodenbauer über die Häuselalm (hier mußte Linhart wegen verwachster Ski zurückbleiben) mit den neuen „Schneeschuhen“ aus Norwegen den Hochschwabgipfel.
Wanderkarten: F & B: Blatt 4; ÖK: Blatt 102; Gebietskarte „Hochschwab“; Aufstiegszeit: 3–4 Stunden; HU.: bis Zagelkogel 1371 m, sonst ca. 1200 m.

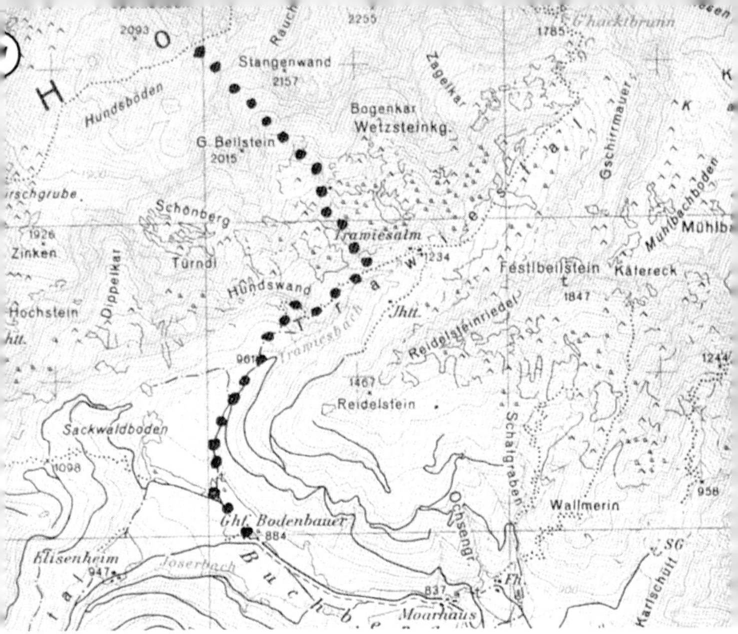

Stangenwand
2157
2255
2093
Hundsboden
G. Beilstein
2015
Bogenkar
Wetzsteinkg.
Zagelkar
G'hacktbrunn
1785
Gschirrmauer
Mühlbachboden
Schönberg
Tramiesalm
1234
1926
Zinken
Turndl
Dippelkar
Hundswand
Festlbeilstein
1847
Kätereck
Hochstein
Tramiesbach
Reidelsteinriedel
961
1467
Reidelstein
Sackwaldboden
1098
Schatgraben
Ochsengr
Wallmerin
958
Ghf. Bodenbauer
884
Elisenheim
947
Joserbach
837
Moarhaus
Karlschütt

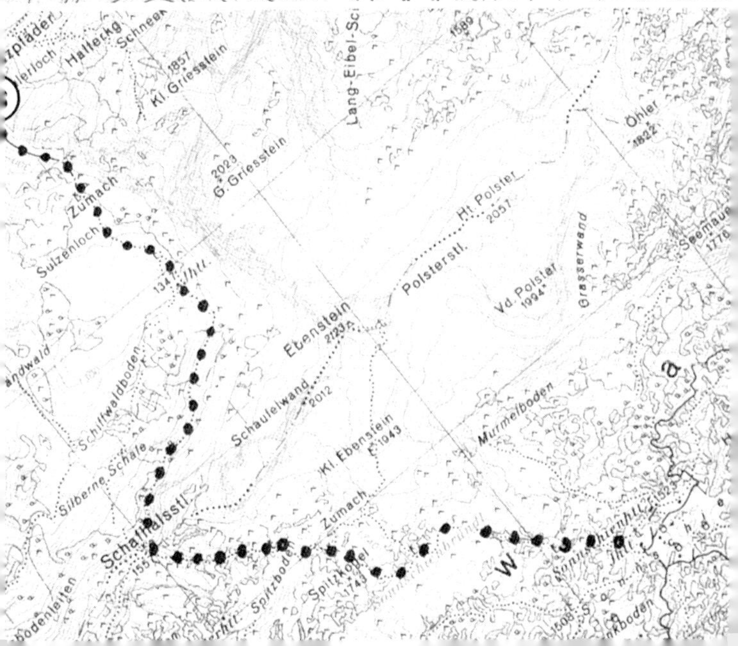

Hallerkg
Schneek
1857
Kl. Griesstein
Lang-Eibel-Sch
1589
Öhler
1822
2023
G. Griesstein
Zumach
Sulzenloch
Ht. Polster
2051
Polsterstl.
Vd. Polster
1994
Grasserwand
Seemauer
1776
Ebenstein
2123
Schaufelwand
2012
Schiltwaldboden
Silberne Schale
Kl. Ebenstein
1943
Murmelboden
Schafhalsstl
Zumach
Spitzkogel
1743
Sonnschienhtt
1523
1508

58 Hochschwabüberquerung: Wildalpen – Sonnschien – Bodenbauer

Nur wer gut bei Fuß ist, sollte sich diese Teilüberquerung des Hochschwabstocks zutrauen, denn die Wanderung von Wildalpen bis zum Bodenbauer nimmt 7 bis 8 Stunden in Anspruch. Schon bald hinter Wildalpen beginnt die gelbe Markierung, welcher wir bis zur Sonnschienalm folgen; außerdem ist der Weg mit der Nummer 829 bezeichnet. Wir gehen am Antonikreuz und am „Kreuzpfäder" vorbei, queren dabei mehrmals die Forststraße und folgen stellenweise ihrer Trasse. Grundbesitzer mit einem Ausmaß von 14.000 Hektar ist die Gemeinde Wien, um deren wichtigstes Wassereinzugsgebiet es sich hier handelt. Sobald wir aus dem geschlossenen Hochwald hinauskommen, leuchten schon die Felswände und Steilabstürze der Hochschwabriesen herunter. Besonders die fast 700 Meter hohen Wände des Griessteins sind von unserer Route aus gesehen sehr eindrucksvoll. Die Schuttflanken am Hangfuß der Berge sind nicht übermäßig groß und zeigen uns an, daß der „Riffkalk" des Hochschwabs doch ein verhältnismäßig festes Gestein ist, was ja auch der Kletterer zu schätzen weiß. Nun gehen wir durch einen längeren Latschengürtel, in dem sich, gut geschützt, mancherlei hübsche Alpinpflanzen breitmachen können.

Wir überqueren einige Geröllfelder und gehen an interessanten, riesigen, glattgeschliffenen Kalkplatten vorbei – ein Werk der Eiszeitgletscher. Der Pfad ist sehr gut, in stets gleichmäßiger Steigung angelegt. Hübsch ist der Blick hinunter auf den grünen „Boden" des sogenannten „Schafwaldes". In weitem Bogen führt unser Steiglein unter einem riesigen, überhängenden Felsen – mit einer Höhle im Hintergrund – hindurch. An einer gefaßten Quelle kommen wir vorbei, welche die unten im „Schafwald" gelegene Jagdhütte versorgt, und dann geht es in angenehmen Kehren über einige Schuttfelder hinauf zum Schafhalssattel auf über 1500 Meter Seehöhe, womit wir auch bereits mehr oder weniger das Hochplateau der Sonnschienalm erreicht haben; zur Hütte ist es aber noch eine knappe Gehstunde. Bald erreichen wir wieder große Latschenfelder, über welche sich einzelne Spitzfichten erheben, die der Landschaft ein ganz eigenes Gepräge – fast wie in Skandinavien – geben. Hier gibt es auch zweimal Abzweigungen zum Kleinen und Großen Ebenstein, die wir aber bei unserer langen Tour ausnahmsweise einmal „links liegen lassen". Die gut versorgte Sonnschienhütte der Sektion Voisthaler des ÖAV bietet uns dann willkommenen Anlaß, eine ausgiebige Rast zu halten. Etwa fünf Stunden haben wir bis hierher gebraucht, und nun sind es noch an die 2½ Gehstunden über Sackwiesenalm und Häuselalm bis hinunter zum Bodenbauer.

Wanderkarten: F & B: Blatt 4; ÖK: Blatt 101 und 102; Gehzeit: 7½–8 Stunden; HU.: ca. 1050 m.

59 Auf den Floning

Den Floning sollte man unbedingt wegen seiner hervorragenden Aussicht auf die Hochschwabgipfel besteigen. Entweder fahren oder gehen wir gleich nach Kapfenberg–Winkl in den Leingraben, bis wir auf die rote Markierung stoßen, oder wir gehen direkt beim Böhlerwerk los, folgen der Markierung in Richtung Emberg und gehen dann in Richtung vulgo Reisser – Ortneralm immer dem bezeichneten Weg nach; diese Variante ist aber um einiges länger. – Auch durch den Rettengraben von der Thörler, also der Mariazeller Bundesstraße her kann man direkt zum Floning ansteigen.
Wir gehen beim Gasthaus Reisser los, folgen der Markierung Nummer 892 durch Wald am Höhenrücken in mäßiger Steigung weiter und haben dann bald das Anwesen vulgo Rörl erreicht, wo der markierte Weg von Schörgendorf über den Kreuzbühel heraufkommt.
Weiter geht es am Höhenrücken durch Hochwald hinauf; der Pfad ist immer sehr gut markiert. – Nun schließt eine steile, almähnliche Wiese an. An ihrem oberen Rand liegt die Ortneralm mit einer netten – ab dem Spätherbst aber unbewirtschafteten – Hütte.
Steil geht es nun durch Wald aufwärts, um oben wieder ein Stück flach auf einem scharfen Gratrücken dem Wanderer Gelegenheit zum Verschnaufen zu geben. Nach beiden Seiten fällt hier der Wald steil ab. Gelegentlich öffnet sich auch schon eine weite Aussicht auf die begleitenden Bergzüge. Bei einem hübschen, aus dem Jahre 1800 stammenden Marterl (es liegt genau auf 1211 m Seehöhe) gibt es einen guten Rastplatz. Von hier kann man ein paar Meter über eine steile Böschung auf einen ziemlich neu angelegten Forstweg absteigen und diesen in gemächlichen Kehren bis zur Kaiseralm am Fuß des Floning-Gipfelhanges weiterverfolgen. – Wir haben diese Variante zum Abstieg gewählt; sie hat im Herbst den großen Vorteil, daß man immer in der Sonne geht. Der Forstweg umrundet den 1553 m hohen Kleinen Floning auf der Westseite, während der markierte Fußsteig vom Kreuz weg, auf der schattigen Ost- und Nordseite, die Gipfelwiese erreicht. – Gleich oberhalb des Marterls stößt der markierte Anstieg aus dem Rettenbachgraben auf den ostseitigen Pfad.
Von der Kaiseralm am Nordabhang des Kleinen Floning zieht sich nun eine lange Almwiese bis zum Gipfelkreuz, das auf 1583 m Seehöhe steht. 2½ bis 3 Stunden, je nachdem, von wo man angestiegen ist, benötigt man bis herauf zum Gipfel.
Für den Rückmarsch sind gemütlich 2 Stunden zu veranschlagen.

Kapfenberg: A-8605, seit 1924 Stadt, ca. 25.000 Einwohner, FVV-Auskünfte: Stadtamt, Tel. (0 38 62) 22 5 01-0.
Wanderkarten: F & B: Blatt 4; ÖK: Blatt 133; Gehzeit: 4½–5 Stunden; HU.: ca. 780 m.

59

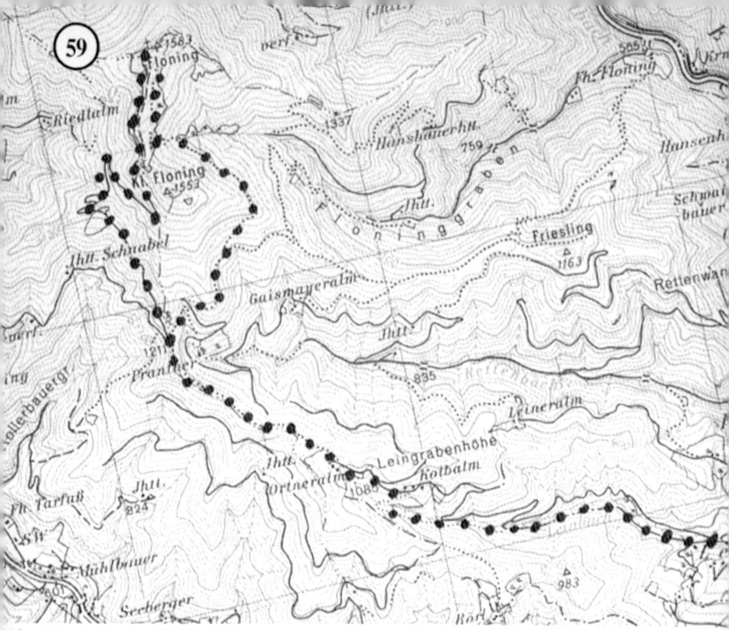

Floning
1583
Riedlalm
Kl. Floning
1553
Jhtt. Schnabel
1337
Hanshauerhtt.
759
Fh. Floning
Floninggraben
Friesling
1163
Gaismayeralm
Rettenwand
Hansenh
Jhtt.
Pranner
1211
835
Leineralm
Leingrabenhöhe
Kolbalm
Ortneralm
1086
Jhtt.
Fh. Tarfuß
824
Mühlbauer
601
Seeberger
983

60

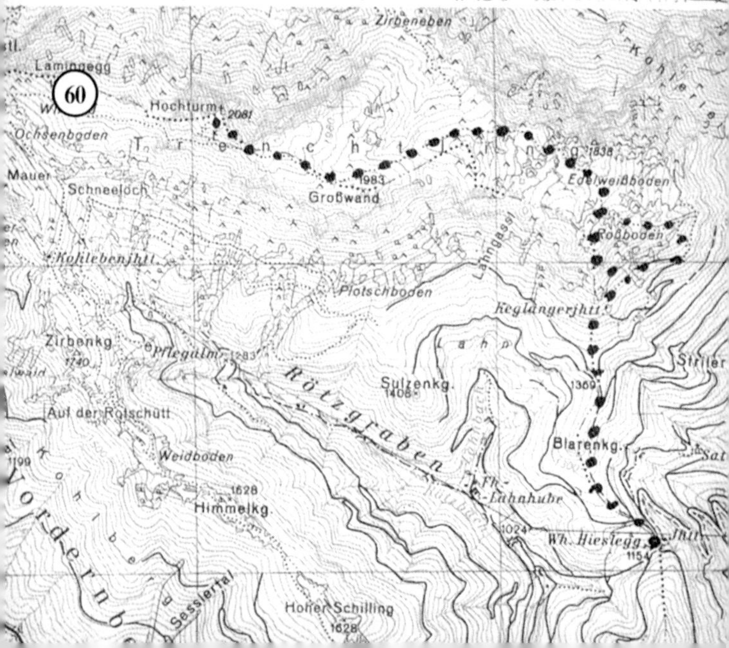

Zirbeneben
Laminegg
Hochturm
2081
Ochsenboden
Trenchtling
1838
1983
Großwand
Mauer
Schneeloch
Edelweißboden
Roßboden
Kohlebenjhtt.
Plotschboden
Lamingassl
Reglangerjhtt.
Zirbenkg.
1740
Pflegalm
1283
Rötzgraben
Sulzenkg.
1408
1369
Striler
Auf der Rotschütt
Blarenkg.
Weidboden
1199
1628
Himmelkg.
Fh. Lahnhube
1024
Wh. Hieslegg
1154
Sesslertal
Hoher Schilling
1628
Vordernberg

60 Edelweißboden und Hochturm

Das vermutlich größte Edelweißvorkommen der Steiermark befindet sich im Gebiet des Trenchtling, oberhalb des Grünen Sees. Die bei uns von der Ausrottung bedrohte Pflanze ist streng geschützt, und wir begnügen uns mit dem bloßen Schauen und mit Fotografieren!

Im Lamingtal zweigen wir bei Großdorf – der Ortschaft vor Tragöß – nach Westen zum „Hieslegg" (1154 m) ab; beliebtes Ausflugs-Gasthaus. Von hier Markierung 873; zuerst Forststraße, dann durch Wald in die Ostflanke des Trenchtlingstockes. Steiler Anstieg auf den Roßboden (1700 m), den bereits felsdurchsetzten Rand des Trenchtlingplateaus. Das Weglein leitet nun durch eine reizende Almlandschaft mit Felstrümmern und Latscheninseln hinauf zum Edelweißboden, wo die „Symbolblume unserer Alpen" zu Tausenden blüht (Anfang bis Ende Juli). Über den breiten Rücken des Trenchtling mit seinen Kuppen, Hochkaren und Steilabstürzen geht es weiter. Prachtvoll ist der Tiefblick auf die türkisgrünblaue Wasserfläche des tausend Meter tiefer liegenden Grünen Sees. Nun wandern wir weiter zum mächtigen Gipfelklotz des Hochturms mit seiner harmonisch geschwungenen Gratkante. Der Pfad führt zuerst in längerer Traversierung oberhalb des Rötzgrabens bis zur Wegteilung in Richtung Lamingsattel und von dort über Schrofen in wenigen Minuten zum Gipfelkreuz (2081 m). 3½ Stunden Aufstieg vom Hieslegg. Prachtvolle Aussicht: Hochschwab, Hochwechsel, Fischbacher Alpen, Hohe Veitsch, Rax, Schneeberg, Eisenerzer Alpen, Gesäuse und Dachstein. Rückweg (kürzer) auch über Lamingsattel – Leobnerhütte – Knappensteig – Präbichl oder durch den Handlgraben zu den „Almhäusern" zwischen Präbichl und Vordernberg möglich.

Tragöß-Oberort: Erholungsort (jetzt auch Freizeitsee in Pichl/Großdorf) in 780 m Seehöhe.

Das Tragösser Tal – schon 1023 als „Tragusse" erstmals urkundlich genannt – zählt mit seiner großartigen Talabschlußszenerie zu den schönsten der Steiermark. Im Jahre 1020 schenkte Kaiser Heinrich II. (1002–1024) auf Ersuchen seiner Gattin Kunigunde und des Mainzer Erzbischofs Aribo die Laming und das Tragößtal der Kirche von Göß, wo 10 Jahre später das erste steirische Kloster geweiht wurde. Das nach den Regeln des heiligen Benedikt um das Jahr 1002 von Adula Gräfin von Leoben und ihrem Sohne Graf Aribo – damals noch Archidiakon von Salzburg und Hofkaplan Kaiser Heinrichs – gegründete Stift wurde als Reichsstift für adelige Nonnen sogar zunächst von der Schwester des Grafen, Kundigunde, als erster Äbtissin geführt. Das Lamingtal zählt zu jenen Teilen der Steiermark (wie etwa auch das Passailer Becken), wo sich die nach den Wirren der Völkerwanderung um die 2. Hälfte des 6. Jahrhunderts unter dem politischen Druck der Awaren eingedrungenen Slawen als Ackerbauern und Viehzüchter sehr lange zu halten vermochten.

Wanderkarten: F & B: Blatt 4; ÖK: Blatt 101; Gebietskarte „Hochschwab";
Gehzeit: Hieslegg–Hochturm ca. 3½ Stunden; HU.: 927 m.

61 Grüner See – Meßnerin

Direkt über Tragöß-Oberort baut sich die breite Berggestalt der Meßnerin auf. Mit ihren 1835 Metern Seehöhe zählt sie nicht zu den „Höchsten“ im Gebiet, aber sie ist eine der besten Aussichtswarten auf den Hochschwab, dazu auch auf ein besonderes Kleinod unserer Steiermark, nämlich auf den Grünen See! Der Weg von Tragöß ist blau markiert, führt die Nummer 844, und man schafft die Strecke bis zum Gipfelkreuz in 2½ Stunden. Im untersten Teil kann man – je nach Belieben – auch einen kleineren Teil der Wegstrecke am sogenannten „Kampelsteig“ zurücklegen, der sich am Bergfuß der Meßnerin entlangzieht. Zwei Drittel des Weges führen durch Wald – und zwar in mäßigen Serpentinen. Der Pfad verläuft hier stets auf dem markanten Rücken, der sich – dicht bewaldet – weit nach oben zieht. An einigen Stellen führt der Pfad nahe an die Westabstürze der Meßnerin heran, und da gibt es einen überraschenden und prachtvollen Blick zum „Grünen See“ aus der Vogelperspektive. Besonders günstig ist der Ausblick vom ersten Aussichtsplatz, wo auch ein kleiner Felsturm steht, der Ähnlichkeit mit einem „Frankfurter Würstel“ hat. Bald liegt dann die Waldzone hinter uns, und wir queren einige Schuttrinnen, ehe wir dann auf das breite Gipfelplateau hinaufkommen. Dann sind wir auf der schönen Almhochfläche, und es ist nicht mehr weit bis zum Gipfelkreuz, das am höchsten Punkt steht. Der gesamte „Schwabn“ liegt vor uns: Hochturm/Trenchtling, Griesmauer, Brandstein, Ebenstein, die Sonnschienalm zu unseren Füßen, den Bodenbauer können wir gerade nicht sehen, Hochschwabgipfel, Karlhochkogel, Fölzstein usw. Ein lohnender Aussichtsplatz! Schon wenn wir uns auf der Straße Tragöß nähern, sehen wir im linken, das heißt westlichen Teil der Gipfelfelsen ein riesiges Loch, das „Meßnerinfenster“; es hat gute zwanzig Meter Durchmesser.

Zur Zeit dieser Schenkung hat vermutlich in Tragöß noch keine Pfarre bestanden; 1156 schon hatte Wulfing von Stubenberg sein Jagdschloß in Tragöß der dortigen Kapelle als Pfarrhof geschenkt und die Pfarrgült fundiert. Erst 1210 wurde diese Kapelle zur Hl. Magdalena in Tragöß vom Salzburger Erzbischof Eberhart von der Mutterkirche St. Michael freigemacht und zur Pfarre erhoben, wobei sich aber Abt Gottfried von Admont das Recht behielt, die Pfarrherren zu ernennen.

Weitere historische Nennungen von Tragöß finden wir in einer Urkunde vom 2. Mai 1230, wo Papst Gregor IX in Rom dem Kloster Göß seine Rechte und Güter bestätigt. Die 34. Äbtissin Maria Johanna Gräfin Kollonitsch erkaufte 1654 von der Stadt Bruck das Landgericht in Tragöß um 1600 Gulden und 12 Dukaten „Leykauff“. Die zum ehemaligen Dekanat Bruck an der Mur gehörige Tragösser Pfarre stand also mehr als 700 Jahre lang unter der Grundherrschaft von Göß.

Wanderkarten: F & B: Blatt 4; ÖK: Blatt 101 und 102; Gebietskarte „Hochschwab“; Gehzeit: ca. 2½ Stunden; HU.: 1042 m.

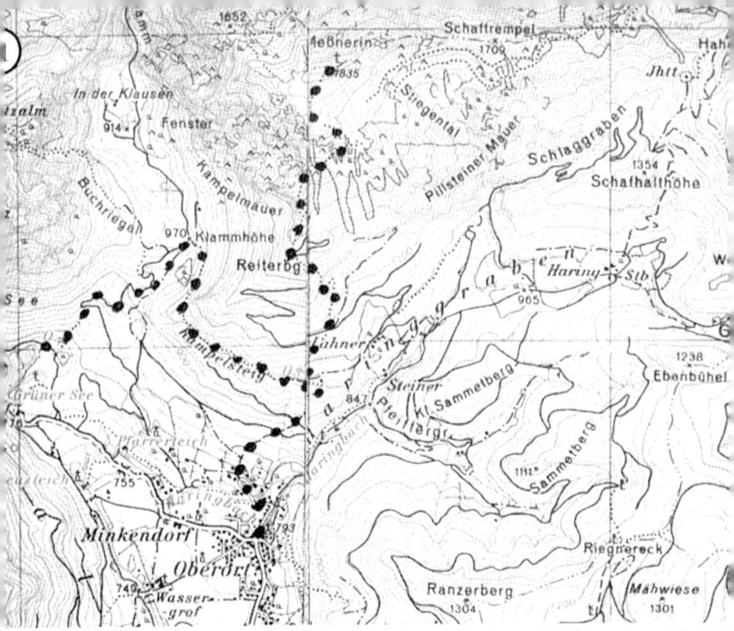
1652
Schaftrempel
Meßnerin
1835
1709
Jhtt.
In der Klausen
Fenster
914
Stiegental
Pillsteiner Mauer
Schlaggraben
1354
Schafhalthöhe
Kampelmauer
Buchriegel
970
Klammhöhe
Reiterbg.
Haring
Stb
965
Lahner
Kampelsteig
Steiner
Kl. Sammetberg
1238
Ebenbühel
847
Pfeiffergr.
Grüner See
Pfarrerteich
Sammetberg
755
Minkendorf
Oberort
793
749
Wasser-
graf
Riegnereck
Ranzerberg
1304
Mähwiese
1301

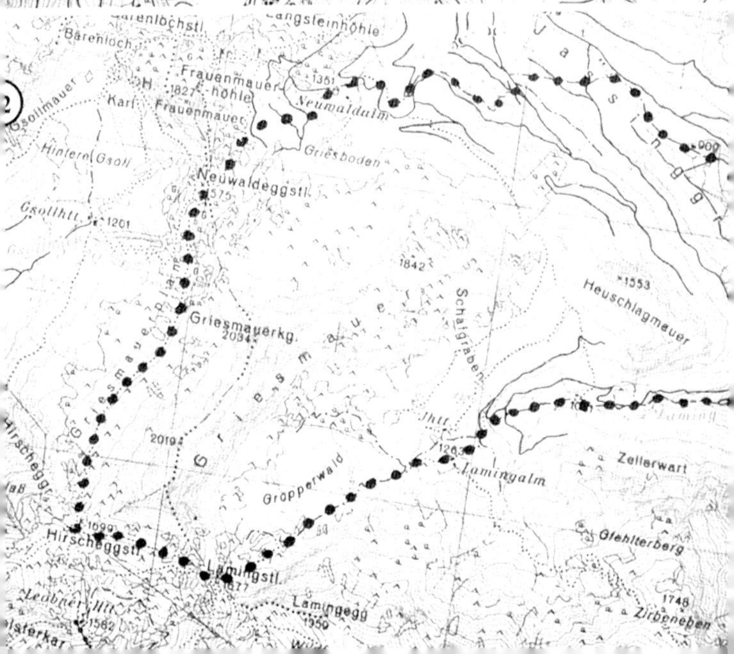
Bärenloch
Langsteinhöhle
Frauenmauer-
höhle
1351
1827
Karl
Frauenmauer
Neuwaldalm
Gsollmauer
Hintere Gsoll
Griesboden
Neuwaldeggstl.
1575
Gsollhtt.
1201
1842
1553
Heuschlagmauer
Schaigraben
Griesmauerkg.
2034
Griesmauer
Jhtt.
2019
1263
Lamingalm
Zellerwart
Gropperwald
Hirschegg
1699
Hirscheggstl.
Lamingstl.
1677
Leobner Htt.
1582
Lamingegg
Gfehlterberg
1748
Zirbeneben

62 Grüner See – Lamingsattel – Neuwaldeggsattel

Vom Grünen See können wir noch durch das Tragößtal bis zum Parkplatz an den Beginn des Jassinggrabens hineinfahren. Hier finden wir die Markierung, den Laminggraben aufwärts, in westlicher Richtung. Über einen Forstweg, den wir mehrmals abkürzen können, geht es in mäßiger Steigung zwischen Griesmauer auf der einen und Hochturm auf der anderen Seite aufwärts.

Oben führt uns der Weg durch lockeren Bergwald, es geht an der Lamingalm-Jagdhütte vorüber (1263 m), die sehr hübsch unterhalb der Felsen des Turms liegt. Schließlich wird der Pfad etwas steiler, aber vor uns sehen wir schon die flache Einsattelung des Lamingsattels (1677 m); rechter Hand die Grattürme der TAC-Spitze. 2 bis 2½ Stunden haben wir vom Parkplatz herauf benötigt. Durch Latschen schlängelt sich unser Steigerl nun weiter aufwärts und dann geht es fast eben hinüber zum Hirscheggsattel (1699 m), wo wir auf den markieren Weg stoßen, der von der Leobner Hütte beziehungsweise vom Polster herüberkommt. Wir folgen nun der Markierung in nördlicher Richtung unterhalb der vielen Zacken der Griesmauer und genießen linkerhand den Blick auf Kaiserschild und seine Nachbargipfel. Schließlich erreichen wir den Neuwaldeggsattel und haben hier einen wunderbaren Ausblick nach Norden zum Ebenstein. Eine Stunde sind wir vom Lamingsattel bis hierher unterwegs gewesen. – Vom Neuwaldeggsattel lassen wir uns nun über die Markierung hinunterleiten zur Neuwaldalm (1351 m) und sodann weiter hinab in den Jassinggraben (Hochwild–Wintergatter) und hinaus zur Pfarreralm und zum Parkplatz. Hier schließt sich unser Rundweg, für den wir etwa 5½ Gehstunden veranschlagen müssen.

In Historikerkreisen bekannt wurde Tragöß-Oberort vor allem durch die Ermordung des Pfarrers Melchior Lang durch acht verschworene Waldbauern oder Holzknechte, die Peter Rosegger, in seinem 1883 erschienenen, zweibändigen Roman „Der Gottsucher" dargestellt hat.

Melchior Lang war ein strenger Priester und scheint seine Gemeinde durch allzu intensives Vorhalten ihrer Fehler in Haß gegen seine eigene Person versetzt zu haben. Als er während einer Messe zu predigen beginnen wollte, geboten ihm einige Kirchengänger, zu schweigen. Unheil ahnend eilte er von der Kanzel und versuchte, in den Pfarrhof zu flüchten; an dessen Türe wurde er jedoch von acht verschworenen Rädelsführern erwartet und ihm von einem derselben mit einer Hacke der Kopf gespaltet.

Der Schädel und die beiden Oberschenkelknochen des ermordeten Pfarrherren waren bis 1847 in einer Nische oberhalb des durch den jetzigen Hochaltaraufbau maskieren Rundfensters an der Kirchenostseite zur Schau gestellt.

Wanderkarten: F & B: Blatt 4; ÖK: Blatt 101; Gebietskarte „Hochschwab";
Gehzeit: ca. 5½ Stunden (bis Lamingsattel 2–2½ Stunden); HU.: 820 m.

63 Grüner See – Pribitz – Sonnschienalm

Der Grüne See bzw. einer der 3 Parkplätze in seiner Nähe sind Ausgangspunkt für unsere Rundwanderung. – Hier wählen wir eines der unmarkierten Waldsteigerln, welche am Fuß der Pribitz zur Forststraße hinaufführen, die in die „Klamm" hineingeht. Ihr folgen wir solange, bis wir die „Klammhöhe" (970 m) erreichen. Von diesem markanten Punkt gehen wir ein kurzes Stück zurück und wählen sogleich den ersten Forst-Stichweg rechterhand, der uns durch Wald bis zu einem Winter-Wildgatter leitet, daß wir über einen „Einstieg" in der Zeit zwischen 15. Juni und 15. Oktober betreten dürfen. – Im Gatter finden wir sogleich die vorerst etwas schwach ausgeprägten Trittspuren, die dann aber bald schräg aufwärts in ein unmarkiertes Steigerl übergehen, das uns nun (rasch an Höhe gewinnend) durch den schon von unten erkennbaren Einschnitt im Verlauf des Pribitz-Felsriegels zum sogenannten „Buchriegel" hinaufführt. Sehr romantisch ist diese Steiganlage, die an einer Felswand endet und nach rechts über eine Leiter und Holzbrücke in flacheres Gelände (Grenze des Wildgatters) überleitet. Bald haben wir nun das Pribitzplateau erreicht und wenden uns vorerst linkerhand auf gut erkennbarem Steigerl zum Gipfel (1579 m), den wir bald erreichen. – Vom flachen Gipfelplateau haben wir einen atemberaubenden Tiefblick zum Grünen See, der direkt zu unseren Füßen liegt sowie hervorragende Aussicht über das Tragösser Tal, auf Hochturm, Griesmauer, Brandstein, Ebenstein und Hochschwab. – Nun gehen wir wieder das kurze Stück zurück, stoßen bald auf die reizend gelegene Pribitzalm und folgen dem Almweg über das „Pribitztörl" bis zur Sonnschienhütte. Von dort Rückweg über die ebenfalls sehr romantische Steiganlage hinunter zum landschaftlich großartigen Klammboden und schließlich zur „Klammhöhe", wo sich unser Rundweg schließt.

Die Pfarrgemeinde von Tragöß mußte 100 Jahre lang nach diesem Mord am Tage der Bluttat einen Opfergang in die Kirche halten, wobei der gespaltene Schädel des Ermordeten sogar als Opfergefäß verwendet wurde; bis in unsere Zeit haben jährlich am Gedenktag Sühnegottesdienste stattgefunden, die mit einer öffentlichen Schaustellung des gespaltenen Schädels verbunden waren. Er befindet sich in einem Glaskästchen im Pfarrhof, wo auch im Saal des ersten Stockwerkes ein spätgotisches, 100 cm hohes und 66 cm breites Tafelbild als Epitaph für den ermordeten, hinter dem Hochaltar bestatteten Priester zu sehen ist. Der manchmal wohl nicht unberechtigte Trotz der Tragösser Bauern gegen die grundherrschaftlichen Pfarrer dauerte Jahrhunderte hindurch, flammte immer wieder auf und füllte die Chronik des Tales mit Gewalttaten, wie sie kaum ein anderer Teil der Steiermark zu verzeichnen hat.
Wanderkarten: F & B: Blatt 4; ÖK: Blatt 101; Gebietskarte „Hochschwab"; Gehzeit: Grüner See–Pribitz ca. 2 Stunden, Pribitz–Sonnschien ca. 1¼ Stunden, Rückweg über Klamm ca. 2¼ Stunden; HU.: 803 m.

63

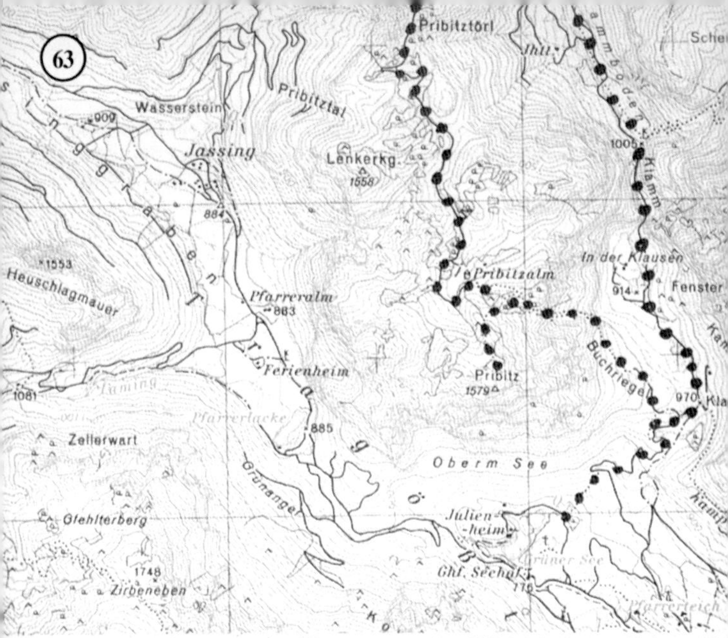
Pribitztörl
Wasserstein
Pribitztal
Jassing
Lenkerkg.
1558
909
884
×1553
Heuschlagmauer
Pfarreralm
863
Ferienheim
Pribitzalm
Pribitz
1579
In der Klausen
1005
914
Fenster
970
Buchriegel
1081
Pfarrerlacke
885
Zellerwart
Oberm See
Grünanger
Gfehlterberg
Julien-heim
Grüner See
Ghf. Seehof
1748
Zirbeneben

64

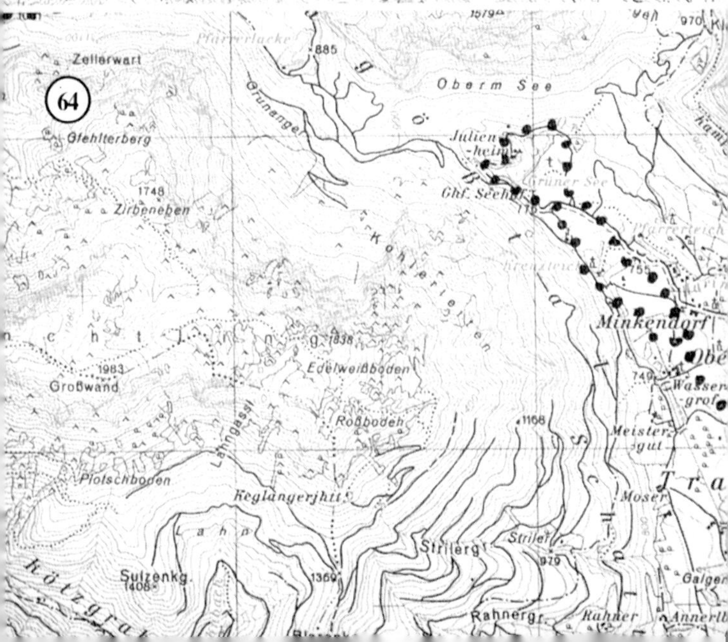
Pfarrerlacke
885
Zellerwart
Oberm See
Grünanger
Gfehlterberg
Julien-heim
Grüner See
Ghf. Seehof
1748
Zirbeneben
755
Minkendorf
1838
1983
Edelweißboden
Großwand
749
Lahngassl
Roßboden
1168
Meister-gut
Plotschboden
Keglangerjhtt.
Moser
Strilergr.
Striler
979
Sulzenkg.
1408
1369
Rahnergr.
Rahner

64 Skilanglauf in Tragöß

Vor der prachtvollen Felskulisse des Hochschwabstockes, gebildet von Trenchtling, Pribitz und Meßnerin, liegt der breite, besonnte Talschluß von Tragöß. Hier hat der Fremdenverkehrsverein eine beispielhafte Langlaufloipe geschaffen. Am bekannten Parkplatz vor dem Grünen See befindet sich der „Start" für die rund 8,5 km lange Strecke, die man ohne Schwierigkeit in einer Stunde durchlaufen kann. Der Rundkurs ist doppelt gespurt und bei Bedarf wird die Loipe sogar zweimal täglich durchgezogen. Für Anfänger wird eine Einführung in den Skilanglauf gegeben, und dazu werden bis zu 20 Übungsspuren gezogen. 80 Paar Leihskier und -schuhe in allen Größen stehen zur Verfügung. Mit der Eintrittskarte von öS 20,– kann man sich im wenig entfernten Hallenbad kostenlos duschen. – Zur Loipe selbst: Sie ist ohne wesentliche Steigungen angelegt. Zuerst führt sie über offenes Wiesengelände in Richtung Süden. Nach einigen Kilometern kommt die große Wendeschleife (Markierungstafeln sorgen für Beibehaltung der Richtung), und dann laufen wir nach Norden zurück, auf die wilden Felsgestalten zu. In der Nähe der Starthütte überqueren wir die Zufahrtsstraße zum Grünen See und kommen nun zum romantischsten Teil der Loipe. Durch Hochwald gelangen wir zum relativ großen „Kreuzteich", benannt nach einem am Ufer stehenden, gemauerten Kreuz, das sich zusammen mit Pribitz und Meßnerin in der ruhigen Teichoberfläche – die auch bei strenger Kälte nicht zufriert – spiegelt. Der etwas tiefer als der Grüne See liegende Kreuzteich ist den ganzen Winter über gefüllt, da er direkt am Quellhorizont liegt. Wir umrunden den Teich im Südwesten und laufen in einem großen Bogen durch Föhrenhochwald zu unserem Ausgangspunkt zurück.

An die vielen Bauernrebellionen (1493, 1525, 1550, 1570, 1670, 1680, 1708, 1715) erinnert wohl auch die Sage, daß auf dem Platz neben dem alten Gasthaus vulgo Griesmeier in Pichl im 17. Jahrhundert rebellische Tragösser Bauern hart gezüchtigt und einer mit dem Tode bestraft wurde. An die Hungersnot des Jahres 1758 erinnert heute noch die „Brotwiese" im Haringgraben am Südfluß der Meßnerin, die der Bauer „Pilsteiner" von seinem Nachbarn, dem „Haringbauer" erhalten hatte, weil er ihm einige Laibe Brot gegeben hatte.

Nach den katastrophalen Mißernten von 1816/17 verteilte sogar Erzherzog Johann im Rahmen der von ihm gegründeten „Kartoffelunterstützungsanstalt" eigenhändig Kartoffeln an die Bauern von Tragöß. Inzwischen ist das Tragössertal längst friedlich geworden und hat sich nach der Aufhebung von Göß, den Kriegswirren der Franzosenzeit und den beiden Weltkriegen zu einer vielbesuchten Oase des Fremdenverkehrs am Südwestfuß des Hochschwabmassivs entwickelt.

Wanderkarten: F & B: Blatt 4; ÖK: Blatt 101; Gebietskarte „Hochschwab", Schneelage und Loipenplan: FV Tragöß, Tel. 0 38 68/83 40.

65 Aus der Jassing auf den Brandstein

Am schnellsten erreicht man den Brandstein, wenn man auf der Sonnschienalm nächtigt. – Vom Tal aus ist es am kürzesten, wenn man vom Jassinggraben ansteigt; der Weg über Gsollalm und Bärenloch oder gar vom Leopoldsteinersee her, ist wesentlich weiter. – Wir fahren also im Jassinggraben bis zum Parkplatz (Beginn der „Russenstraße“) und gehen am Wintergatter vorbei bis zum Talschluß (Markierung 832 „Jassingalm–Neuwald“). Hier könnten wir ein Stück der Markierung nach links folgen, besser gehen wir aber gerade weiter zur Talschluß-Wiese „Am Anger“ und gehen dem wenig befahrenen Forstweg nach, der am linken Rand der Wiese nach hinten verläuft. Ihm folgen wir nun bis zu einem Schranken und bald nachher wählen wir den rechts abzweigenden, etwas bewachsenen Forstweg, der uns in Kehren zügig nach oben leitet. Am Ende des Straßerls beginnt dann der alte Alm-Triebweg auf die Kulmalm, deren Hütte (1424 m) wir bald erreichen. Hierher kommt auch eine Forststraße von der Neuwaldeggalm herüber. – Wir folgen nun nicht der Markierung zur Androthalm, sondern begehen den gut erkennbaren (unmarkierten) Pfad über die „Karlstiege“ und die begrünte Dolinenlandschaft des Kulmkars hinauf auf den Pfaffingboden, wo wir wieder den markierten Weg kreuzen. Über den Almboden gehen wir direkt hinüber zur „Pfaffing-Jagdhütte“, wo rechterhand 2 große Steinmänner einen unmarkierten Steig bezeichnen, der uns zur Markierung „Sonnschienalm–Fobisalm“ führt. Hier wenden wir uns über die „Brandwiese“ ein kurzes Stück nach links, bis wir auf die Markierung „Brandstein“ stoßen. Ein gutes Steigerl führt uns nun auf den Südwestkamm des Brandsteins hinauf, wo wir überraschend die beraste, kaum felsige und leicht begehbare Gipfelmulde vor uns sehen, an deren mäßig steilem Nordrand wir mühelos aufsteigen.

Sehenswürdigkeiten in Tragöß-Oberort:
Pfarrkirche zur Hl. Magdalena: 1156 erbaut, 1210 als Pfarre erwähnt; romanisches Schiff ursprünglich flach gedeckt, zu Ende des 15. Jahrhunderts mit vierjöchigen Netzrippen eingewölbt und 1658 um einen rechteckigen Chor und die beiden Seitenkapellen erweitert. Der gotische Turm im Norden wurde erst später mit der Kirche verbunden. Sehenswert sind die noch erhaltenen Freskenreste aus dem 14. Jahrhundert und der 2. Hälfte des 15. Jahrhunderts, der romanische, mit einem modernen Deckel versehene Taufstein, ein Kruzifix aus der Zeit um 1500, das Magdalenen-Relief am Hochaltar (1744) vom Anfang des 16. Jahrhunderts, das als Geschenk einer Gräfin Stubenberg gilt und die Madonna von 1621 (aus Göß) sowie die Figuren des zugehörigen Marienaltars von 1622, und ein Lazarus-Altar mit der links davon stehenden, hochverehrten Statue des Judas Thaddäus.
Wanderkarten: F & B: Blatt 4; ÖK: Blatt 101; Gebietskarte „Hochschwab“;
Gehzeiten: Aufstieg ca. 4½ Stunden, Abstieg ca. 3½ Stunden; HU.: 1123 m.

Am „Erzwanderweg" bei Vordernberg

Blick auf den Erzberg vom Aufstieg zum Reichenstein

Am Stadelstein mit Blick zum Erzberg

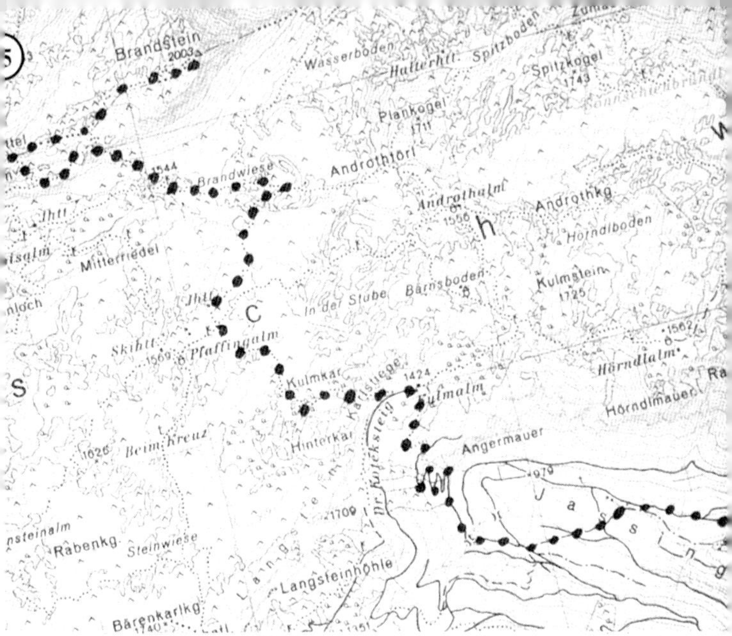
5
Brandstein
2003
Wasserboden
Halterhtt.
Spitzboden
Spitzkogel
1743
Plankogel
1711
Androthtörl
Brandwiese
1544
Jhtt.
Mitterriedel
Androthalm
1556
Androthkg.
Hörndlboden
Kulmstein
1725
Bärnsboden
In der Stube
Jhtt.
Skihtt.
1569
Pfaffingalm
1562
Hörndlalm
Kulmkar
Karlsteg
1424
Kulmalm
Hörndlmauer
Hinterkar
Dr. Kupferksteig
1626
Beim Kreuz
Angermauer
979
Jasling
Rabenkg.
Steinwiese
1709
Langsteinhöhle
Bärenkarlkg.
1740
1351

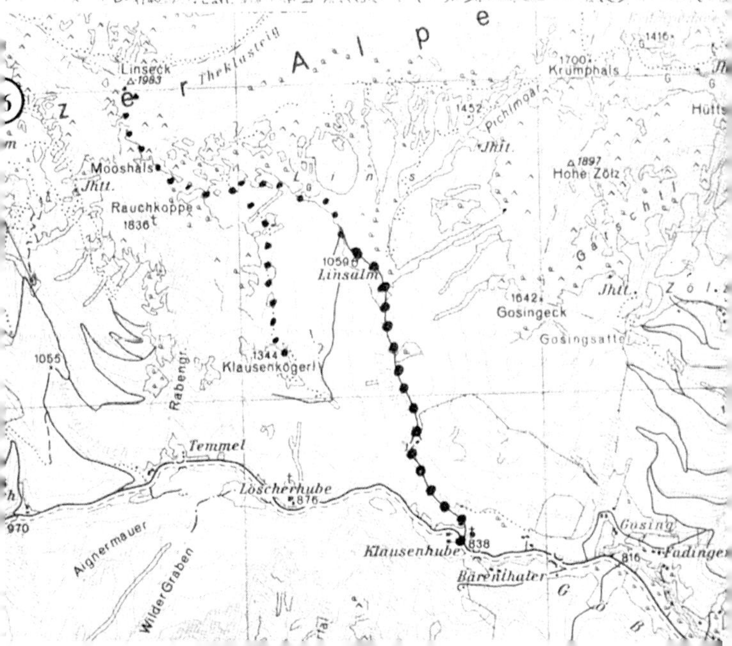
6
Zeller Alpe
Linseck
1983
Theklasteig
1416
1700
Krumphals
1452
Pichlmoal
Jhtt.
Mooshals
Jhtt.
Rauchkoppe
1836
Lins
1897
Hohe Zölz
Gatschl
1059
Linsalm
Jhtt.
1642
Gosingeck
Gosingsattel
1055
1344
Klausenkögerl
Rabengr.
Temmel
Löscherhube
876
970
Aignermauer
Wilder Graben
838
Klausenhube
Bärenthaler
Gosing
816
Fadinger

EISENERZER ALPEN

(einschließlich Radmer, Landl und Palfau)

6 Auf die Linsalm

Auf der Linsalm befindet sich einer der dichtest besiedelten Murmeltierlebensräume in der Steiermark – und das nicht einmal eine Gehstunde von der Straße entfernt. Wir fahren von Trofaiach den Gößgraben bis zur sogenannten Klausenhube hinein. Dort kommt vom Norden der Linsbach herunter, und eine Tafel weist uns zur Linsalm. Unsere Route ist nicht markiert, dafür aber mit Wegweisschildern ausreichend bezeichnet. Die fehlende Markierung gestattet es nach der Rechtslage dem hiesigen Grund- und Jagdbesitzer Mayr-Melnhof, das Gebiet vom 15. September bis 15. Oktober, das ist während der Hirschbrunft, zu sperren. Wir folgen der für Privatfahrzeuge gesperrten Forststraße, die uns in mäßiger Steigung bis zur 1059 m hohen Linsalm führt. Wir übersteigen an der vorgesehenen Stelle einen Wildzaun und gehen durch einen prächtigen Hochwald, dem man die pflegende Hand des Forstwirtes ansieht. Bald haben wir auch schon die Linsalm erreicht. Um unserem Rundweg weiter zu folgen, nehmen wir den Pfad links von dem hübschen Wasserfall, der von der oberen Linsalm herunterkommt, und hier finden wir auch wieder ein Hinweisschild, mit der Bezeichnung „Rauchkoppe-Mooshals“. Durch einen mächtigen Rotbuchenbestand geht es in mäßigen Kehren hinauf und dann weiter durch kleine Latschenfelder bis auf den Mooshalssattel. Knapp unterhalb führt ein Steig zu den Felstürmen der 1836 m hohen Rauchkoppe mit ihrem weithin sichtbaren Gipfelkreuz. Um sich in dieser Miniatur-Dolomitenlandschaft zu bewegen, benötigt man aber schon ein bißchen Klettervermögen. – Wir aber steigen hinunter zur Moosalm, an einer Jagdhütte vorbei. Die Hütten der 1450 m hohen Alm liegen etwas weiter westlich. Wir haben ab hier einen markierten Pfad, dem Moosalmbach folgend, bis hinaus in den Gößgraben. Nach zwei Kilometern Straßenmarsch sind wir dann wieder beim Auto.

Trofaiach: seit 1979 Stadt mit ca. 8800 Einwohnern, 662 m Seehöhe. Die Geschichte der in chronologischem Sinne „dreißigsten“ Stadt der Steiermark reicht – bereits in prähistorische Zeit zurück. Nach anfänglichen Untersuchungen sind die ersten Besiedlungsperioden des 891 m hohen Kulm-Berges etwa von 1100 bis 500 v. Chr., also von der frühen Urnenfelderzeit bis zur Hallstattzeit einzuordnen. Die immer dichtere Besiedlung des ehemaligen Gletscherbeckens von Trofaiach hängt wohl – wie jene des gesamten Gebietes um Leoben – mit der wachsenden Verwendung des Eisens zusammen. Etwa 70 nach Christi Geburt gehörte Trofaiach zum neuerrichteten Stadtbezirk von Flavia Solva. Der Raum von Leoben-Donawitz war zur Römerzeit einer der wichtigsten Straßenknoten des Landes, zumal die erste „Eisenstraße“, jene von den Römern angelegte Straße von Donawitz über den Präbichl, sicherlich die bestgebaute im Bereich von Flavia Solva war.

Wanderkarten: F & B: Blatt 041; ÖK: Blatt 132; Gehzeiten: Linsalm: ca. 3/4 Stunden, Rundweg: Linsalm–Moosalm ca. 4 Stunden; HU.: Klausenhube 838 m; Linsalm 1059 m, Mooshals 1700 m, Moosalm 1533 m.

67 Reiting – Gößeck

Die dominierende Berggestalt des Reiting mit seiner höchsten Erhebung, dem 2214 m hohen Gößeck, zieht die Blicke aus dem Liesingtal, von Donawitz und vom Gaiboden auf sich. Wild und steil steigen seine nur im unteren Teil bewaldeten, oben felsdurchsetzten Flanken zur Gipfelregion hinauf. Äußerst lohnend ist eine Besteigung dieses Berges wegen seines Wildreichtums, aber auch wegen der prachtvollen Rundumsicht.
Der kürzeste Anstieg führt von Schardorf (Markierungsnummer 693) durch den Bechlgraben (früher „Pechölgraben") zuerst steil durch Hochwald, dann über zwei Felsstufen und schließlich über die prächtige Hochalmfläche des „Wildfelds" zum Gipfelkreuz am Gößeck („Dem Herrn der Berge von seiner Jugend gewidmet"). Schon unten weist eine Tafel der Mayr-Melnhof'schen Forstverwaltung darauf hin, daß das Gebiet nur zwischen 8 und 16 Uhr betreten werden sollte, um das Wild bei der Äsung nicht zu stören. Diesem Hinweis sollte man unbedingt nachkommen, denn der Reiting ist eines der besten Gamsreviere der Steiermark (wenn man die markierten Pfade nicht verläßt, fühlen sich die Tiere kaum gestört) und vor allem hat man zwischen Grieskogel, dem zweithöchsten Gipfel des Reiting und der Kahlwandspitze (bei Überschreitung des Reiting in Richtung Kammern) den prachtvollen Anblick einiger Steinbockrudel – das große Erlebnis einer Reiting-Besteigung! Alte Böcke wiegen bis zu 100 kg und das knotenreiche, charakteristisch nach hinten gebogene Gehörn kann bis zu 15 kg schwer werden.
Für den Aufstieg benötigen wir gute 3 Stunden, für den Abstieg zurück nach Schardorf 2½ Stunden und für den Abstieg in Richtung Kammern (zwei Autos!) 3–4 Stunden reine Gehzeit. Als Aufstiegsvariante käme auch der neu markierte Pfad durch das Kaisertal in Betracht.

Schon 1926 hatte man die charakteristischen Kalksteinpflasterdecken der einstigen Römerstraße entdeckt. Von der Präbichlanhöhe führte diese Straße wohl zur Südseite des Erzberges auf die bekannte Feisterwiese. Vom Eisen aus dem Erzberg berichteten ja schon die beiden berühmten Dichter Vergil und Horaz sowie der griechische Geschichtsschreiber und Geograph Strabo. In die Zeit nach den Stürmen der Völkerwanderung fällt wohl auch die Namensgebung der Stadt. Nach jüngster Ansicht leitet sich der Name vermutlich vom illyrisch-keltischen „trebeia" (indogermanische Wurzel „treb" = domus (lat.) = der Ort des heiligen Herdes, Tempelstätte) kombiniert mit dem Kultsuffix „-eia" (s. Noreia) her und wurde später von den Slawen als zu „trebiti" (= slaw. für „roden") verwandt klingende Rodungsbezeichnung weiterübernommen.

Wanderkarten: F & B: Blatt 041; ÖK: Blatt 132; Gehzeit: Aufstieg ca. 3 Stunden, Abstieg 2½ Stunden, nach Kammern 3½ Stunden; HU.: Wasserwerk–Gößeck 1314 m, Kammern–Gößeck 1550 m.

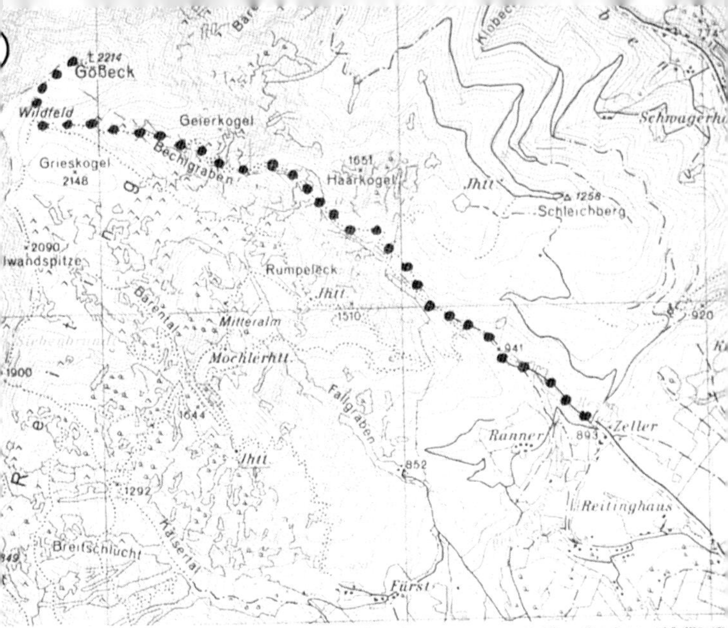

2214
Gößeck
Wildfeld
Geierkogel
Grieskogel
2148
Bechlgraben
1651
Haarkogel
Jhtt.
1258
Schleichberg
Schwagerh
2090
lwahdspitze
Rumpeleck
Jhtt.
1510
Bärental
Mitteralm
Mochlerhtt.
920
941
Fallgraben
1900
1644
Ranner
893
Zeller
Jhtt.
852
1292
Reitinghaus
Käsertal
Breitschlucht
Fürst

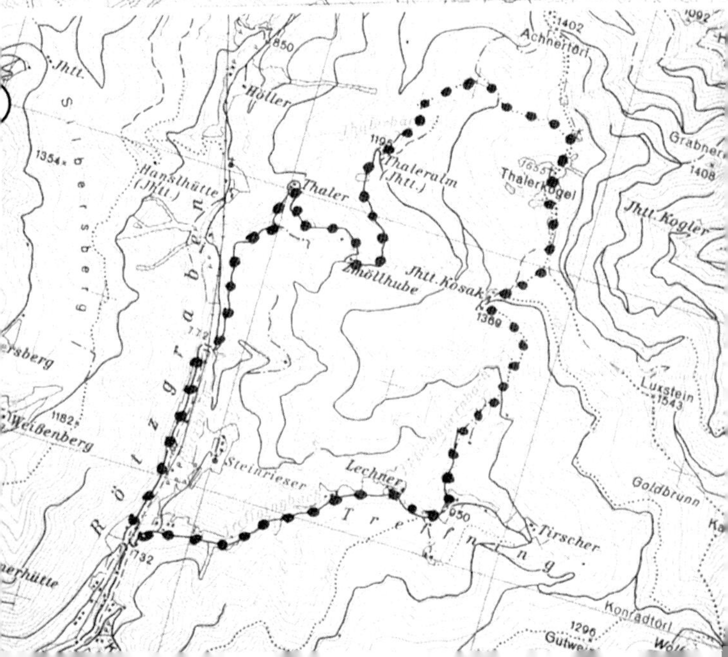

1402
Achnertörl
1092
850
Jhtt.
Höller
1195
Grabner
1354
Hanslhütte (Jhtt.)
Thaler
Thaleralm (Jhtt.)
1655
Thalerkogel
1408
Jhtt. Kogler
Zmöllhube
Jhtt. Kosak
1369
772
Luxstein
1543
1182
Weißenberg
Steinrieser
Lechner
Goldbrunn
950
Tirscher
732
Konradtörl
1296

68 Trofaiach–Thalerkogel

Von Trofaiach fahren wir ein Stück in den Rötzgraben hinein bis wir die erste große Brücke über den Rötzbach erreichen (Hinweisschild „Tragöß").
Hier kommt der Treffningbach heraus, und ihm folgen wir aufwärts, wobei wir uns durch die Markierungsnummer 881 leiten lassen. Am verfallenen Anwesen vulgo Lechner geht es vorbei, und wir folgen nun der Markierung über ein Brückerl gerade weiter. Wir erreichen schließlich ein schönes, holzverkleidetes Jagdhaus und finden hier das Hinweisschild „Thalerkogel über Jagdhaus Kossak". Nun wird unser Weg schon etwas steiler. Bald darauf verlassen wir den Forstweg, um links hinauf in den Wald zu steigen. Auf hübschen Waldpfaden geht es mäßig aufwärts dahin, bis wir schließlich das Forsthaus Kossak erreichen. Durch lockeren Hochwald steigen wir von hier auf den Kammrücken hinauf. Einige Felsschrofen werden umgangen. Almrasen und Schrofen bestimmen das Landschaftsbild, und dann erreichen wir auch schon das hölzerne Gipfelkreuz am Thalerkogel, das auf 1655 m Seehöhe errichtet wurde. Wir haben einen wunderbaren Tiefblick nach Tragöß–Oberort hinunter. 2½ Stunden haben wir für den Aufstieg benötigt und sollten nun unbedingt in Form eines Rundweges weitergehen, wobei wir vorerst über die Nordseite, wo der Wald fast bis ganz zum Gipfel reicht, absteigen. Wir gelangen bald zu einem Hinweis „Thaleralm" und gehen hier weiter abwärts in Richtung Rötzgraben (Markierung Nr. 881), bis wir schließlich zu einer Forststraße gelangen (auf Markierung achten!). Schließlich queren wir schon tiefer unten das Thalerbacherl im Graben und gelangen zu den Hütten der ehemaligen Thaleralm. Auf einem Forstweg geht es weiter abwärts bis zum ehemaligen Gehöft vulgo Thaler, und wir erreichen die von Tragöß über das Hieselegg herüberkommende Gemeindestraße, auf der wir nun noch rund 1½ km bis zu unserem geparkten Fahrzeug gehen müssen.

Die Geschlechter der Vollfreien von Trofaiach und Leoben scheinen immer wieder in den Besitzurkunden des Stiftes Admont auf, das zu den Grundbesitzern im Liupinatal (Vordernbergertal) gehörte. Noch heute zeugen die ehemaligen wehrhaften Höfe um den ältesten Hauptmarktplatz im sogenannten „Eisenbezirk" von dessen ehemaliger Bedeutung; in veränderter Form sind ja Mell und Oberdorf (Stockschloß) als Schloßbauten sowie Zmöll (Schloßbauer) als Bauernhof noch heute erhalten. Neben dem jetzigen Stibichhof (nach einem Besitzer im vorigen Jahrhundert auch „Rebenburg" genannt) wird die erste Trofaiacher Erzschmelzanlage vermutet, das „Trofaiacher Eisen" wurde ja ursprüglich nach Judenburg geliefert; erst 1314 verlor der Ort diese günstige Vormachtsstellung, als Herzog Friedrich I. Leoben das alleinige Verlags- und Handelsrecht für Eisen zusprach.
Wanderkarten: F & B: Blatt 4; ÖK: Blatt 132; Gehzeiten: Rötzbachbrücke–Thalerkogel ca. 2½ Stunden, Abstieg über Thaleralm ca. 2 Stunden; HU.: 923 m.

69 Trofaiach – Laintal – Kaintaleck

Wir fahren von Trofaiach bis Laintal III und stellen hier in der Nähe der Ortskapelle unser Fahrzeug ab. Wir beginnen unseren Rundweg durch das Traslital und begehen hier vorerst ein Asphaltwegerl. Sodann erreichen wir einen Wegschranken (wer keine Rundtour unternehmen will, kann bis hierher fahren). Von hier leitet uns nun die Markierung hinauf zum vulgo Riedler. Ein kurzes Stück geht es noch auf dem Forstweg weiter, dann (Achtung auf Markierung!) führt unsere Route auf einem grasbewachsenen Waldweg mäßig steigend weiter. Etwas später nimmt uns ein Hohlweg auf. Nach etwa 1½ Stunden erreichen wir den Kreuzsattel mit seinem interessanten, bemalten Bildstock. – Von hier folgen wir nun zuerst ein Stück der blauen Markierung in Richtung Oberdorf–Tragöß; bei einer Forstwegkreuzung wenden wir uns aber auf einem unmarkierten Waldpfad hinauf auf den bewaldeten Gipfel der Hohenburg (1378 m) oder aber wir gehen schon vom Kreuzsattel, der Markierung folgend, linker Hand fast eben auf sehr nettem Waldweg direkt zum Kaintaleck hinüber. Von Hohenburg geht es mehr oder weniger pfadlos durch den Wald zum Kaintaleck; von seiner flachen Gipfelwiese hat man einen sehr schönen Ausblick zum Ebenstein und auf die gesamte Hochschwabkette. – Das Kaintaleck (1205 m) ist ein wichtiger Sattelübergang zwischen Trofaiach und Oberdorf–Tragöß. – Direkt am Kaintaleck (Achtung auf Markierung – unterhalb der Böschung Weiterweg) geht es nun auf einem hübschen Waldweg abwärts, wobei wir dann bald eine Forststraße erreichen. Wir kommen an einigen Huben vorbei, und über einen Hofzufahrtsweg steigen wir nun endgültig entlang des Kaintalbaches in den Laintalgraben hinab, wo wir wieder unseren Ausgangspunkt erreichen.

Gegen Ende des 16. Jahrhunderts mußten infolge des zunehmenden Holzkohlemangels die Trofaiacher Rad- und Hammerwerke nach einer Beschwerde des Amtes Vordernberg (1596) stillgelegt werden. Dasselbe Schicksal traf allerdings bereits zwei Jahre später, also 1598 die Hammerherren von Vordernberg. Erst 1871 begann für den Markt mit dem Bau eines Hochofens durch Fürst Adolf II. von Schwarzenberg das moderne Industriezeitalter; 1872 wurde die Eisenbahnlinie Leoben–Vordernberg eröffnet; 1873 der größte Hochofen Europas (35 Tonnen Tagesproduktion) in Betrieb genommen, und 5 Jahre später begann mit der Gründung des „Vereins zur Förderung des Fremdenverkehrs" der später durch die Stillegung der Eisenhütte (1910) und des nachfolgenden Sensenwerkes sowie die beiden Weltkriege unterbrochene Aufstieg des historischen Marktes zur Stadt.

Wanderkarten: F & B: Blatt 4; ÖK: Blatt 132 und 133; Gehzeiten: Kreuzsattel 1½ Stunden, Kaintaleck 2–2½ Stunden, Abstieg: 45 Minuten–1 Stunde; HU.: ca. 420 m.

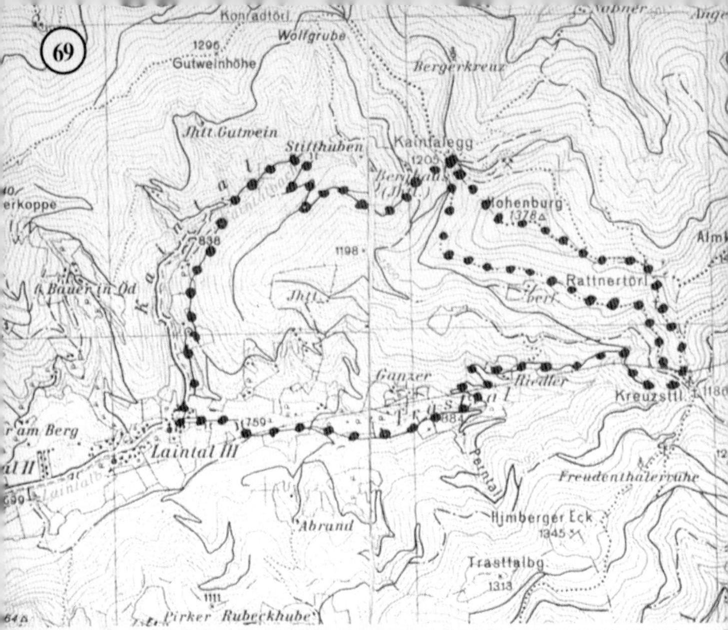
69
Konradtörl
Wolfgrube
1296
Gutweinhöhe
Bergerkreuz
Jhtt.Gutwein
Stifthuben
Kainfalegg
1205
Hohenburg
1378
838
1198
Bauer in Öd
Jhtt.
Rattnertörl
Ganzer
Riedler
Kreuzstöl
759
884
Laintal III
Freudenthalerruhe
Abrand
Ilmberger Eck
1345
Trasttalbg.
1313
1111
Pirker Rubeckhube

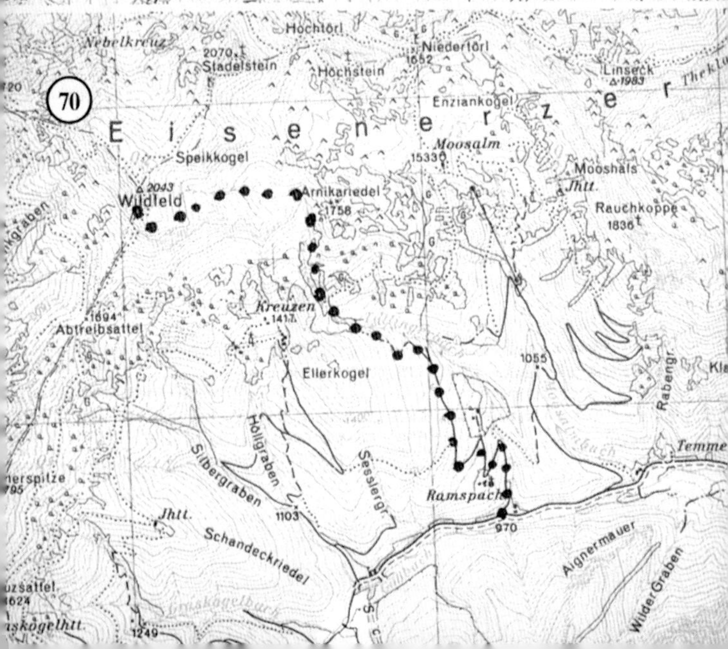
70
Nebelkreuz
Hochtörl
2070
Stadelstein
Hochstein
Niedertörl
1652
Linseck
1983
Enziankogel
E i s e n e r z e r
Speikkogel
Moosalm
1533
Mooshals
2043
Wildfeld
Arnikariedel
1758
Jhtt.
Rauchkoppe
1836
1694
Abtreibsattel
Kreuzen
1417
Ellerkogel
1055
Rabengr.
Temme
Höllgraben
Silbergraben
Sesslergr.
Ramspach
1103
970
Jhtt.
Schandeckriedel
Aignermauer
Wilder Graben
1624
1249

70 Skitour: Wildfeld

Wir fahren von Trofaiach über Oberdorf in den Gößgraben hinein, der durch die Gemeinde Gai in der Regel hervorragend geräumt wird. An die zehn Kilometer sind es bis zum kleinen Parkplatz bei der Mündung des Tullingerbachs in den Gößbach, von wo wir mit den Steigfellen losgehen. Nach Neuschneefällen muß man sich oft selbst einen Parkplatz ausschaufeln.

Wir wählen die häufig begangene Route über das hübsche Jagdhaus Ramspach. Fast immer haben wir eine ausgetretene Spur; daneben sind aber auch Hinweisschilder mit der Bezeichnung „Wildfeld" an zwei Stellen angebracht. Nach dem Jagdsitz Ramspach führt unsere Spur durch Hochwald, wobei wir bei der Abfahrt im unteren Tal lieber den flacheren Forstweg nehmen! Wir steigen immer näher an die Felsabstürze heran und können es kaum glauben, daß es dort oben irgendwo schöne freie Skihänge gibt. Aber wenn wir dann die nächste Geländestufe am „Arnikariedel" betreten, dann geht uns das Herz ob der weiten Skihänge auf, die sich zwischen dem wilden Stadelstein, dem benachbarten, meist stark überwächteten Speikkogel und dem breiten Gipfelplateau des Wildfelds hinziehen.

In mehr oder weniger steilen Kehren, je nach Kondition und Geschmack, betreten wir dann die geschützte kleine Gipfelmulde. Etwas oberhalb unseres Gipfelrastplatzes befindet sich das Kästchen mit dem Gipfelbuch. Das Gipfelkreuz ist auf einem kleinen, mit Skischuhen nicht unbedingt empfehlenswert zu ersteigenden Felsturm angebracht, der dem Gipfelplateau westlich vorgelagert ist. Sehr imposant sind die Nahblicke auf den steilen Stadelstein und die beiden wuchtigen Klötze von Reichenstein und Gößeck. Aber auch Kaiserschild und die gesamten Gesäuseberge liegen vor uns.

Trofaiacher-Sehenswürdigkeiten: Rathaus: denkmalgeschützt, an der Hauptstraße; in spätgotischer Baldachinnische steinerner Hl. Florian aus dem 15. Jahrhundert, darüber eine Bergmannsfigur.

Pfarrkirche St. Rupert: größte Tochterpfarre der schon 925 urkundlich genannten Mutterpfarre St. Michael an der Liesing; 1195 erstgenannt, 1961 restauriert; Hochaltarbild zeigt Taufe des Bayernherzogs Theodor durch Begründer Salzburgs, den Hl. Rupert. Florianaltar mit Bild (Ansicht des Marktes Trofaiach) von Johann Max Tendler aus der Mitte des 19. Jahrhunderts.

Filialkirche zur Hl. Dreifaltigkeit: vermutlich um 1650 auf den Mauerbeständen der ebenfalls 1195 genannten „capella sancti Salvatoris" errichtet; Turm von 1670, Lauretanische Kapelle von 1713. Hochaltar aus der 1811 profanierten Florian-Kirche des Leobener Dominikaner-Klosters; enthielt bis 1965 eine wertvolle gotische Dreifaltigkeitsgruppe von 1420 (jetzt im Metropolitanmuseum in New York).

Wanderkarten: F & B: Blatt 041; ÖK: Blatt 132; Aufstiegszeit: $2^{1}/_{2}$–3 Stunden; HU.: 1073 m.

71 Mautern – Zidritz – Kahlwandspitze

Von Mautern können wir noch den Zidritzgraben bis zum vulgo Klock auf 996 m hineinfahren. Hier lassen wir unser Fahrzeug zurück und folgen der Haupt-Markierung in Richtung Schneideralm. Wir übersteigen dabei ein Wildgatter und wandern dann auf einem Alm-Forstweg weiter, bis die Forststraße endet und uns ein markierter Steig links in den Wald hinauf aufnimmt. Diese Route ist gleichzeitig auch gelb sowie mit der Nummer 5 markiert. In angenehmen Serpentinen geht es bergauf. Schließlich erreichen wir die stark zugewachsenen Flächen der Schneideralm mit den Jagdhütten. Ein kurzes Stück folgen wir von hier wieder einem Forstweg, aber dann geht es steil links aufwärts und sodann am Waldrand in Serpentinen weiter hinauf. Linker Hand vor uns bauen sich die Felsabbrüche des Reitings auf. Der Weiterweg verläuft am Rand eines großen Waldschlages; es gibt einen Wildzaunüberstieg, und dann gelangen wir zur romantisch gelegenen Kaiseralm. Von deren Bergflanke führt die Markierung weiter, und nach etwa 1¾ Stunden von unserem Ausgangspunkt erreichen wir den breiten Kammrücken des Reitingstocks; in wenigen Serpentinen geht es durch Felsschroffen hinauf auf den Hauptkamm. Nach guten 2 Gehstunden erreichen wir die sogenannten Klauen (1849 m). Nun schauen wir auf den breiten Talboden von Gai und Schardorf hinunter. Vor uns liegt, noch ziemlich entfernt, der Gipfel des Gößecks. Wir wollen aber nicht soweit gehen, sondern begnügen uns mit einem besonders lohnenden Weiterweg über den Kamm bis zum Gipfel der Kahlwandspitze (2090 m). (In einer ¾ Stunde würden wir von hier aus zum Gipfelkreuz den Gößecks, 2214 m, gelangen und könnten von dort durch den Bechlgraben nach Schardorf absteigen).

Mautern: traditionsreicher Bergbau- und Fremdenverkehrsmarkt in 742 m Seehöhe.

Der Name des Flusses „Liesing" gehört zu den ältesten des Tales, er wird schon um 860 urkundlich erwähnt, während das im Mittelalter durch lange Zeit von den beiden Burgen von Kammern (1074 „Chamera"), „Kammerstein" und „Ehrenfels", beherrschte Liesingtal bis ins 18. Jahrhundert hinein „Kammertal" genannt wurde.

Die führende Rolle Kalwangs, welche dieser Ort nach dem Untergang der Herrschaft von Kammern aufgrund des florierenden Kupferbergbaus einnahm, wurde bald durch die Bedeutung des zum Markt erhobenen Nachbarortes Mautern abgebaut. Die Ortschaft Mautern, 1145 erstmals urkundlich als „Mutaren" (die mittelalterliche „Maut"-Stelle, das heißt, „bei den Mautnern" von Leoben) genannt, kann man mitsamt ihrer Umgebung infolge der mehrmaligen Güterbesitznennungen von der Mitte des 12. Jahrhunderts an als alten Admontischen Kulturboden bezeichnen.

Wanderkarten: F & B: Blatt 6; ÖK: Blatt 131 und 132; Gehzeit: Mautern – Klauen – Kahlwandspitze ca. 3 Stunden, Rückweg ca. 2¼ Stunden; HU.: 1395 m.

71

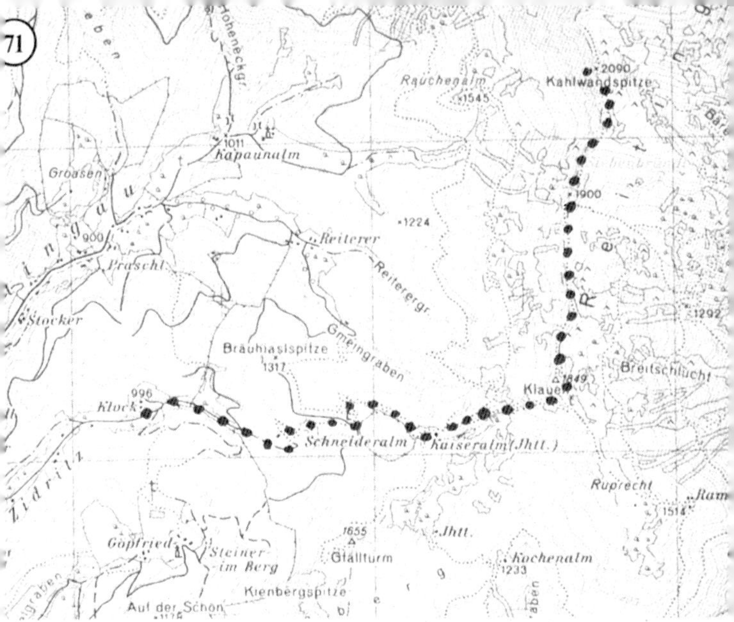

Hoheneckgr.
Kahlwandspitze
2090
Rauchenalm
1545
Kapaunalm
1011
Groasen
900
Reiterer
Reiterergr.
1224
1900
Prascht
Stocker
Gmeingraben
Bräuhiaslspitze
1317
1292
Breitschlucht
Klaue
1849
996
Klock
Schneideralm
Kaiseralm (Jhtt.)
Zidritz
Ruprecht
1514
Jhtt.
1655
Gfällturm
Kochenalm
1233
Göpfried
Steiner im Berg
Kienbergspitze
Auf der Schön

72

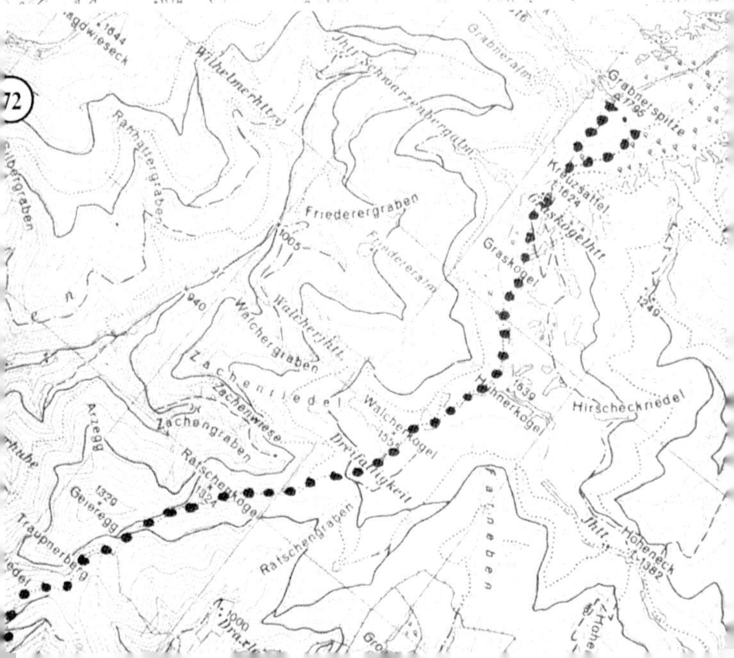

1644
Wilhelmerhttn.
Grabneralm
Grabnerspitze
1795
Rammattergraben
Friederergraben
Kreuzsattel
1624
Graskogelhtt.
Graskogel
1005
Friedereralm
940
Walchergraben
Walcherhtt.
1249
Zachenriedel
Zachenwiese
Zachengraben
Hühnerkogel
1639
Hirscheckriedel
Walcherkogel
1554
Dreifaltigkeit
Ratschenkogel
1324
Arzegg
1320
Geieregg
Traupnerberg
Ratschengraben
Jhtt. Hoheneck
1382
1000

72 Mautern – Kreuzsattel – Grabnerspitze

Von Mautern fahren wir noch ein kurzes Stück in den Marktwiesengraben und finden dann bereits den Wegweiser „Wildfeld" und eine rot-weiß-rote sowie gelbe Markierung mit der Nummer 681. Wir können ihr folgend noch bis zum vulgo Friederer hinauffahren und dort unser Fahrzeug abstellen. Von hier weg geht man zuerst auf einem Forstweg weiter, um aber nach der ersten Kehre schon auf einem Waldweg weiteranzusteigen, welcher die Forststraße entsprechend abkürzt. Am Rand einer Bergwiese geht es nun ziemlich zügig aufwärts, um sodann wieder einem alten Holz-Ziehweg zu folgen. (Im August blüht hier wunderschön der Rote Fingerhut.) Bald wird das Wegerl wieder flacher, am Rand eines Waldschlages geht es weiter aufwärts, und gleich muß ein Wildgatter überstiegen werden. Neben dem Wildzaun führt uns der markierte Weg eine Weile eben dahin, dann geht es auf einem angenehmen Waldpfad wieder weiter aufwärts. Schließlich erreichen wir den Bergkamm mit einem Hinweisschild „Wildfeld". Am bewaldeten Kammrücken verläuft unser Steig aufwärts, wobei wir immer wieder Forststraßen queren. Schließlich überschreiten wir eine fast ebene Bergwiese, und vor uns tauchen nun auch schon die ersten Almflächen auf. Der Wald wird lockerer und auf breitem, altem Almweg (1639 m) geht es weiter. Vor uns liegt auch schon unser Ziel, die Grabnerspitze. In der Nähe des Graskogels führt der Pfad vorbei. Bald erreichen wir die Graskogelhütte und den Kreuzsattel (1624 m). Von dort führt der markierte Weg fast eben weiter in Richtung Abtreibsattel und weiter hinauf zum Wildfeld; wir steigen aber vom Kreuzsattel auf einem Pfad direkt hinauf zur 1795 m hohen Grabnerspitze.

Die Grabnerspitze kann auch per Skitour aus dem Gößgraben bestiegen werden.

Karl von Breuner, dessen Vater Mautern die Erhebung zum Markt verdankt (1634), gründete das Mauterner Franziskanerkloster, das nach der Grundsteinlegung am 27. Oktober 1669 bereits 1676 zum größten und schönsten Franziskanerkloster der Steiermark werden sollte. 1807 wurde es aufgehoben.

An den schrecklichen Türkeneinfall vom 14. August 1480 und die tapfere Gegenwehr der Talbewohner bei „Türkenschanz", „auf'n Streit" und „Steinschütt" erinnert das in 864 m Seehöhe gelegene „Liesingkreuz". Während schon um 1625 in Kalwang zehn Hammerwerke pochten, erlangte der 1966 stillgelegte, älteste steirische Talkbergbau für Mautern besondere Bedeutung. Kulturbeflissene Wanderer sollten nicht versäumen, im gastfreundlichen Mautern der Pfarrkirche St. Nikolaus (1187), der Klosterkirche St. Barbara, der Mariensäule (1692), dem Heimatmuseum im alten Zehentturm, Schloß Ehrnau, der Prangersäule und dem per Lift erreichbaren Wildpark des Prinzen Reuß einen Besuch abzustatten.

Wanderkarten: F & B: Blatt 6; ÖK: Blatt 131; Gehzeit: 4 Stunden; HU.: 800 m.

73 Kalwang – Brunnecksattel – Zeiritzkampel – Achnerkuchel

Vom Jagdhaus „Don“ im Kurzteichengraben folgen wir der Markierung in Richtung „Achneralm–Zeiritzkampel“. Zuerst auf einem Wiesenweg, dann steiler durch ein Waldstück linkerhand aufwärts, erreichen wir die „Kießling-Jagdhütte“ und die anschließenden weiten Flächen der sehr hübsch gelegenen Achneralm mit ihren Hütten. In mäßiger Steigung wandern wir dem Talschluß zu und dort führt der markierte Pfad nun wieder steiler zum Brunnecksattel (1619 m) mit Prachtblick zum Lugauer hinauf (200 m unterhalb Quelle!). – Nun geht es in westlicher Richtung, zuerst durch Latschen, dann über den freien Almrücken steil hinauf zum Vorgipfel des Zeiritzkampels. Von hier ist es nicht mehr weit bis zum Gipfelkreuz, aber der Kamm verschmälert sich zu einer nur noch etwa 1 m breiten Gratschneide mit gutem Steigerl, zu dessen Begehung man jedoch trittsicher und schwindelfrei sein muß! – Ungeübte sollten lieber am Vorgipfel bleiben, von dem man dieselbe gute Aussicht auf Gesäuse, Totes Gebirge, Dachstein und unzählige Tauerngipfel hat. Der höchste Punkt liegt auf 2125 m. – (Man kann nun in westlicher Richtung zum Zeiritztörl über den dort breiten Rücken weitergehen und auf unmarkiertem Pfad zu den Hütten der Zeiritzalm absteigen und auf einem alten Almpfad zum Jh. Don zurückgehen = 2½ Stunden.) – Wollen wir aber noch die Achnerkuchel besteigen (lohnend!), so gehen wir zum Brunnecksattel zurück, steigen ein kurzes Stück in Richtung „Antonikreuz–Wildfeld“ auf und wenden uns dann (unmarkiert) dem Kammrükken der Achnerkuchel zu und steigen in abwechslungsreichem Gelände zur berasten Gipfelkuppe (1824 m) mit eindrucksvollem Ausblick zum Zeiritzkampel auf. Zum Abstieg folgen wir dem Kamm in südöstlicher Richtung bis zur Senke vor der Wolfleiten und finden hier einen alten Almweg, der uns bis zur Achneralm hinunterleitet.

Kalwang: Der stattliche Markt wird 1148 in einer Urkunde erstgenannt, und zwar als „Chichelwanghe“, die das Stift Göß im Liesingtal erwarb; spätere Nennungen als „Cheichelwang“ (1174), „Kcheilwang“ (1428), „Kaechelwang“ (1498) lassen keine eindeutige Erklärung des ersten Wortteiles zu, während „wang“ = Wiese, Grünfläche bedeutet. Kalwangs Entwicklung und einstige Bedeutung ergab sich aus den großen Kupferbergwerken in der Teichen. Sehenswürdigkeiten: Pfarrkirche St. Oswald mit berühmter Weihnachtskrippe v. J. Th. Stammel (1751), Pfarrhof, spätgotische Sebastianikirche als Wallfahrtsziel über dem Ort; im 17. Jahrhundert umgebaut, Dachreiter 1776, Altar barock, großer Statuendiebstahl im Jahr 1972; 1979–81 restauriert; Häuser Nr. 32 (ehem. Hospiz, 1723) und Nr. 104 (ehem. Palmenhaus).

Wanderkarten: F & B: Blatt 6; ÖK: Blatt 131; Gehzeiten: ca. 3 Stunden, Abstieg über Achnerkuchel ca. 3 Stunden, über Zeiritzalm ca. 2½ Stunden; HU.: Jh. Don 995, Brunnecksattel 1619 m; Zeiritzkampel 2125 m; Achnerkuchel 1824 m.

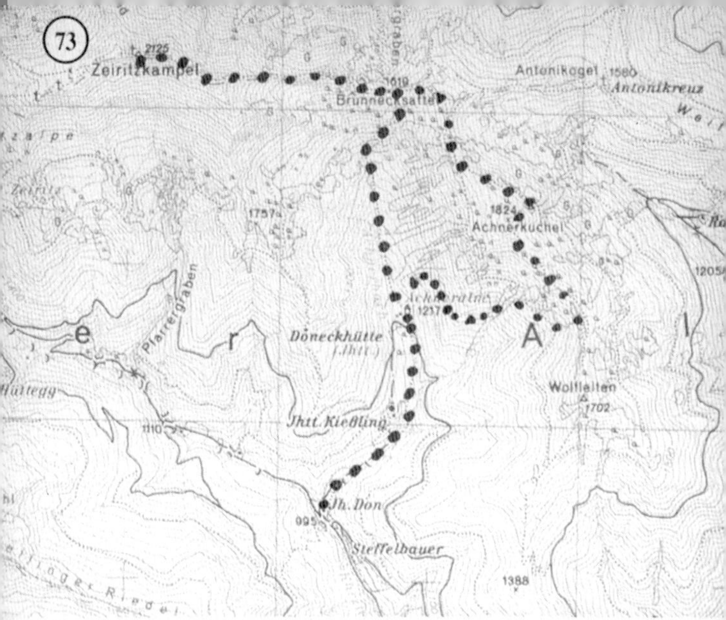
73
2125
Zeiritzkampel
1619
Brunnecksattel
Antonikogel 1580
Antonikreuz
1757
1824
Achnerkuchel
Achneralm
1217
Pfarrergraben
Döneckhütte
(Jhtt.)
Hüttegg
1110
Jhtt. Kießling
Wolfleiten
1702
1205
Jh. Don
995
Steffelbauer
1388

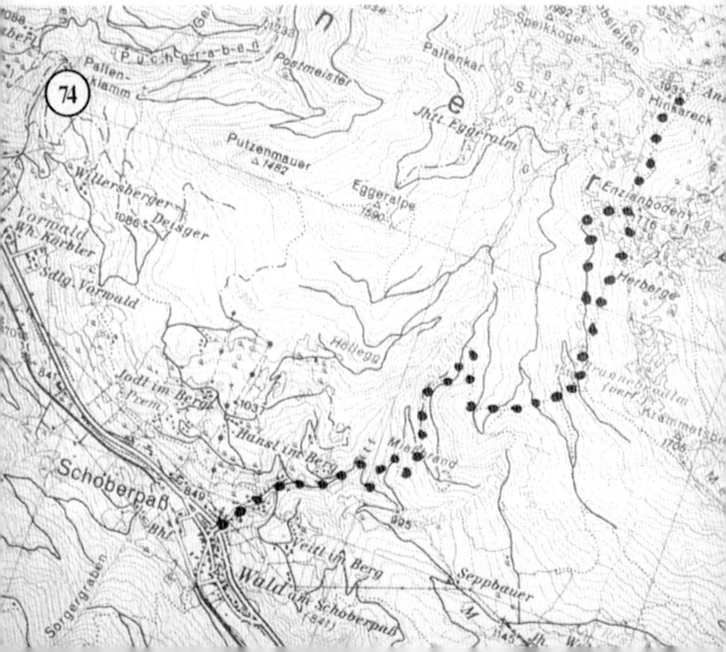
74
1088
1233
Puchgraben
Pallenklamm
Postmeister
1992
Speikkogel
Paltenkar
Sulzkar
1932
Hinkareck
Jhtt. Eggeralm
Putzenmauer
1482
Eggeralpe
1590
Enzianboden
Willersberger
1086
Deisger
Vormald
Wh. Körbler
Sdlg. Vormald
Herberge
Höllegg
Jodl im Berg
Prem
1037
Hansl im Berg
Krammetsberg
1706
Schoberpaß
849
841
995
Weitl im Berg
Wald am Schoberpaß
(841)
Seppbauer
Sorgergraben
1145

Frauenmauer

Blick vom Wildfeld nach Westen

Leopoldsteinersee vom Anstieg zum Hochblaser

Das „Murmeltierparadies der Linsalm

Am Gipfel des Hochblasers

74 Skitour Hinkareck

Das 1932 m hohe Hinkareck ist eine Erhebung im Bergzug: „Zeiritzkampel – Zeiritztörl – Speikkogel – Lahnerleitenspitze – Leobnertörl“. – Ausgangspunkt ist Wald am Schoberpaß, wo wir die Bundesstraße auf einer Brücke überqueren, dann etwa 500 m einer Hofzufahrtsstraße in nordöstlicher Richtung folgen, bis diese links abbiegt (hier stellen wir spätestens unser Auto ab). – Dort finden wir die Sommermarkierung in Richtung „Zeiritzkampel“ und folgen ihr 2 km lang auf einem Forstweg. Nun zweigt die Markierung 676 durch Hochwald links hinauf ab, und wir folgen einem alten Almweg, erreichen nach dieser Abkürzung wieder den Forstweg, gehen auf ihm ein kurzes Stück und steigen rechterhand wieder in den Wald hinauf. Wir erreichen einen Geländeabsatz, die Markierung leitet uns durch Jungwald, und es folgen Geländebuckel mit lockerem Wald. An zwei Hinweisschildern in Richtung „Kalwang“ und „Wald“ gehen wir vorüber und erreichen schließlich nach zwei Gehstunden die Hüttenreste der auf 1510 m gelegenen Brunnebenalm. – Von der Alm ziehen wir unsere Spur auf einem fast ebenen Forstweg in nordwestlicher Richtung weiter, bis wir zu einem großen, noch nicht aufgeforsteten Kahlschlag gelangen. Über ihn steigen wir in Serpentinen auf. Am oberen Rand dieser Blöße befindet man sich nun auch schon im Bereich der kleinen Einsattelung des „Enzianbodens“ (1776 m), zu dem man ein paar Meter absteigt. – Hier setzt nun in mäßiger Neigung der breite Rücken des Hinkarecks an, der auf seiner Westflanke häufig abgeblasen ist. Am östlichen Rand des breiten Rückens findet sich aber immer ein schönes, mäßig geneigtes Schneefeld, das sich bis zur flachen Gipfelkuppe erstreckt. Lohnende Ausblicke auf Zeiritzkampel, Reichenstein und Reiting.

Wald am Schoberpaß: Sommerfrische und Wintererholungsort in 849 m Seehöhe. Jahrhundertelang hieß die Paßlandschaft zwischen Liesing- und Paltental „Gaizzenwald“, 1335 „Gaiserwald“ und um 1443 lesen wir von einem Gut an der „Prukgen im Gayserwald“, das der Filialkirche von Kammern, St. Kunigund in Wald geschenkt wurde. Der Turm dieses spätgotischen Gotteshauses aus dem Ende des 15. Jahrhunderts trägt noch einen gotischen Helm; von besonderem Interesse sind die bei der letzten Restaurierung aufgedeckten spätgotischen Fresken (vier an der nördlichen, eine an der südlichen Innenwand des Schiffes), die u. a. einen hl. Christophorus, die „Marter der Zehntausend“ und einen Passionszyklus darstellen, während die barocken Fresken im Chor 1789 von Johann Lederwasch gemalt wurden. Am Eingang des Liesinggrabens (Liesing vom slaw. les = Wald; also „Waldbach“) fügt sich die goldbehelmte evangelische Kirche von Unterwald harmonisch in die Landschaft der Walder Höhe.

Wanderkarten: F & B: Blatt 6; Blatt 131; Aufstieg: ca. 4 Stunden; HU.: ca. 1240 m.

75 „Erzwanderweg“: Präbichl – Vordernberg

Der 1989 eröffnete „Erzwanderweg“ folgt jener Strecke, die das vom Erzberg kommende Eisenerz hinunter zu den Hochöfen von Vordernberg nehmen mußte. Der neue Weg „begeht“ die Trasse der 1844–1847 erbauten „Dulnig’schen Bahn“, welche zu ihrer Zeit eine technische Pionierleistung war und durch ein System von Sturzhalden mit Sohlenstollen, Bremsbergen und ebenen Abschnitten die Erzförderung ohne großen energetischen Aufwand ermöglichte. – Wir folgen dabei vom Präbichl weg den grünen Hinweistafeln, welchen wir alle technischen Daten entnehmen können. Der Weg ist landschaftlich sehr reizvoll, verläuft kurz durch Wald und dann über Bergwiesen und wird streckenweise vom Vordernberger Bach begleitet. – Das Gipfelkreuz des Eisenerzer Reichensteins und die gesamte Länge der Vordernberger Mauern sind rechterhand, und linkerhand der Bergzug von der Griesmauer über Himmelkogel bis zum Hohen Schilling die „Begleiter“ der 5 km langen Strecke. – Zuerst kommen wir an den Mauerresten der „Handlalm-Halde“ mitten im Wald vorüber, sodann folgt der Abschnitt der „Kohlbergbahn“. Wir kreuzen den markierten Weg von Vordernberg zur Leobnerhütte; erreichen die sogenannte „Glaslbremse“ (rechterhand Gasthof „Bernhart“, das ehemalige Berggericht) und gehen zur St. Lorenz-Kirche (Schlüssel der interessanten gotischen Kirche im Pfarrhof Vordernberg) hinüber. Direkt davor bestaunen wir die Mauern der ehemaligen „Laurenzi-Röste“. Sodann gehen wir zur „Neukammhalde“ zurück, gelangen zur alten Erzquetsche und erreichen schließlich die große Anlage der „Schönauhalde“, die bis 1960 in Betrieb war. – Damit sind wir auch in Vordernberg und können beim berühmten Radwerk IV nach 1½ bis 2 Stunden Gehzeit unsere montanhistorische Wanderung beschließen.

Vordernberg: alter Markt (1900 Einwohner) an der „Steirischen Eisenstraße“. Entlang des Vordernberg-Baches am Fuße des Präbichls angelegt und 1453 zum Markt erhoben; Siedlungsspuren schon aus der Bronzezeit, Römer kannten bereits den Erzberg (siehe Römerstraßenfunde beim Friedauwerk), der auch die Geschichte von Vordernberg bestimmte. Erste Siedlung knapp unter der Paßhöhe bei der 1388 erstmals genannten Kirche „Sand Espeter“ (St. Elisabeth). Die zweite Häusergruppe entstand (als „Altenmarkt“ genannt) um die 1452 erbaute St. Laurentius-Kirche, die auch „Knappenkirche“ geheißen hat. Sehenswürdigkeiten: jetzige Pfarrkirche „Mariä Himmelfahrt“; um 1660 erbaut. Profanbauten. Marktbrunnen mit schmiedeeiserner Laube (Hauptplatz). Rathaus: (früher Radgewerkenhaus Schachner. Ratsherrenburg: (Haus Nr. 118 – Pichlhof) mit ehemaligem Sitzungssaal der Radmeister-Communität. Wohnhaus von Erzherzog Johann: etwas oberhalb des Hauptplatzes.

Wanderkarten: F & B: Blatt 4; ÖK: Blatt 101 und 132; Gehzeit: 1½–2 Stunden; HU.: ca. 400 m.

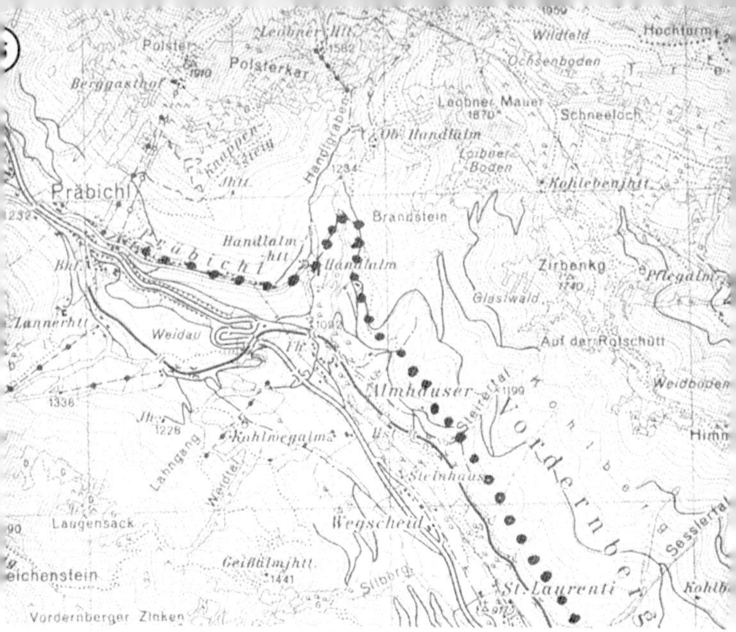
Leobner Htt.
1582
Wildfeld
Hochturm
Polster
1910
Polsterkar
Berggasthof
Ochsenboden
Leobner Mauer
1870
Schneeloch
Knappen-Steig
Handlgraben
Ob. Handlalm
Loibner Boden
1234
Kohlebenjhtt.
Präbichl
1232
Brandstein
Handlalmhtt.
Handlalm
Zirbenkg
1740
Pflegalm
Glaslwald
Zannerhtt.
Weidau
1092
Auf der Rotschütt
Almhäuser
1199
Steirertal
Weidboden
1336
1228
Kohlmegalm
Steinhaus
Lahngang
Weidtal
Laugensack
Wegscheid
Sesslertal
Geißtalmjhtt.
1441
St. Laurenti
Vordernberger Zinken

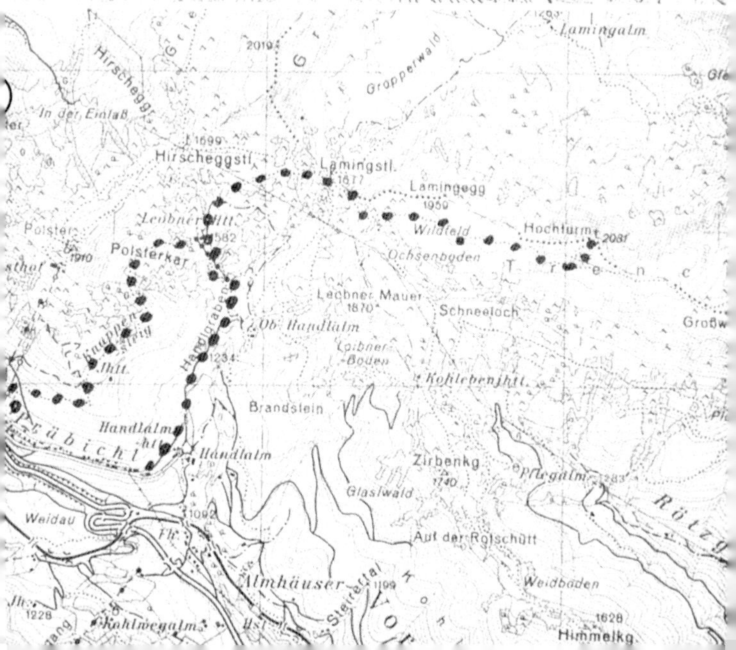
Lamingalm
2019
Gropperwald
Hirschegg
In der Einlaß
1699
Hirscheggstl.
Lamingstl.
1677
Lamingegg
1959
Leobner Htt.
1582
Wildfeld
Hochturm
2081
Polster
1910
Polsterkar
Ochsenboden
Leobner Mauer
1870
Schneeloch
Großw
Knappen-Steig
Handlgraben
Ob. Handlalm
Loibner Boden
1234
Kohlebenjhtt.
Brandstein
Handlalmhtt.
Handlalm
Zirbenkg
1740
Pflegalm
1283
Glaslwald
Weidau
1092
Auf der Rotschütt
Almhäuser
1199
Steirertal
Weidboden
1228
Kohlmegalm
1628
Himmelkg.

76 Präbichl – TAC-Spitze – Hochturm

Vom Süden her gibt es zwei Möglichkeiten, um zur Leobner Hütte (1582 m) zu gelangen. Entweder geht man vom kleinen Parkplatz unterhalb der Handlalm (1092 m) von der Präbichlstraße den markierten Weg zur Hütte hinauf, oder man benützt den sogenannten „Knappensteig" direkt vom Präbichlpaß weg, wo es auch reichlich Parkplätze gibt. Die Wege sind mit den Nummern 870 und 871 bezeichnet. Die Leobner Hütte war früher ein Knappenhaus.

Die Griesmauer liegt zwischen Hirschegg- und Neuwaldeggsattel. Für geübte Bergsteiger eine reizvolle, kurze und aufgrund der Drahtseilversicherungen eigentlich eine leichte Kletterei im Schwierigkeitsgrad I–II. Die 2019 m hohe TAC-Spitze kann in einer knappen Stunde vom Hirscheggsattel aus erreicht werden. (TAC bedeutet „Techniker Alpenclub".) Diese Tour sollte aber auf keinen Fall von ungeübten Bergsteigern und nicht bei ungünstigen Witterungsbedingungen gemacht werden! Um den Hochturm zu besteigen geht man von der Leobner Hütte zuerst Richtung Lamingsattel (1667 m), Wegnummer 873, von wo man zum Grünen See und nach Tragöß absteigen kann. Vom Sattel steigen wir zuerst durch eine Latschenzone hinauf, und nach dieser gelangen wir auf die mäßig steile Abdachung der „Trenchtlingflächen", eines weitläufigen Hochalmgebietes. Bald kommt eine Weggabelung: Der Weg nach Norden führt zum Hochturm, die Route Nummer 873 geht über den „Trenchtling" zum Edelweißboden und weiter über die Hiesleggalm nach Tragöß-Großdorf. Der Hochturm (2081 m) als höchste Erhebung des Trenchtling, kann in etwa 1½ Stunden von der Leobner Hütte aus erreicht werden. Die Tour ist bei trockenem, schönem Wetter harmlos; sie erfordert an einigen Stellen aber Trittsicherheit. Am Gipfel steht ein mächtiges Kreuz, man sieht prächtig über die ganze Kette des Hochschwabs hinweg.

Seit 1577 gab es in Vordernberg 14 Hochöfen, sogenannte „Radgewerke", deren Besitzer, die „Radmeister", sich 1626 zur berühmten „Radmeisterschaft" oder „Radmeister-Communität" zusammenschlossen. „Radmeister", weil ab dem 13. Jahrhundert zum Antrieb der Hochofengebläse wasserkraftbetriebene Räder verwendet wurden. Diese hatten, gegenüber der „Innerberger Gesellschaft" (Eisenerz), „deren Erzeugnisse seit ihrer Gründung im Jahre 1625 nur längs der Enns nach Österreich verführt werden mußten", wesentlich größere Märkte zu versorgen. Es gab trotzdem erhebliche Schwierigkeiten in der Eigentumsverteilung, die erst durch Erzherzog Johann behoben wurden, der sich 1822 durch den Ankauf des Radgewerks Nr. 2 in Vordernberg ansiedelte, der Radmeister-Communität beitrat und diese wieder zu neuem, gesünderem Leben erweckte, das bis Ende 1870 andauerte.

Wanderkarten: F & B: Blatt 4; ÖK: Blatt 101, Gebietskarte „Hochschwab"; Gehzeiten: Präbichl–TAC-Spitze 2½–3 Stunden, Präbichl–Hochturm ca. 3 Stunden; HU.: 787 m bzw. 849 m.

77 Leopoldsteinersee – Hochblaser

Rundum von hohen Felswänden eingeschlossen, breitet sich die bei Schönwetter spiegelglatte, blaugrüne Wasserfläche des Leopoldsteinersees als echtes landschaftliches Kleinod aus. Der Felsriegel der Seemauer erhebt sich im Norden mehr als 1000 m fast lotrecht über dem See. Man kann den größten Hochschwabsee in einer guten Stunde zu Fuß umrunden und wird erst dabei die einmalige Wasser-Berg-Szenerie richtig in sich aufnehmen können. – Die Bergwanderer zieht es aber hinauf in die Höhe; die Seemauer, mit ihrem höchsten Punkt, dem 1771 Meter hohen Hochblaser, ist dabei ein hervorragendes Wanderziel. Wer schwindelfrei, trittsicher und bergerfahren ist, der kann die Hochblaser-Besteigung als interessante Rundtour ausführen; wer sich dies aber nicht zutrauen darf, der muß den Gipfel von der Seeau, an der Ostseite des Leopoldsteinersees, über die Hasenwilzinghütte her, besteigen (Nr. 821) und den gleichen Weg wieder zurückgehen. Diese Route ist völlig ungefährlich und landschaftlich ebenfalls sehr lohnend.
Bei der Überschreitung begehen wir aber den markierten, an den kritischen Stellen auch mit Drahtseilen versicherten Pfad (Nr. 822), der an der Westseite des Sees, beim Parkplatz seinen Anfang nimmt und uns rasant durch das Fels-Geschröff nach oben führt. Der Tiefblick auf den See, auf die Dächer von Schloß Leopoldstein und nach Eisenerz hinaus ist schlechthin einmalig. In 2½–3 Stunden stehen wir dann oben beim mächtigen Gipfelkreuz des Hochblaser. Brandstein, Reichenstein, Kaiserschild und Gesäuseberge sind zum Greifen nah. Zum Abstieg (oder allenfalls zum Auf- und Abstieg) nehmen wir den schon eingangs geschilderten Pfad Nr. 821 und werden hier sicher auf starke Gamsrudel treffen. Schließlich wandern wir dann durch die harmonische „Alpin-Park-Landschaft" der Seeau hinaus zum Ausgangspunkt.

Bleiben wir noch ein wenig im „Vordernbergischen": Erst nach dem Ausbau der „Erzbergbahn" um 1890 sank die Bedeutung von Vordernberg mit dem Anwachsen der Hochöfen in Donawitz. 1899 wurde der erste, 1922 der letzte der dort bestehenden Hochöfen ausgeblasen. Die Landesausstellung „Erz und Eisen in der Grünen Mark" des Jahres 1984 rückte die alte wirtschaftliche Verbundenheit von Vorder- und Innerberg wieder ins Bewußtsein. Sehenswürdigkeiten in Vordernberg: jetzige Pfarrkirche Mariae Himmelfahrt, um 1660 erbaut, im Kirchenschiff schöner Cruzifixus (um 1490) aus der Laurentiuskirche: um 1465 gebautes Schiff, 1452 schon „Knappenkirche" genannt als Zentrum des „Altenmarkts", bis 1830 Pfarrkirche. Profanbauten: Marktbrunnen, 1668; Rathaus, 16. Jahrhundert; Ratsherrenburg, Haus Nr. 118; Meranhaus (Erzherzog Johanns Gewerkenhaus), Hauptstraße 85, u. v. a..
Wanderkarten: F & B: Blatt 041; ÖK: Blatt 101, Gebietskarte „Hochschwab", Eisenerzer Wanderkarte 1:25.000; Gehzeit: 2½–3 Stunden Aufstieg; Abstieg über Seeau 2½–3 Stunden.

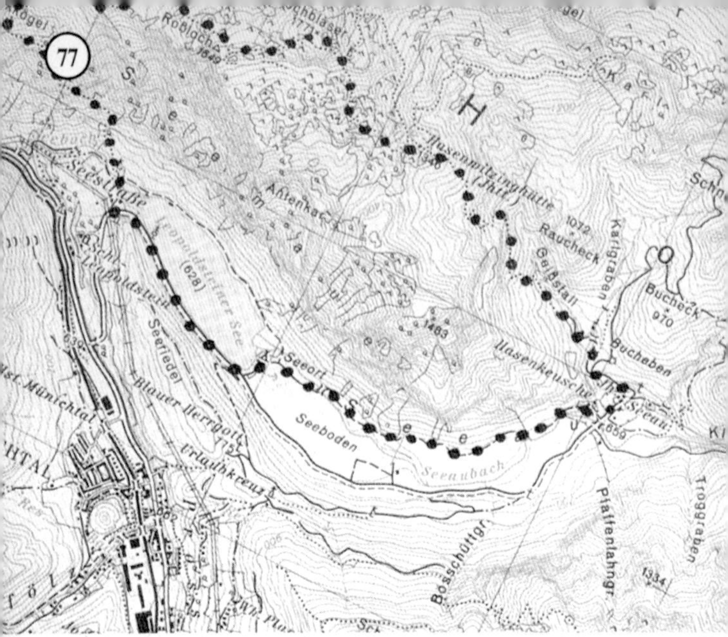
77
Roßloch
1649
Hochbläser
1771
Seestraße
Leopoldsteiner See
(628)
Leopoldstein
Seeriedel
Blauer Herrgott
Urlaubkreuz
Hasenmitzinghütte (Jhtt.)
1346
Antenkar
Raucheck
1072
Geißstall
Karlgraben
Bucheck
970
Bucheben
1463
Seeort
Seeboden
Seeaubach
Hasenkeusche
Jhtt. Seeau
659
Boßschüttgr.
Pfaffenlahngr.
Troggraben
1334
St. Münichtal
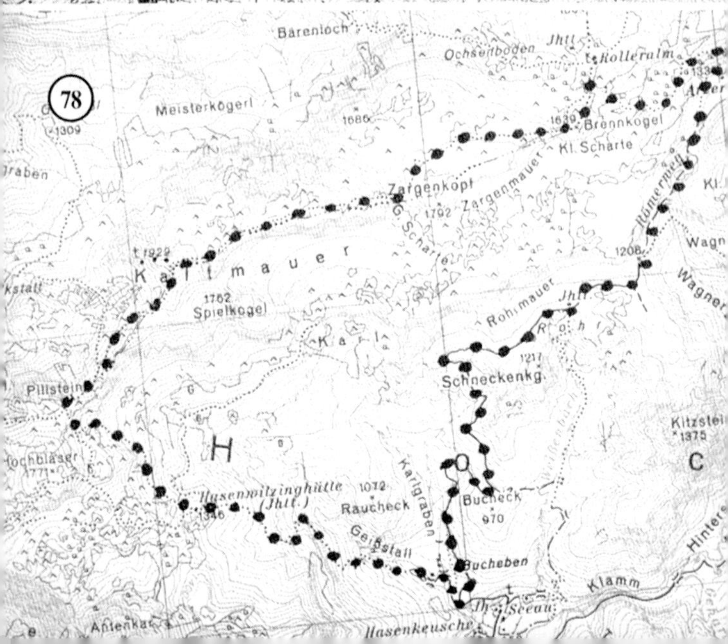
78
Bärenloch
Ochsenboden Jhtt.
Rolleralm
Meisterkögerl
1309
1686
1639
Brennkogel
Kl. Scharte
Zargenkopf
1792
Zargenmauer
G. Scharte
Römermell
1929
Kaltmauer
1782
Spielkogel
Karl
1208
Rohrmauer
Jhtt.
1217
Schneckenkg.
Pillstein
Hochbläser
1771
H
Hasenmitzinghütte (Jhtt.)
1346
1072
Raucheck
Karlgraben
Bucheck
970
Geißstall
Bucheben
Jhtt. Seeau
Klamm
Kitzstei
1375
Antenkar
Hasenkeusche

78 Leopoldsteinersee – Kalte Mauer – Eisenerzer Höhe

Ausgangspunkt ist der mit 1,5 km Länge und 300 m Breite größte Hochschwabsee. Auf der Fahrverbotsstraße wandern wir längs des romantisch zu Füßen von Seemauer und Hochblaser liegenden Gewässers hinein auf den herrlichen Boden der Seeau. Von dort geht es längs der Markierung 820 in Serpentinen durch Rotbuchen-Hochwald hinauf zur Hasenwilzingalm (in der Nähe Quelle). Wir begehen nun nicht den Steig 821 zum Hochblaser, dessen Gipfelkreuz heruntergrüßt, sondern wählen den Pfad (schlecht markiert), der in die Einsattelung zwischen Hochblaser und Kalte Mauer führt. Ab hier ist der Weiterweg wieder gut markiert; wir wechseln in der Latschenzone kurz auf die Nordseite der Kalten Mauer, und dann schlängelt sich der Pfad den breiter werdenden Kammrücken hinauf und schließlich erreichen wir das breite Gipfelplateau der Kalten Mauer (1920 m). Das Gipfelkreuz steht abseits vom Rastplatz und ist nur von Geübten im Schwierigkeitsgrad I (= leichte Kletterei) in wenigen Minuten erreichbar. Sehr schöner Rundblick auf Hochschwab, Gesäuse und die benachbarten NÖ-Berge. – Wir setzen die Wanderung in östliche Richtung (Markierung 820) weiter fort; Trittsicherheit erforderlich, aber nicht ausgesetzt. Nach etwa 1½ Stunden erreichen wir die Hütten der einsamen Rolleralm und von hier in 20 Minuten die Eisenerzer Höhe. Wir können aber auf Pfadspuren hinunter auf die reizvolle Almfläche der Arzerböden abkürzen und stoßen dort auf den berühmten ehemaligen Fuhrweg von Eisenerz nach Wildalpen. Wir folgen seinen im Fels eingeschnittenen alten Wagengeleisen hinunter in die Seeau, können aber auch bei der „Rohr-Jagdhütte" den stark abkürzenden Fußpfad längs des Weißenbaches hinunter zur Seeau wählen.

Eisenerz: traditionsreiche Bergstadt in 692 m Seehöhe. Kamen doch z. B. trotz der internationalen Stahlkrise der achtziger Jahre noch etwa neun von zehn in Österreich abgebauten Tonnen Roherz von den Halden des Erzberges, der noch rund 300 Millionen Tonnen Erz liefern könnte. Der Spateisenstein mit ca. 30% bis 35% Erzanteil wurde vielleicht schon von den Römern aus dem Berg gewonnen; so berichtet Plinius der Ältere (geb. 23 n. Chr. und gestorben 79 beim Ausbruch des Vesuvs) in seiner „Naturalis historia". „In unserem Herrschaftsbereich existieren an mehreren Orten Erzlagerstätten von großer Güte, so etwa in Noricum."

Wanderkarten: F & B: Blatt 041; ÖK: Blatt 191; Gebietskarte „Hochschwab", Eisenerzer Wanderkarte 1:25.000; Gehzeit: Leopoldsteinersee–Kalte Mauer 3½–4 Stunden; Kalte Mauer–Eisenerzer Höhe ca. 2 Stunden, Eisenerzer Höhe–Arzerböden–Leopoldsteinersee 2½–3 Stunden; HU.: Leopoldsteinersee 628 m Seehöhe, Hasenwilzinghütte 1346 m, Kalte Mauer: 1930 m, Eisenerzer Höhe 1485 m.

79 Zum Teufelssee

Nur wenige Wanderer dringen jährlich bis zum Teufelssee vor und begeistern sich an der urweltlichen Landschaft, in die er eingebettet liegt. Wie kommt man an den See heran? Es gibt im wesentlichen zwei Zugangsmöglichkeiten. Und zwar jene von Wildalpen und Siebenseen; sie ist aber nur mit einem ortskundigen Führer möglich. Ohne Führer und auch besser zu finden, ist der Zugang vom Norden aus dem Fobistal über Höllsattel und Höllalm. Die Fobisalm kann auf mehrstündigem Anmarsch vom Leopoldsteiner-See her erreicht werden; wir empfehlen aber zur Teufelssee-Begehung auf der Pfaffingalm, kaum ½ Stunde von der „Fobis" entfernt, zu nächtigen und die Tour zwischen 1. Juli und 15. September zu unternehmen. An der großen Auffahrtsrampe von Eisenerz auf den Präbichl gehen wir los und erreichen die beliebte Jausenstation der Gsollalm in einer guten ½ Stunde. Über das Bärenloch erreichen wir dann bald die Markierung, die vom Neuwaldeggsattel bzw. vom Jassinggraben herauf zur Pfaffingalm zieht. Von der Pfaffingalm folgen wir nun der Markierung hinunter zur Fobisalm. Wir gehen nur ein kurzes Stück talauswärts Richtung Leopoldsteiner-See, um gleich auf die markierte Abzweigung zum Brandstein zu stoßen. Direkt oberhalb des Fobisturms folgen wir nun diesem Pfad hinauf bis unter seine Felswände. Links ober uns, nicht weit vom Fobisturm entfernt, sehen wir schon den breiten Einschnitt des Höllsattels. Hier müssen wir – sobald es das Gelände zuläßt – auf Steigspuren unmarkiert zum Sattel hinaufsteigen (Abzweigung bei einem kleinen Dolinentrichter mit zwei auffallenden „Fenstern"). Vom Höllsattel geht es durch natürliche Gassen zwischen den Latschenfeldern auf guten Pfadspuren (jedoch unmarkiert) in den Hochkessel der „Höll" hinunter. Bald haben wir die Höllalm erreicht und steigen weiter in die breite Schlucht hinunter, die von Häuslkogel, Seekogel und Kleinem Brandstein gebildet wird. Einige Schuttriesen müssen pfadlos überquert werden und dann finden wir wieder den Steig, wenn wir uns nur scharf rechts im Sinne des Abstiegs halten und ganz nahe an die Wände des kleinen Brandsteins herangehen. Nun sehen wir unter uns schon den See heraufblicken und dort, wo unser Pfad an einem Felsriegel abrupt endet, steigen wir vorsichtig durch den steilen Hochwald zu ihm auf 1090 m ab. Phantastisch liegt er, auf zwei Seiten von lotrechten Felsen umgeben, mit seiner tief-dunkelgrünen Wasserfläche vor uns. Zwanzig Meter oberhalb des Sees gibt es ein „See-Buch".

Wanderkarten: F & B: Blatt 041 und 062; ÖK: Blatt 101; Gebietskarte „Hochschwab"; Gehzeiten: Gsollkehre–Pfaffingalm ca. 2 Stunden, Pfaffing–Höllsattel ca. 1½ Stunden, Höllsattel–Teufelssee 1 Stunde, Rückweg ca. 5 Stunden, von Fobis zum Leopoldsteinersee ca. 2½ Stunden; HU.: Gsollkehre 940 m; Pfaffingalm 1569 m, Fobis-Alm 1394 m; Höllsattel 1700 m, Teufelssee 1070 m.

79

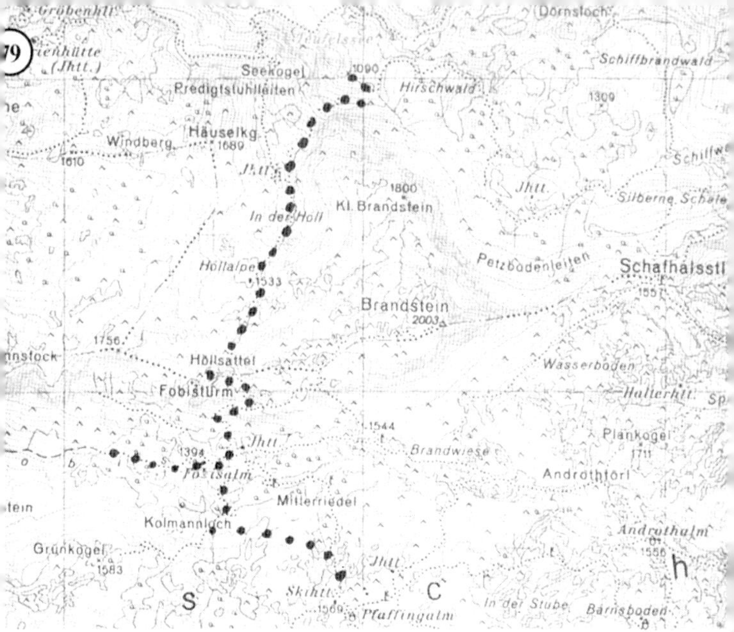

Dörnsloch
Seekogel
Predigtstuhlleiten
Hirschwald
Schiffbrandwald
Häuselkg
1689
Windberg
1610
Kl. Brandstein
In der Höll
Jhtt.
Silberne Schale
Petzbodenleiten
Schafhalsstl
Höllalpe
1533
Brandstein
2003
1756
Höllsattel
Fobisturm
Wasserboden
Halterhtt.
1544
Brandwiese
Plankogel
1711
Androthtörl
Mitterriedel
Kolmannloch
Androthalm
Grünkogel
1583
Skihtt.
Pfaffingalm
In der Stube
Bärnsboden

80

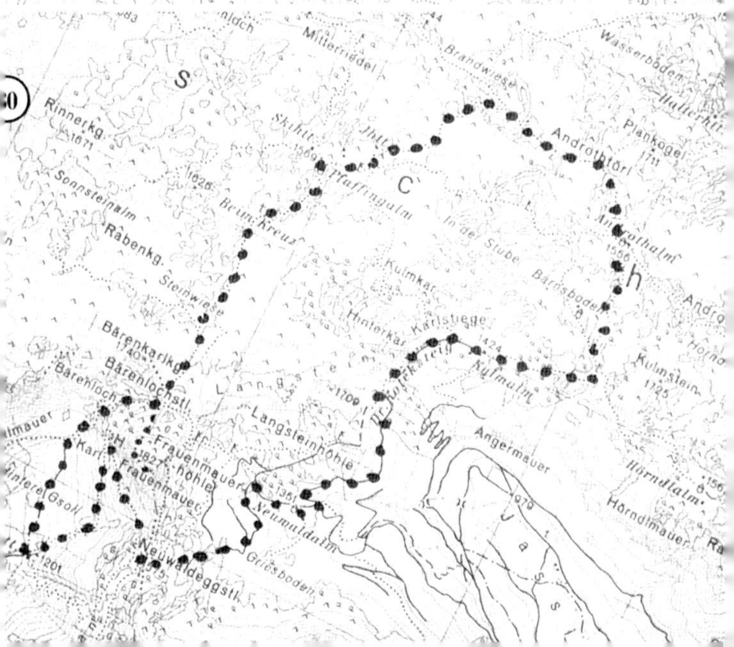

Mitterriedel
Brandwiese
Wasserboden
Halterhtt.
Rinnerkg.
1671
Androthtörl
Plankogel
1711
Sonnsteinalm
Skihtt.
Pfaffingalm
Beim Kreuz
Androthalm
Rabenkg.
In der Stube
Kulmkar
Steinwiese
Barnsboden
Hinterkar
Karlstiege
Bärenkarlkg.
1740
Bärenlochstl.
Bärenloch
Kulmalm
Kulmstein
1725
Langsteinhöhle
Frauenmauer
Frauenmauerhöhle
Angermauer
Hörndlalm
Hörndlmauer
Neuwaldeggstl.
Griesboden

80 Eisenerz – Pfaffingalm – Androthalm

Bei der Gsollkehre zwischen Präbichl und Eisenerz stellen wir unser Fahrzeug ab und folgen der Markierung zur Gsollalm (1201 m). Von hier wählen wir nun nicht die Markierung zur Frauenmauerhöhle, sondern gehen in das hintere Kar Richtung Bärenloch (allenfalls bei der Gsollhütte nach dem Weg fragen). Im Kar führt uns nun in kurzen Serpentinen ein unmarkierter Pfad steil hinauf zum Bärenlochsattel, dessen kleine Felsstufe wir mittels einer Drahtseil-Sicherung ohne Probleme überwinden. Hier im Bärenlochsattel zweigt ein unmarkierter Pfad hinauf zum Gipfel der Frauenmauer ab, den wir in einer halben Stunde erreichen können. Beim Gipfelkreuz in 1827 m Seehöhe gibt es einen hervorragenden Ausblick auf die Eisenerzer Berge. – Bei diesem einstündigen Abstecher steigen wir denselben Weg wieder ab und folgen nun dem Pfad in nordöstlicher Richtung solange, bis wir auf den markierten Weg Nr. 832 stoßen, der vom Neuwaldeggsattel zur Pfaffingalm führt. Nun sind wir schon am nordwestlichen Hochschwabplateau und wandern bis zu den Hütten der Pfaffingalm. Von hier gehen wir nun über das aussichtsreiche Hochplateau (Blick auf Brandstein und Ebenstein), der Markierung 832 folgend zur Androthalm (1556 m).

In südlicher Richtung (Markierung 832 A) geht es an den Plateaurand des Hochschwabstocks heran, bis wir die Hütte der Kulmalm (1424 m) erreichen. Von hier wandern wir längs des „Dr. Koteksteigs" unterhalb der Felsabstürze des Langsteins hinüber zum Neuwaldeggsattel (oberhalb Eingang zur Frauenmauer-Höhle). Vom Neuwaldeggsattel führt uns dann eine Markierung im steilen Zickzack hinunter auf die Gsollalm, wo wir unseren Rundweg beschließen und ohne Besteigung des Frauenmauergipfels für diese großzügige Wanderung 5 bis 6 Gehstunden einplanen müssen.

Die Höhe des über den 30 etwa 24 m hohen Abbaustufen liegenden Erzberggipfels ist im Laufe der Zeit von früher 1534 m auf ca. 1468 m zurückgegangen, auf dem Gipfel findet sich jedoch seit 1959 wieder das im Auftrage Erzherzog Johanns am 27. Mai 1823 auf der damaligen Spitze errichtete Kreuz aus Lärchenholz. An dem 7,5 m hohen Kreuz hängt das damals aus Erzbergeisen in Gußwerk bei Mariazell gegossene, 2,5 m hohe und hohle Bildnis des Gekreuzigten. Unter dem 560 kg schweren Crucifixus findet nach wie vor um die Zeit des Festes Johannes des Täufers (24. Juni) meist am Sonntag das große Kreuzfest der Vordernberger Bergknappen statt, bei dem man die seit der Anordnung Kaiser Maximilians getragene „maximilianische Tracht" der Knappschaft bewundern kann. Die Eisenerzer trugen zu den Kniehosen weiße Strümpfe, die Vordernberger grüne oder blaue, und rote Deckel auf ihren Schachtmützen.

Wanderkarten: F & B: Blatt 4; ÖK: Blatt 101; Gebietskarte „Hochschwab"; Gehzeit: 5–6 Stunden; HU.: 635 m; zur Frauenmauer 932 m.

81 Eisenerzer Reichenstein

Wir fahren mit dem Auto vom Präbichl noch ein Stück in Richtung Gasthaus Lanner, wo es einen großen Parkplatz gibt, und gehen hier in 1200 m Seehöhe los. Wir beschreiten den Nord-Süd-Weitwanderweg mit den Nummer 605, der uns, bestens markiert, über den Reichenstein hinunter nach Trofaiach beziehungsweise Vordernberg führt. Nach dem Lannerwirt kommen wir an den Skiliftanlagen und Lawinenschutzbauten vorbei. Wir durchwandern die Mulden mit ihrer Blütenpracht und stehen dann bald oben am Rücken, der vom Rössel herunterzieht. Hier gibt es den ersten interessanten Blick auf die Stufen und Terrassen des Erzberges. Wir begehen den sogenannten „Theklasteig“, der uns längs steiler Rasenflanken zum Felsaufbau des Reichensteins hinüberleitet. Einige kleine Schneefelder sind vorsichtig zu überqueren. Eine kleine Leiter überwindet eine Steilstufe, und in mäßigen Kehren haben wir bald die Reichensteinhütte knapp unterhalb des Gipfels erreicht. – In zehn Minuten sind wir von hier beim 2165 m hoch gelegenen Gipfelkreuz und genießen bei schönem Wetter sicher eine Gipfelstunde, bei der wir mit Schauen und Einordnen der Bergspitzen und -kuppen gar nicht nachkommen. Eine Überschreitung zum Krumpensee über den Reichhals und Krumphals – es wäre dies an sich die Weiterverfolgung des Nord-Süd-Weitwanderweges kann im Frühsommer oft noch nicht empfohlen werden, weil im Kar zwischen Reichhals und Krumphals noch riesige und zum Teil auch steile Schneefelder liegen, die nur von erfahrenen Bergsteigern überquert werden können. Auch die andere Möglichkeit – so schön und großzügig sie ist –, nämlich über den Grete-Klinger-Steig und die Vordernberger Mauern, über Fahnenköpfl und Barbarakreuz abzusteigen, kann nur dem trittsicheren Bergsteiger empfohlen werden.

Das Heimatmuseum ist im Kammerhof situiert und nur freitags und nach Voranmeldung zugänglich. Das Altarbild der in ihrer jetzigen Form aus der Gotik stammenden Marktkapelle schuf zu Beginn des 19. Jahrhunderts ein Mitglied der Eisenerzer Malerfamilie Tendler. Die kleine Filialkirche St. Peter am Gradstein wurde 1764 als Endstation eines Kalvarienberges errichtet. Profanbauten: Der 1580 über dem Markt errichtete „Schichtturm“ bestimmt nach wie vor das Ortsbild. Das von einem „steirischen Panther“ als Windfahne bekrönte, massive Gebäude, der 1776 und 1887 renovierte „Radmaister-Werk-Schichtthurm“ enthält eine Glocke des berühmten Gießers Martin Hilger von 1581, die über 27 Zentner wiegt und neben dem erzherzoglichen Wappen zwei Inschriften trägt, deren eine auch ihre Funktion erläutert: „Laß dich vermanen meinen Klanck, geh zur Arbeit vorzeuch nicht lanck. Merten Hilger von Freiberck goss mich MDLXXXI.“

Wanderkarten: F & B: Blatt 041 und 062; ÖK: Blatt 101 und 132; Gehzeiten: $2^3/_4$–$3^1/_4$ Stunden; über Grete Klinger-Steig $3^1/_2$–4 Stunden; HU.: 938 m bzw. 1397 m; Reichensteinhütte des ÖAV Leoben 1989 voll ausgebaut.

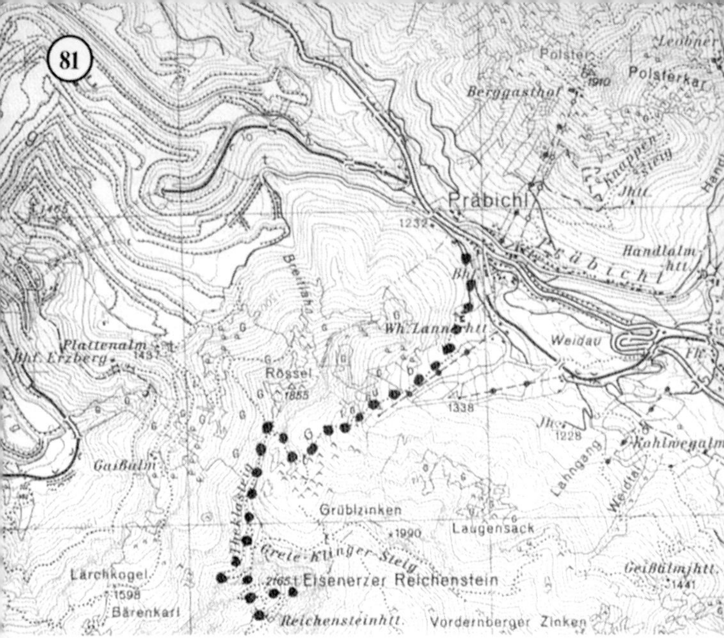
81
Polster
1910
Polsterkar
Leobner
Berggasthof
Knappensteig
Jhtt.
Präbichl
1232
Präbichl
Bhf.
Handlalm-htt.
Breitlahn
Wh. Lannerhtt.
Weidau
Plattenalm
1437
Bhf. Erzberg
Rössel
1855
1338
1228
Kahlwegalm
Gaißalm
Lahngang
Weidtal
Theklasteig
Grüblzinken
1990
Laugensack
Grete-Klinger-Steig
Lärchkogel
1598
2165
Eisenerzer Reichenstein
Geißalmjhtt.
1441
Bärenkarl
Reichensteinhtt.
Vordernberger Zinken
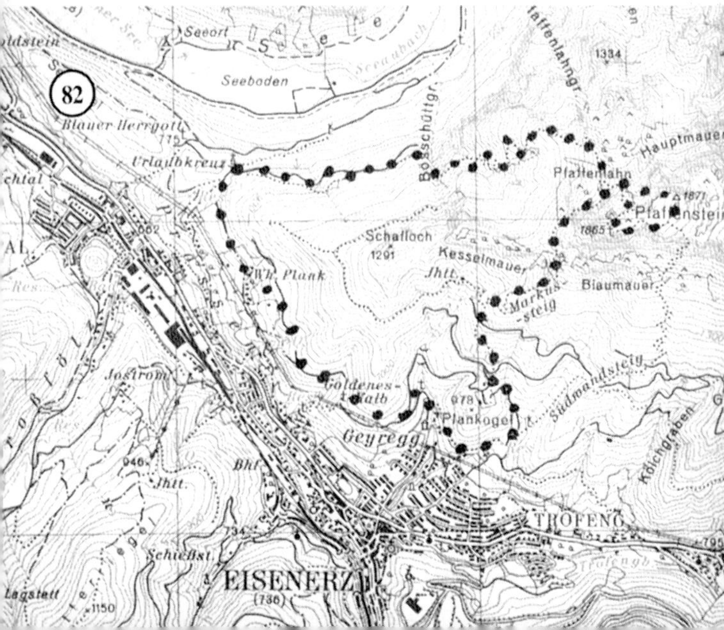
82
Seeort
Seeboden
Seeaubach
1334
Blauer Herrgott
775
Urlaubkreuz
Bossschüttgr.
Pfaffenlahn
Hauptmauer
1871
Pfaffenstein
1865
Schafloch
1291
Kesselmauer
Jhtt.
Wh. Plank
Blaumauer
Markus-steig
Südwandsteig
Goldenes Kalb
978
Plankogel
Geyregg
Jostrom
946
Jhtt.
Bhf.
Kölchgraben
TROFENG
795
734
Schießst.
EISENERZ
(736)
Lagstett
1150

82 Auf den Pfaffenstein

Der Pfaffenstein ist auch auf dem „Normalweg" kein ganz leichter Berg, man muß dafür trittsicher sein; wir möchten diese Route für den Abstieg empfehlen. Zum Aufstieg raten wir den „Markus-Steig", dessen wenige kritische Stellen durch Versicherungen voll entschärft sind; für seine Begehung muß man aber schwindelfrei sein. (Auch der „Südwandsteig" ist voll versichert, er führt aber durch lotrechte Kamine und da muß man schon sehr geübt sein.) – Der Markussteig trägt die Markierungsnummer 825 und beginnt oberhalb der Bergwiesen „In der Au" von Eisenerz: Unser Pfad quert mehrmals Forststraßen und führt im Hochwald zügig aufwärts. Schließlich schlängelt sich der Steig zwischen Felswandeln steil hinauf, und dann erreichen wir einen markanten Absatz (Rastplatz), an dem die Gipfelwände ihren Anfang nehmen. Unser Pfad führt von hier nach links um einen Felsaufschwung herum, und dann beginnen die Versicherungen, die den Weg über einige Felsstufen ganz einfach machen; eine kurze Leiter hilft über ein Wandl hinweg. Sodann geht es ein bißchen auf und ab, und es folgt die kurze Querung eines Geröllfeldes. Nun haben wir auch schon die Nordflanke erreicht und stoßen hier auf den „Normalweg", den wir dann für den Abstieg wählen. „Gemeinsam" geht es im wesentlich sanfteren Gelände des Gipfelplateaus hinauf zum Gipfelkreuz (1865 m). Prachtvolle Rundsicht, besonders aber Tiefblick auf Eisenerz sowie den Leopoldsteinersee. – Der Abstieg führt uns über die Westflanke (Nr. 824), vorbei an „Aussichtskanzeln" schließlich in den Hochwald, wo es in vielen engen Serpentinen hinabgeht (Achtung auf Markierung). Der „Bös-Schütt-Graben" wird gequert, und schließlich erreichen wir das „Urlaubkreuz", von wo wir nach Eisenerz über den direkten Weg oder den „Rundweg" in die „Au" zurückkehren.

Zu Füßen des Vogelbichls steht im Zentrum, dem Bergmannsplatz, das alte „Rathaus" mit einem kleinen Turm (1535) – jetzt Sitz des Bezirksgerichtes, dahinter befindet sich am Haus Bergmannsplatz 2 eine sehr schöne Fassade von 1502 (heute Weinstube) und ein „Obersteirisches Krippenmuseum", der 1650 erbaute Getreidekasten, der zur Winterversorgung diente und in nächster Umgebung reizvolle alte Gewerken- und Bürgerhäuser.

Polster: wahrscheinlich Hofname, südlich von Präbichl Gehöft Polster (schon 1454); 1476 (b. Zahn) „aus dem Hälsel in den Seestain und in die Polster" (weiblich nach dem Almnamen) Präbichl: vom slawischen Wort „prebucho" kommend, was „die windige Stelle", „die dem Wind ausgesetzte Stelle", bedeutet. Etliche „Präbichl" in Steiermark und Kärnten.

Vordernberg: Ort „vor dem Berg", vor dem Präbichl (s. d.) bzw. dem Erzberg. 1265 noch „Aertz" genannt. 1314 „mons anterior citra Traueyach", 1375 „in dem Vordernperg".

Wanderkarten: F & B: Blatt 041; ÖK: Blatt 101; Gebietskarte „Hochschwab"; Eisenerzer Wanderkarte 1:25.000; Gehzeiten: Markus-Steig 2½–3 Stunden, Abstieg über Urlaubkreuz ca. 3½ Stunden; HU.: ca. 1000 m.

83 Von der Schafferalm auf den Stadelstein

Diese besonders lohnende Bergwanderung nimmt am Parkplatz zwischen Eisenerzer Ramsau/Gallenstein und der Schafferalm ihren Ausgang. In ca. 20 Minuten erreichen wir von hier auf einem Forstweg den freundlichen Almboden der Schafferalm (Selbstversorgerhütte der Naturfreunde). Schon hier tut sich eine wunderbare Landschaft mit dem prachtvollen Talschluß auf, der von Schwarzenstein, Stadelstein und Höchstein gebildet wird. Direkt ober uns das zwischen Höchstein und Stadelstein liegende Hochtörl. – Wir steigen in stets mäßiger Neigung über den Almboden nach oben und halten uns bei einem „Markierungs-Felsblock“ rechts (Markierungsnummer 682). Etwas oberhalb müssen wir auf den weiteren Wegverlauf achtgeben, weil unser Pfad unerwartet nach links über das aus dem oberen Kar herabkommende Bacherl abbiegt. Wir gelangen in die Krummholzregion. Sehr romantisch schlängelt sich unser Pfad hier zum Hochtörl hinauf. In 15 Minuten kann man von dort auf einem guten Steigerl das Gipfelkreuz des Höchsteins erreichen. Wir gehen nun aber in weitem Bogen unterhalb der Nordwände des Stadelsteins hinüber bis in die Einsattelung zwischen Schwarzenstein und Stadelstein und setzen unseren Weg in einem nun völlig anderen Gelände auf der Westseite fort. Das Almgelände des Ochsenbodens zieht bis hier herauf und zuerst durch Blockgewirr, dann über mäßig steiles Rasengelände erreichen wir das Gipfelkreuz des Stadelsteins (2070 m). Prachtvolle Rundsicht auf: Hochschwab, Eisenerzer Reichenstein, Hohe Lins, Gößeck, unzählige Gipfel der Niederen Tauern, alle Gesäuseberge, Kaiserschild und den Erzberg.

Trofaiach: s. o. erste urkundliche Nennungen: 1074–1087: „Treviach“, „Triueiach“, 1145 „Treuiach“, 1355 „Trofaiach“. Leoben: 825 und 904 erkundlich: „. . . valle quae dicitur Liupinatal“, 982 „Liubina“, (Vordernbergerbach hieß früher auch „Leubenbach“). Gsollalm: vom ahd. sol, gsol = sumpfige, feuchte Stelle, nach dem Gsollhof im Gsollgraben. Handlalm: (Handltal): oft vorkommender Name von Bauern und Gehöften (siehe bei St. Ilgen, Fölz, Schattenberg). Ramsau: häufiger Geländename, vermutlich nach dem dort gehäuft vorkommenden, im Mittelalter als Würze und Heilmittel gefragten Bärenlauch: ahd. „hramasar“ oder „hramusa“, mhd. auch „ramsel“ genannt. Kaiserschild, Kaiserstuhl, Kaisertisch etc.: sind Bergnamen, die auf die Aufenthalte der Kaiser Maximilian I, Friedrich III, Franz Josef I, insbesondere auf den erstgenannten Herrscher zurückgehen. Der Kaiserschild ist die wichtigste Erhebung der sogenannten „Fölzalpengruppe“, aber es ist nicht erwiesen, daß die in Kaiser Maximilians Jagdbuch als „Fölzgebirge“ oder „Fölzmauer“ bezeichnete Berggruppe durch die Aufstellung eines (Kaiser-)Schildes quasi als „Schutzgebiet“ erklärt worden wäre.

Wanderkarten: F & B: Blatt 041 und 062; ÖK: Blatt 101 und 132; Eisenerzer Wanderkarte 1:25.000; Gehzeit: ca. 3 Stunden; HU.: ca. 1180 m.

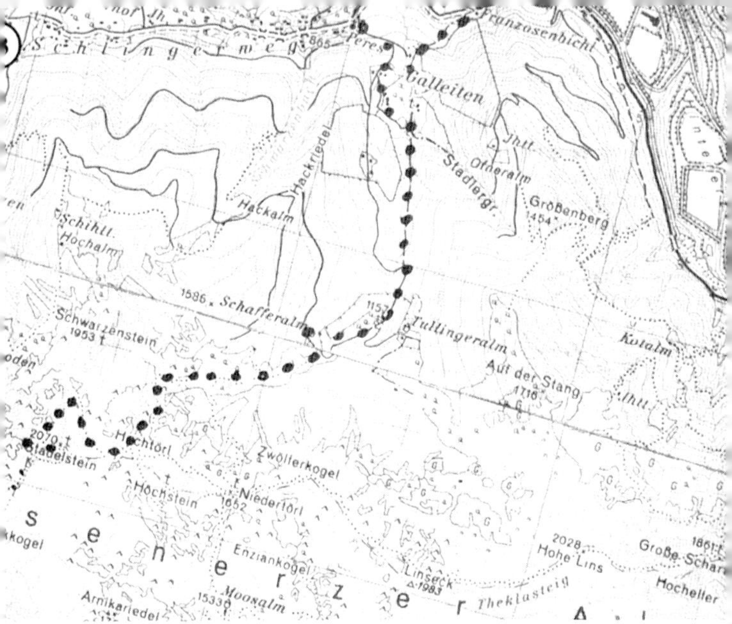

Schlingerweg
865
Peres
Franzosenbichl
Galleiten
Jhtt.
Stadlergr.
Ofneralm
Größenberg
1454
Hackriedel
Hackalm
Schihtt.
Hochalm
1586
Schafferalm
1157
Tullingeralm
Kotalm
Schwarzenstein
1953
Auf der Stang
1716
Jhtt.
2070
Stadelstein
Hochtörl
Zwöllerkogel
Hochstein
Niedertörl
1652
Enziankogel
Linseck
1983
2028
Hohe Lins
Große Scharte
1861
Hocheller
Arnikariedel
1533
Moosalm
Theklasteig

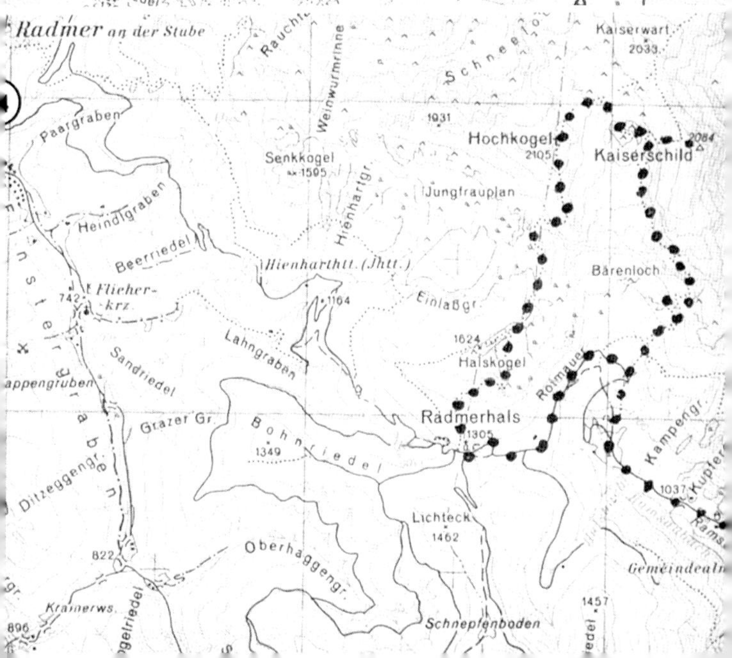

Radmer an der Stube
Rauchtal
Weinwurmrinne
Schneeloch
Kaiserwart
2033
1931
Hochkogel
2105
Kaiserschild
2084
Paargraben
Senkkogel
1595
Jungfrauplan
Heindlgraben
Hienhartgr.
Beerriedel
Hienharthtt. (Jhtt.)
Bärenloch
742
Flieher-krz.
1164
Einlaßgr.
Lahngraben
1624
Halskogel
Sandriedel
Roimauer
Grazer Gr.
Rädmerhals
Kampengr.
1305
Bohnriedel
1349
Ditzeggengr.
1037
Lichteck
1462
822
Oberhaggengr.
Gemeindealm
Kramerws.
1457
896
Schnepfenboden

84 Eisenerzer Ramsau – Kaiserschild

Auf den prächtigen Kaiserschild kann man grundsätzlich von zwei verschiedenen Seiten her ansteigen. Entweder vom Ortsteil Münichtal bei Eisenerz über die „Sandgrube"; dieser Weg ist ganz leicht, aber nicht besonders attraktiv (Wegnummer 601). Wer aber trittsicher ist, der sollte den markierten Steig 683 über das Bärenloch nehmen. Wir fahren zu diesem Zweck in die Eisenerzer Ramsau und lassen unser Auto beim Gasthaus auf der Gemeindealm stehen. Wir wandern dann ein Stück die Forststraße entlang dem Ramsaubach, an einem großen Winterwildgatter vorbei bis zu einer Schottergrube. Hier ist eine Wegkreuzung.
Zuerst geht es in angenehmen Serpentinen durch einen schönen Buchenwald hinauf, und dann queren wir über ein langes Schuttfeld zu den Wänden hinüber. Wir kommen zu einigen abschüssigen Stellen, die aber gut mittels Drahtseilen versichert sind. Man muß hier absolut trittsicher und wohl auch schwindelfrei sein; an sich gibt es aber keine ernsten Probleme. Weiter geht es hinauf zu einem markanten Felsentor, und dann gelangen wir schon auf das kleine Hochplateau, welches zwischen Kaiserschild, Kaiserwart und Hochkogel liegt. Es gibt hier auch eine Abzweigung direkt zum Hochkogel, der ja einige Meter höher als der Kaiserschild ist. Wir gehen aber doch – zumindest vorerst – den Pfad über Grashänge und leichtes Schrofengelände bis auf den Gipfel, von dem wir einen phantastischen Ausblick hinunter zum Erzberg haben. Reichenstein, Wildfeld, Teile der Niederen Tauern, Lugauer und die Gesäuseberge und drüben am Hochschwab – zum Greifen nahe – Brandstein und Ebenstein. Eine eiserne Fahne der Naturfreunde von Eisenerz markiert den Gipfel. Sehr lohnend ist es, die Wanderung zu einer Rundtour über den Hochkogel auszudehnen, dessen kleines, rasiges Gipfelplateau einen sehr netten Rastplatz abgibt.

Von der Eisenerzer Ramsau, wo ebenfalls Erzabbau betrieben wurde (Tulleck, Donnersalpe, Kaltenbach, Plösch usw.), weiß auch einer der bekanntesten steirischen Volkskundler und Schriftsteller seiner Zeit, der Schulmann Johann Krainz viel zu erzählen. Unter dem Pseudonym „Hans von der Sann" (1847 in Cilli! geboren) verfaßte der Begründer des Eisenerzer Heimatmuseums zahlreiche landeskundliche Publikationen und Sagensammlungen, darunter die weitverbreiteten „Sagen aus der grünen Mark", Leykam 1912. Auch die Werke der Künstlerfamilie Tendler verdienen Beachtung: Vater Johann (1777–1849) und sein Sohn Matthäus durften ihre „lebenden" Holzfiguren sogar 1811 bei Hof und 1815 beim „Wiener Kongreß" vorführen, die beiden malenden Söhne, Johann Max (geboren 1811) und Josef (geboren 1821) schufen hervorragende Aquarelle, Porträts und Kirchengemälde.
Wanderkarten: F & B: Blatt 041 und 062; ÖK: Blatt 101 und 100; Gebietskarte „Gesäuse"; Eisenerzer Wanderkarte 1:25.000; Gehzeiten: Gemeindealm–Kaiserschild ca. 2½ Stunden, Rundtour über Hochkogel insgesamt ca. 6 Stunden; HU.: 1064 m bzw. 1085 m.

85 Skitour: Eisenerzer Ramsau – Kragelschinken

Der Kragelschinken ist mit seinen 1845 m Seehöhe eher eine untergeordnete Erhebung im Kammverlauf Eisenerzer Reichenstein – Wildfeld – Zeiritzkampel. Aber der sanft geneigte Gipfelhang zum Teicheneggsattel, anschließender lockerer Hochwald und freie Flächen in der steileren Waldzone – hinunter in die Ramsau – machen den Kragelschinken mit Recht zum „Ski-Hausberg" der Eisenerzer. Direkt beim Gasthof Pichler in der Eisenerzer Ramsau gehen wir mit den Steigfellen in südwestlicher Richtung los, steigen zuerst über Forstwege und dann steiler durch Hochwald – immer sehr abwechslungsreich – auf die weiten Flächen der Teicheneggalm hinauf. Schöne Hänge erstrecken sich von hier bis zum Gipfel, den wir nach 2–2½ Stunden erreicht haben. Großartig ist der Blick hinüber zur „Dolomitengestalt" des Kaiserschilds. Bei zeitlicher Begrenzung fahren wir im wesentlichen nach der Aufstiegsroute zurück; nach Möglichkeit sollten wir den benachbarten, 1668 m hohen Plöschkogel aber noch „mitnehmen". In diesem Fall fahren wir nach Nordwesten über die breite Gipfelkuppe ab, um schließlich über eine steile Waldschneise in die Einsattelung vor dem Plöschkogel zu gelangen. Hier duckt sich das tiefverschneite Wegkreuz des „Blauen Herrgotts" (holzgeschnitzte Christusfigur mit blauem Lendentuch) vor der Kulisse schroffer Felsberge – ein wunderschöner Ort voller Harmonie. – In 20 Minuten sind wir dann oben am kleinen Gipfelplateau des Plöschkogels mit seiner eindrucksvollen Rundsicht vom Erzberg bis zum Lugauer und Tamischbachturm. An einigen alten Stollenausgängen früheren Bergbaues vorbei, durch lockeren Almwald und dann über Waldschneisen und Forstwege geht es direkt hinunter zum Ausgangspunkt beim Gasthof Pichler und bei einigermaßen guten Schneeverhältnissen werden wir echtes Skivergnügen erlebt haben.

Wenn man im späten Frühjahr Skitouren unternimmt und dabei in die bereits stark sonnenerwärmten Randzonen der Firnfelder gerät, ertönt gelegentlich ein warnendes Zischen: Es handelt sich um die Kreuzotter, die in unseren Eisenerzer Alpen, aber genauso am Hochschwab und besonders auch in den Niederen Tauern zahlreich vorkommt. Durch die Trittvibrationen des herannahenden Wanderers flüchtet die Kreuzotter ja immer, und nur wenn man sie überrascht – etwa beim Laufen – dann warnt sie durch ihre Zischgeräusche und von da bis zum Zubeißen ist es noch immer weit! Abbinden, Wunde aufschneiden und im Tal sich ein Serum spritzen lassen, hat aber noch jeden gerettet, der man muß es wiederholen, da es so selten vorkommt – wirklich gebissen wurde. Uns ist auch überhaupt kein tödliches Unglück aus dem letzten Jahrzehnt bekannt. Wissen Sie, daß die Kreuzotter nur in der Obersteiermark und keinesfalls um oder südlich von Graz vorkommt, auch nicht in der Kor-, Stub- oder Gleinalm bzw. in den weitesten Teilen der Oststeiermark?

Wanderkarten: F & B: Blatt 041 und 062; ÖK: Blatt 100 und 101; Eisenerzer Wanderkarte 1:25.000; Aufstiegszeit: 2–2½ Stunden; HU.: Gh. Pichlerhof, Kragelschinken 842 m.

Karte zur Tour 85, siehe Karte 84

Karte zur Tour 86, siehe Karte 83

86 Skitour: Eisenerz – Schafferalm – Stadelstein

Von Eisenerz fahren wir ein kurzes Stück in Richtung Ramsau, folgen aber dann sofort linkerhand dem Wegweiser „Galleiten". Das letzte Stück hinauf kann Schneeketten erfordern, es lohnt sich aber nicht mehr, diese zu montieren, sondern man geht ab hier schon besser zu Fuß. Bald wird man die Steigfelle anlegen und in gemächlicher Steigung dem Forst-Almweg zur Schafferalm (an Wochenenden auch im Winter Jausenstation) folgen. Ober der Schafferalm steigt das Gelände zuerst an, wird dann steiler und endet schließlich in einem eindrucksvollen Talschluß, gebildet von den schroffen Felsgestalten des Schwarzensteins, Stadelsteins, Höchsteins und Zwölferkogels. Weiträumig betrachtet könnte man auch noch Linseck und Hohe Lins zur Felsumrahmung rechnen. Wir meiden beim weiteren Aufstieg selbstverständlich die Rinnen und Steilkare und legen die Spur so, daß wir über eine der latschenbestandenen Rampen auf die Felsen unterhalb des Stadelsteins zugehen. Dort finden wir dann den Übergang auf die Westseite und queren (längs der Sommermarkierung) auf das Hochplateau zwischen Stadelstein und Wildfeld. – Von hier zu Fuß in wenigen Minuten zum Gipfelkreuz. – Wir fahren nicht die Aufstiegsroute ab, sondern wählen den prachtvollen Hang in die Mulde zur Moosalm. Aus der ersten Karmulde steigen wir zum „Hochtörl" die paar Meter hinauf (von dort in wenigen Minuten zu Fuß zum kleinen Gipfelkreuz des „Höchsteins/Törlsteins") und fahren nun über eine der Rampen in den Almkessel der Schafferalm ab. Zuerst müssen wir uns über abgeblasene Stellen und zwischen Latschen die Abfahrtsroute suchen, aber dann geht es auf ideal geneigten Hängen zur Schafferalm und hinaus nach Galleiten. – Die Strecke von Galleiten zur Schafferalm ist auch eine empfehlenswerte Winter-Fußwanderung. – Die Skitour auf den Stadelstein ist nur erfahrenen Tourenläufern zu empfehlen.

Bleiben wir, lieber Leser, noch ein wenig beim ungeliebten Thema „Schlangen": Auch die Kreuzotter hat ihre Lebensberechtigung im großen Haushalt der Natur, und so ist es sehr bedauerlich, daß zu Anfang dieses Jahrhunderts eine regelrechte Vernichtungsaktion gegen die Kreuzotter lief. Es gab eine Kopfprämie, die zuerst (1902) drei Kronen betrug, später aber wegen der großen Zahl der eingesandten Tiere auf eine Krone bzw. 50 Heller herabgesetzt wurde. Zwischen 1902 und 1908 wurden so 42.000 Schlangen an das Joanneum eingesandt.

Leider wurden und werden sie immer wieder mit den harmlosen Schlangen wie Schlingnatter, Ringelnatter, oder gar mit der Blindschleiche verwechselt. Vor allem die weit verbreitete Schlingnatter wird immer wieder – wegen der ähnlichen Kopfform – mit der Kreuzotter verwechselt; sie hat aber keine durchgehende Zickzack-Linie am Körper.

Wanderkarten: F & B: Blatt 041 und 062; ÖK: Blatt 101 und 132; Eisenerzer Wanderkarte 1:25.000; Aufstiegszeit: 3–3½ Stunden; HU.: ca. 1180 m.

87 Radmer – Böse Mauer

Von Vorderradmer (Radmer an der Stube) gehen wir ein kurzes Stück in Richtung „Radmerhals"; bei der Volksschule zweigt unser markierter Weg aber schon linkerhand über den Bach ab, und es geht auf einer Forststraße aufwärts. In zügig angelegten Serpentinen führt der Pfad aufwärts, ein Waldschlag wird überquert, und dann steigen wir weiter im Hochwald an. Unser Pfad mit der Markierungsnummer 82 quert einen Forstweg, und dann sehen wir oberhalb von uns bereits die Felspartien der Bösen Mauer. Unser gut ausgetretener Pfad schlängelt sich weiter durch den Bergwald aufwärts und schließlich wird, ziemlich weit oben, nochmals ein neugebautes Stück der Forststraße überquert. Auf den Weiterweg müssen wir nun achtgeben: In einer scharfen Kehre des Forstweges sehen wir einen rotmarkierten Pflock und hier führt der Steig weiter durch den Bergwald aufwärts.

Schließlich lockert der nun schon felsbesetzte Bestand auf, Latschen und Almrausch gedeihen längs unseres Pfades, und direkt ober uns sehen wir schon die Felswandeln. Das Wegerl führt nun steiler hinauf, ist aber stets völlig gefahrlos zu begehen. Unser Steig quert sodann linker Hand hinaus, um schließlich nochmals in einigen Kehren auf den Kamm hinaufzuführen. Der Pfad wendet sich weiter nach links. Über einen breiten, teilweise bewaldeten Rücken geht es in mäßiger Steigung aufwärts und zum Schluß nun wieder steiler auf den Felsgrat hinauf, und dann stehen wir auch schon vor der kleinen, begrasten Gipfelkuppe und dem metallenen Gipfelkreuz (das Gipfelbuch ist etwas abseits untergebracht). Wir werden durch einen Prachtblick zum direkt gegenüberliegenden Kaiserschild und Hochkogel sowie mit einem rasanten Tiefblick auf den Weißenbachgraben und auf die Zufahrtsstraße nach Radmer belohnt.

Radmer an der Stube: alpines Erholungsdorf in 702 m Seehöhe, 1200 Einwohner. Die traditionsreiche Bergbaustreusiedlung mit der auf einem Hügel thronenden Wallfahrtskirche zum Hl. Antonius von Padua lebt von ihrem historischen Flair als kaiserliches Hofjagdgebiet seit den Zeiten Maximilians I (1493–1519) und dem Nachfolgebetrieb (Fa. Assmann) des ehemaligen (vor 10 Jahren aufgelassenen) Bergbaues auf Eisen und Kupfer. Kaiser Maximilian, der aus den Jahren seiner reformreichen Regierungszeit zahlreiche Aufzeichnungen über die Radmer hinterlassen hat, erwähnt allerdings keinerlei Bergbautätigkeit. Zum ersten Mal finden wir davon Nachricht in einem „Produktionsausweis" aus dem Jahre 1755, in welchem der Eisenerzer Bergrichter Lindegger 1547 als das Geburtsjahr des Radmerer Kupferbergbaues bezeichnet. Der Sage nach soll ein Saumpferd mit seinen Hufen die zutagetretenden Erze freigelegt haben.

Wanderkarten: F & B: Blatt 6; ÖK: Blatt 100, Gebietskarte „Gesäuse"; Gehzeit: 2½ Stunden; HU.: ca. 910 m.

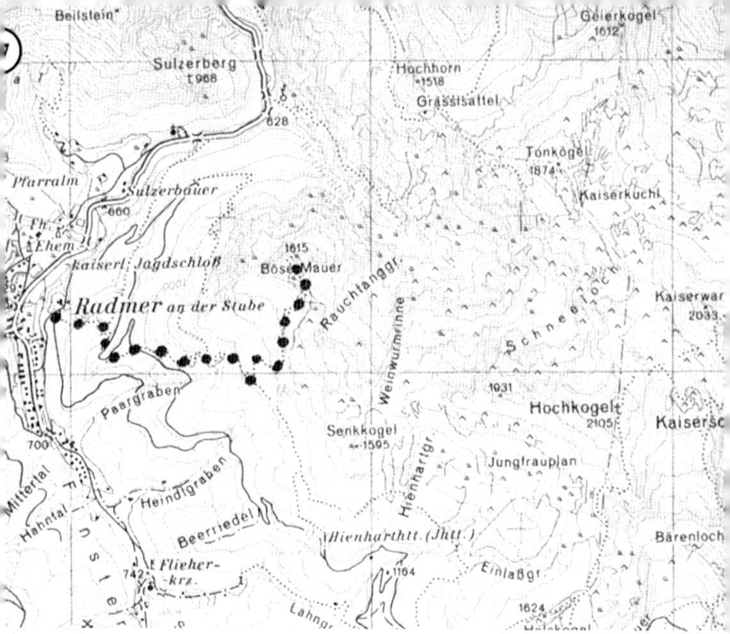
Beilstein
Sulzerberg
968
Geierkogel
1612
Hochhorn
1518
Grassisattel
628
Tonkogel
1874
Pfarralm
Sulzerbauer
660
Kaiserkuchl
Ehem.
Kaiserl. Jagdschloß
1615
Böse Mauer
Rauchtanggr.
Radmer an der Stube
Weinwurmrinne
Schneeloch
Kaiserwar
2033
Paargraben
1931
Hochkogel
2105
Kaisersc
Senkkogel
1595
700
Hienhartgr.
Jungfrauplan
Mitterial
Heindlgraben
Hahntal
Beerriedel
Hienharthtt. (Jhtt.)
Bärenloch
742
Flieher-krz.
1164
Einlaßgr.
Lahngr.
1624

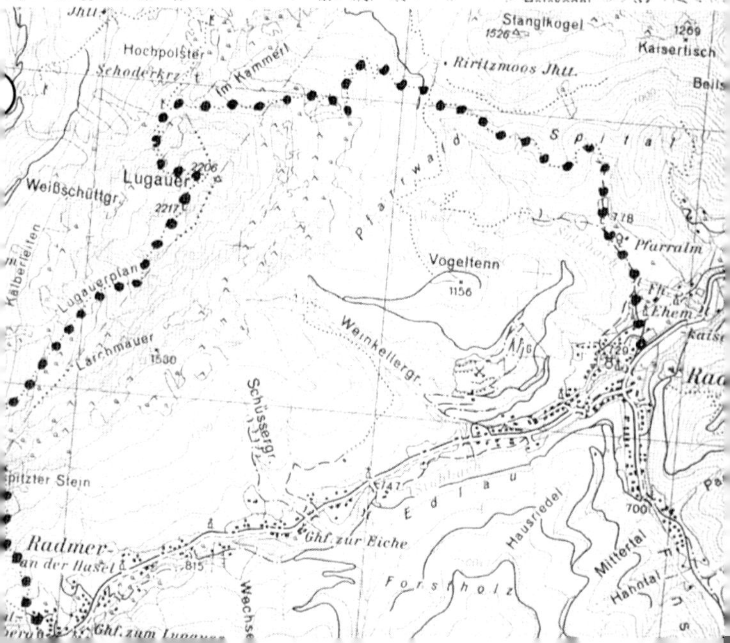
Jhtt.
Stanglkogel
1526
1269
Kaiserlisch
Hochpolster
Schoderkrz.
Im Kammerl
Riritzmoos Jhtt.
Spital
Pfarrwald
Lugauer
2206
2217
Weißschüttgr.
778
Pfarralm
Vogeltenn
1156
Lugauerplan
Kalberleiten
Ehem.
Lärchmauer
1530
729
Weinkellergr.
Schüssergr.
Pitzter Stein
747
Edlau
700
Hausriedel
Radmer an der Hasel
815
Ghf. zur Eiche
Mitterial
Forstholz
Hahntal
Wechse
Ghf. zum Lugauer

88 Auf den Lugauer

Eine Lugauerbesteigung ist etwas für den ausdauernden und geübten Bergwanderer. Von Radmer an der Stube folgen wir dem markierten Pfad mit der Nummer 601 und steigen vorerst über die Wiesen der sogenannten „Pfarralm“ an. Bald geht es in den Hochwald hinein und im angenehmen Zickzack durch den Pfarrwald bis auf den Sattel zwischen Stanglkogel und Lugauer. Durch einen riesigen, alten Windwurfschlag geht es hinauf. Wir umgehen die steilen Wände und queren in das interessante Felskar hinein, das recht zutreffend „Im Kammerl“ heißt. Über ein paar Schuttfelder geht es hinauf, und dann sind wir oben am breiten, latschenbestandenen Sattel. Hier kommt der markierte Weg von Hieflau über die Scheucheggalm herauf. Trittsichere Berwanderer brauchen sich wegen des weiteren Gipfelanstieges nicht zu sorgen, obwohl das Gelände etwas „abweisend“ aussieht. Durch kleine Schuttrinnen und über viele Felsrippen mit stets ausreichend großen Tritten und Griffen führt unser Pfad rasch nach oben und überraschend schnell sehen wir schon den kleinen Gipfelsteinmann am nördlichen Gipfel vor uns. Rechts von uns, am südlichen Gipfel steht das eiserne Gipfelkreuz. Dieser Gipfel ist um 11 m höher als der nördliche und mit seinen 2217 m ein schönes Bergziel. Vom Nachbarn ist er durch ein steiles, kleines Schartl getrennt, und wenn wir trittsicher und auch schwindelfrei sind, dann sollten wir unbedingt der Markierung in das erwähnte Scharterl folgen und mittels einer Drahtseilversicherung, die eigentlich kaum notwendig wäre, in wenigen Minuten zum Südgipfel hinaufsteigen. Von hier können wir nun dem markierten Pfad nach Radmer an der Hasel folgen, der keine Schwierigkeiten bietet. Wir gehen dabei über die steile Rasenflanke der „Lugauerplan“ hinunter und gelangen sodann durch Latschen und Almwald in das Haselkar und auf den weiten Almboden. Ein steiler Pfad leitet uns dann die letzten 700 Höhenmeter ganz rasant in vielen Serpentinen hinab ins Tal.

Funde weisen allerdings darauf hin, daß vielleicht schon in vorrömischer Zeit in der Hinterradmer ein starker Kupferbergbau betrieben wurde. Neben Kupferkies fand vor allem der Abbau von Spateisenstein und Silberfahlerz Bedeutung und auch heute noch – 10 Jahre nach der Einstellung des Abbaues seitens der Vöest – findet man zahlreiche Stollen und Haldenreste im Talkessel von Radmer. 1559 wirkten hier als Gewerken Hieronymus Geider und Andree Steinwerfer, Bürger und Radmeister in Eisenerz, die das Kupfer nach Triest und Venedig exportierten.

Wanderkarten: F & B: Blatt 6; ÖK: Blatt 100, Gebietskarte „Gesäuse“, AV-Karte Nr. 16; Gehzeit: Aufstieg 3½–4 Stunden, Abstieg 2½–3 Stunden, HU.: Radmer/St. 729 m; Lugauer 2217 m, Radmer/H. 898 m.

89 Radmer – Seekaralm – Lahnerleitenspitze

Unseren 6½–7stündigen Rundweg beginnen wir in Hinterradmer beim Wegschranken nach dem Schloß Greifenberg. Wir folgen der Markierung und dem Hinweisschild „Seekaralm". Durch Wald führt das Steigerl aufwärts bis zum Ende einer Forststraße, deren weite Kehren wir voll abgekürzt haben. Hier beginnt der alte Almweg auf die Seekaralm, dem wir folgen. Bald haben wir die im Sommer bewirtschaftete Almhütte erreicht (Steirerkäse!), die prachtvoll angesichts des Lugauers daliegt. Durch das weite Seekar geht es aufwärts, bis wir in Kammnähe auf 6 größere Seelein und mehrere Lacken hinunterblicken. Bald haben wir in der flachen Kamm-Einsattelung des Antonikreuz auf ca. 1900 m erreicht (2½ Stunden von Radmer). – Hier folgen wir der Markierung Nr. 673 in westlicher Richtung und gelangen kurz später auf das Hinkareck (1932 m), von wo es nach kurzem Abstieg am Kammverlauf zum Steinmann des Speikkogels (1992 m) hinaufgeht. – Von hier geht es fast eben zur Lahnerleitenspitze weiter. In der folgenden kleinen Einsattelung müssen wir auf die Markierung achten und dem direkt aufwärts führenden Steigerl folgen! Nicht lange danach stehen wir am breiten Gipfel der „Lahnerleiten" und genießen einen Prachtblick auf die Gesäuseberge (1½ Stunden vom Antonikreuz). Nun steigen wir ab in Richtung Leobnertörl; kommen am bizarren Rotwandköpfl vorüber (reines Eisenerz!) und gelangen zum romantischen Fleckerl des „Heiligenbrunn" (Wallfahrts-Platz; Quelle gut gegen Augenleiden). Bald danach erreichen wir das Leobnertörl (1739 m) und gehen nun unmarkiert auf fast ebenem Steigerl in östliche Richtung. Wenig später (am tiefsten Punkt des Kammverlaufes) führt ein Steigerl hinunter zur im Sommer bewirtschafteten Schafbödenalm, von wo wir bald den Forstweg nach Radmer erreichen (Achtung: mehrmals versteckte Abkürzungen), der uns direkt zum Ausgangspunkt zurückleitet.

Zwischen 1590 und 1610 wurden in der Radmer jährlich ca. 4000–5000 Zentner Kupfer erzeugt, weit mehr als von jedem anderen Kupferbergbau in der Steiermark. Noch im Jahre 1691 berichtete der Bergrichter Weissenberg über diese Blütezeit, daß Dr. Linsmayr und dessen Nachfolger dem Kaiser Matthias (gestorben 1619) nicht weniger als 140.000 Gulden vorgestreckt und 400, 500, ja sogar 600 Zentner „Kupferfrohn" entrichtet hätten, wovon nebst vielem anderem die Jäger bezahlt worden seien. Als im Zuge der Gegenreformation 1602 Erzherzog Ferdinand (später Kaiser Ferdinand II.) in Radmer an der Stube einzog, um der Einweihung der Kirche beizuwohnen, hatten nur sieben Bewohner des Tales sich öffentlich zum Protestantismus und damit zum Landesverweis bekannt.

Wanderkarten: F & B: Blatt 6; ÖK: Blatt 100 und 131; Gehzeit: Radmer/H.–Antonikreuz 2½ Stunden, Antonikreuz–Lahnerleitenspitze 1½ Stunden, Abstieg über Heiligenbrunn – Leobner Törl – Schafbödenalm ca. 2½–3 Stunden; HU.: ca. 1070 m.

89

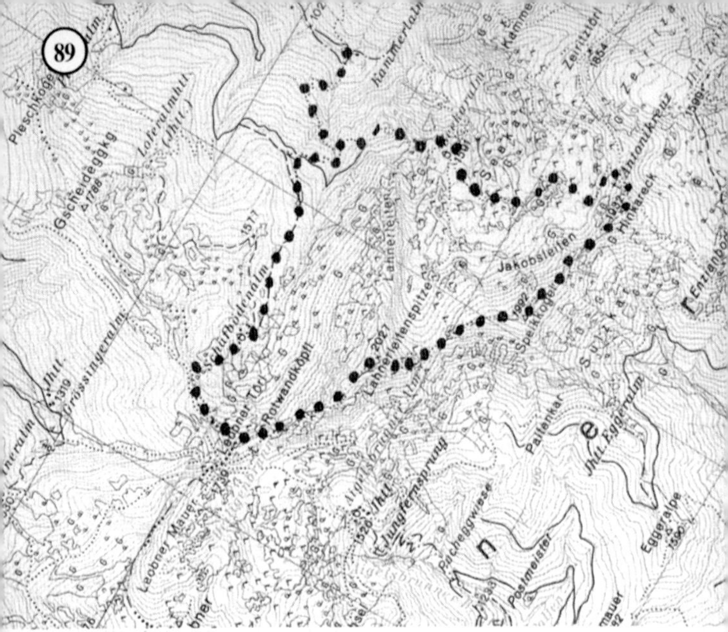
Pleschkogel
Gscheideggkg
1788
Loferalmhtt. (Jhtt.)
Grössingeralm
Jhtt.
1310
Schafbodenalm
Rotwandköpfl
Lahnerleiten
Lahnerleitenspitze
2021
Jakobsleiten
Speikkogel
1992
Antonikreuz
Hinkareck
Zeiritztörl
1854
Kammeralm
Enzianboden
Leobner Mauer
Jungfernsprung
Pacheggwiese
Pallenkar
Eggeralm
Jhtt.
Eggeralpe
1590
Postmeister
1577

90

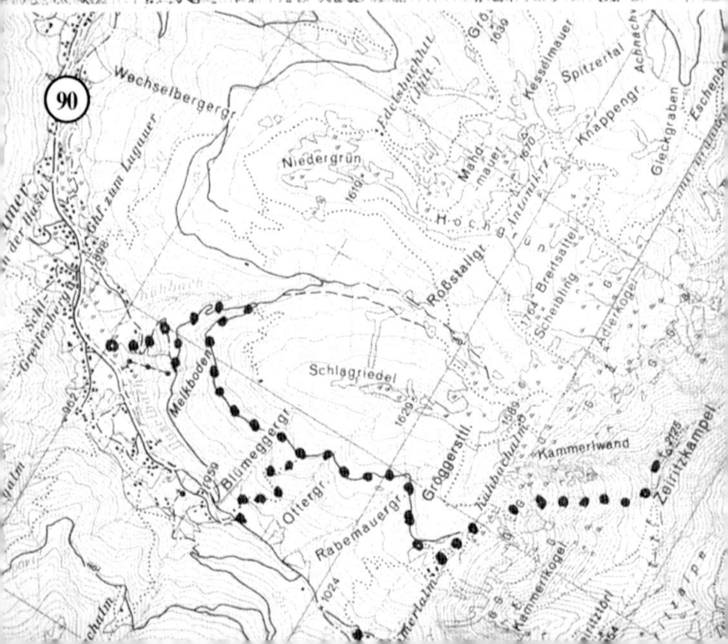
Wechselbergergr.
Ghf. zum Lugauer
Edelsbachhtt. (Jhtt.)
Niedergrün
1610
Kesselmauer
Spitzertal
Knappengr.
Mahdmauer
1670
Antonikr.
Gleckgraben
Roßstallgr.
1764 Breitsattel
Scheibling
Adlerkogel
Schlagriedel
1629
Melkboden
Blümeggergr.
Ottergr.
Rabemauergr.
Gröggerstll.
Kühbachalm
1589
Kammerlwand
Kammerlkogel
Zeiritzkampel
2125
1024
1050

90 Skitour: Radmer/Hasel – Zeiritzkampel

Der Berg selbst bietet eine rassige Skitour; die Hinterradmer gestattet in hochalpiner Landschaft aber auch die Ausübung des Ski-Langlaufs auf einer hübschen, 3,5 km langen Loipe und auch die Spaziergänger erleben hier eine wuchtige Bergwelt (auch ein kleiner Skilift ist vorhanden). Von der Bundesstraße zwischen Eisenerz und Hieflau zweigt man ab, fährt an den grünen Zwiebeltürmen der barocken Wallfahrtskirche von Vorderradmer vorbei bis in den Talschluß von Hinterradmer, wo das altehrwürdige Schloß Greifenberg steht. Vor einem „Forstschranken" gibt es Parkplätze, und hier legt man auch schon die Steigfelle an. Nach einem kurzen Wegstück taleinwärts folgen wir einem Hinweisschild auf die Kammerlalm nach Osten. Bald haben wir einen riesigen Waldschlag erreicht, der in lockeren Hochwald übergeht und uns zu den Hütten der Kammerlalm führt. Gegenüber – auf der anderen Talseite – liegt die wuchtige Felsgestalt des Lugauer. Vor uns das riesige Kar, das fast bis zum Gipfel führt. Wir steigen genau durch die Karmitte über die Rippen und Rücken an und wählen hier auch die Abfahrtsroute. Man darf keinesfalls in die Steilflanken der „Kammerlwand" einfahren, weil hier immer wieder Schneerutsche herunterkommen! Bald ist der Vorgipfel erreicht, und dann kommt die große Überraschung, denn, etwas nach Süden versetzt, taucht plötzlich die fantastisch überwächtete Gratschneide des 2125 m hohen Gipfels auf. Am Gipfelkreuz ist der Spruch angebracht: „Einsam entragen die Berge den Tälern – weisen der Menschheit die Wege zum Licht!"
Aufstiegszeit: 3 Stunden.
Die etwas leichtere, aber im Anstieg längere Aufstiegsvariante führt über den „Plöschwald" und die Seekaralm zum Zeiritztörl und dann über die ostseitige lange schöne Gipfelmulde zum Vorgipfel – dieser Weg ist auch für die Sommerbesteigung der günstigste.

Nach der Behebung mannigfacher Schwierigkeiten im Bergbau, die vor allem auf Wassereinbruch zurückzuführen waren, gelang es gegen Ende des 17. Jahrhunderts neue Stollen und Gänge anzulegen, nachdem schon 1637 der Eisenerzer Bergrichter Martin Silbereisen das „Pulversprengen" in der Radmer eingeführt hatte, womit die Sprengtechnik schon 11 Jahre nach ihrer ersten Anwendung durch Graf Montecucculi im Schemnitzer Bergbau den Weg zu den Bergbauten der Alpen gefunden hatte. Im Jahre 1711 entdeckte der Bergknappe Hans Adam Stangerer beim Bucheck am Fuße des Lugauers ein mächtiges Spateisenlager, dessen Erze ungeröstet 39% Eisengehalt aufwiesen. 1712 wurde der erste, 1802 der zweite Hochofen gebaut, so daß im Jahre 1805 die Produktion bereits 30.924 Zentner umfaßte. 1840 wurde sie nach zehnjährigem Stillstand wieder aufgenommen und erreichte kurz vor der endgültigen Einstellung 1878 rund 200.000 Zentner.
Wanderkarten: F & B: Blatt 6; ÖK: Blatt 100 und 131; Aufstiegszeit: ca. 3 Stunden; HU.: ca. 1170 m; Auskunft Schneelage: Gh „Zum Lugauer".

91 Skitour: Radmer–Gscheideggkogel

Der Gscheideggkogel ist bloß 1788 m hoch und wird von der landschaftlich prachtvollen Hinterradmer aus erstiegen; die Tour ist leicht und kann praktisch als Allwettertour bezeichnet werden. Wir gehen am Schloß Greifenberg und an der Abzweigung zum Neuburgsattel vorbei bis zur neuerbauten Kapelle. Hier beginnt unser Aufstieg; über vorerst flache Wiesen kürzen wir die ersten Kehren des Forstweges ab, dem wir dann später weiterfolgen. Es geht durch Hochwald hinauf, und nach Begehung eines flachen Hohlwegstückes gelangen wir schon zu den Hütten der Schafbödenalm hinaus, die etwa 1580 m hoch liegt. Direkt südlich von uns liegen die steilen Flanken der Lahnerleitenspitze und daneben der Zeiritzkampel mit seiner zünftigen Skiroute. Nun steigen wir über einige Rücken und Buckel die 200 Höhenmeter hinauf auf den Gipfel des Gscheideggkogels. Hervorragender Rundblick auf Lugauer, Ödstein, Hochtor, Stadelfeld und den direkt gegenüberliegenden Leobner. – Wenn das Wetter paßt, können wir nun noch eine sehr lohnende Tour „dranhängen“: Wir ziehen unsere Spur über Buckel und Rampen auf den Kammrücken hinauf, der sich vom Leobnertörl über das Rotwandköpfel zur Lahnerleitenspitze hinzieht. Einige Felsblöcke umgehen wir auf der Südwestseite des Kammes und gelangen unschwierig in die Scharte nach dem Rotwandköpfel. In einer nordseitigen Rinne können wir hier nun unsere Schwünge auf die Schafbödenalm hinunterlegen. Man könnte auch im ersten Anstieg hier heraufgehen, zur Schafbödenalm abfahren, dann auf den Gscheideggkogel steigen und vom Gipfel direkt nach Südosten abfahren, wo man dann auf den unteren Teil des Aufstiegsweges trifft.

Die Radmer gehörte schon seit Maximilian I. zu den beliebtesten Jagdgebieten der Habsburger Kaiser, deren jagdfreudiger Vorfahr besonders das Revier im „Weißenbachl“ bevorzugte. Auch Kaiser Ferdinand II. frönte hier von seinem Jagdschloß, dem heutigen Gewerkenhaus der Jagd, und von Kaiser Franz Joseph I., der zumeist im Schloß Greifenberg, im 5 km talaufwärts gelegenen Radmer an der Hasel logierte, wird berichtet, daß er bei einer Hofjagd im Weißenbachl am 31. August 1871 27 Gemsen auf einem Stande erlegt hat. Zu seinen prominenten Gästen zählten auch Kaiser Wilhelm II. von Deutschland, der König von Sachsen, der Großherzog von Toskana, Herzog Leopold von Bayern und der Sohn Erzherzog Johanns, Franz Graf von Meran.

Nicht weit vom heutigen Schloß Greifenberg stand übrigens das älteste kaiserlich-landesfürstliche Jagdschloß, das um etwa 1537 durch einen gewaltigen Bergsturz vom Lugauer zerstört wurde. Der Name „Radmer“ (1426 „Retmir“, 1471 „Radmar“) könnte vom slawischen Personennamen „Radimir“ oder nach der Mundart („Rabner“) auch von ahd. „hram“ = der Rabe, kommen; also: die Gegend, wo Raben waren!

Wanderkarten: F & B: Blatt 6; ÖK: Blatt 100; Gebietskarte „Gesäuse“; Aufstiegszeit: ca. 2½–3 Stunden; HU.: ca. 880 m.

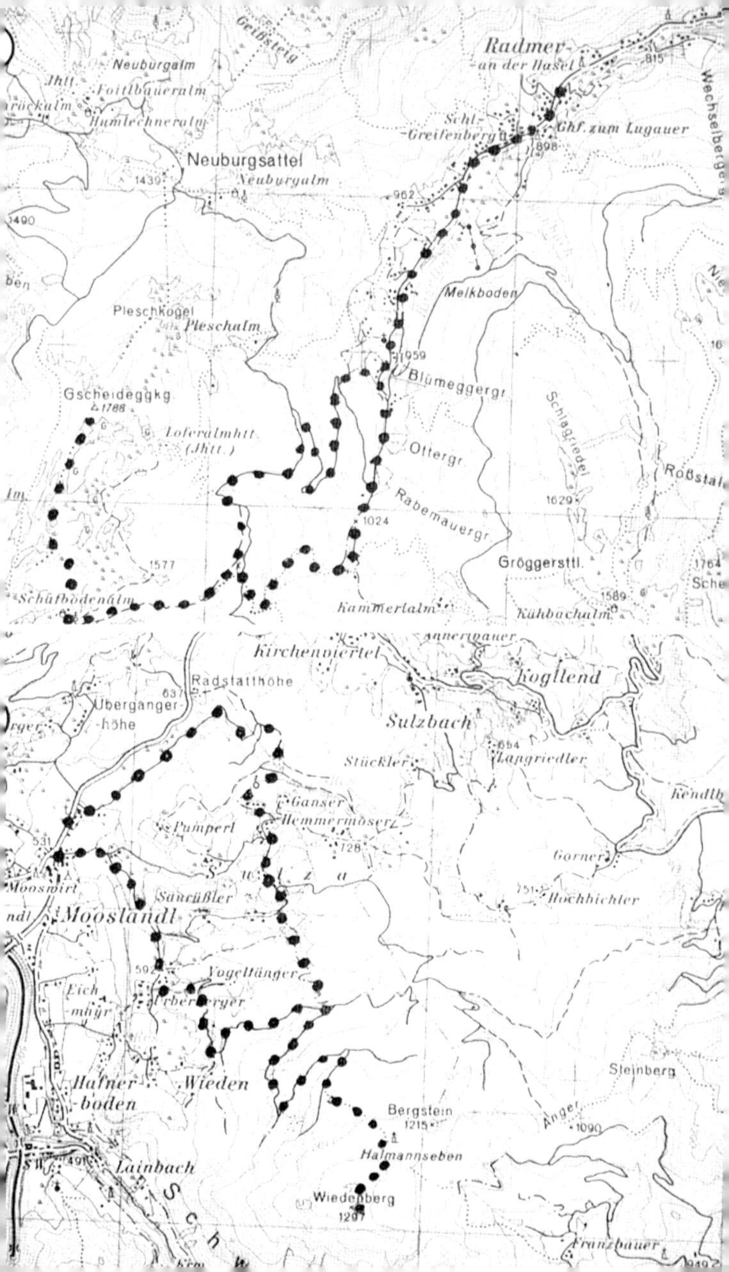

Radmer
an der Hasel
Geißsteig
Neuburgalm
Foitlbaueralm
Humlechneralm
Neuburgsattel
Neuburgalm
Schl. Greifenberg
Ghf. zum Lugauer
Wechselberger
Melkboden
Pleschkogel
Pleschalm
Gscheideggkg
Loferalmhtt. (Jhtt.)
Blümeggergr
Ottergr
Rabemauergr
Schlagriedel
Roßstal
Gröggersttl.
Schafbodenalm
Kammeralm
Kühbachalm
Kirchenviertel
Kogllend
Radstatthöhe
Überganger-höhe
Sulzbach
Langriedler
Stückler
Ganser
Hemmermoser
Pumperl
Gorner
Hochbichler
Moosadirt
Mooslandl
Saurüßler
Vogeltänger
Eichmayr
Wieden
Hafnerboden
Lainbach
Steinberg
Bergstein
Anger
Halmannseben
Wiedenberg
Franzbauer

92 Wandern um Landl

Viele Wandermöglichkeiten gibt es im Bereich der großen Gemeinde Landl, die zurecht „Ferienlandl“ genannt wird; ist das liebliche Hochplateau doch rundum von schönen Berggestalten umgeben. Zuerst der Wandervorschlag über den Wiedenberg: Von Mooslandl aus folgen wir der Markierung Nr. 5 („Nagelstatt-Rundwanderweg“), bis wir zum Weg Nr. 6 gelangen, dem „Wiedenbergweg“, der uns nun weiterleitet. Auf Forstwegen geht es in mäßiger Steigung aufwärts, und bald genießen wir einen schönen Ausblick auf Landl und die Gesäuseberge. An verfallenen Almhütten geht es vorbei und dann wieder im Hochwald weiter. Unser Weg führt nicht ganz auf den Wiedenberg hinauf, sondern geht etwa in 1100 m Seehöhe an der Nordseite vorbei. (Hat man einheimische Begleiter dabei, dann kann man über einen versteckten Waldpfad auch einen Abstecher zum Kreuz auf der Halmannseben machen.) Beim Weiterweg und folgenden Abstieg wechseln wir auf den Weg Nr. 5, gehen durch Wald abwärts und erreichen bald das schöne Wiesenplateau oberhalb von Landl. Rechterhand zweigt dann ein Pfeil zur sogenannten „Gansergrotte“ ab, die wir in wenigen Minuten erreichen. Es ist die Aushöhlung eines ehemaligen Mühlensteinbruchs mit interessanten Bearbeitungsresten; – heute ein beliebter Ausflugs- und Picknickplatz. – Zum Rückweg wählen wir dann am besten den Weg Nr. 4, der uns schließlich durch Wald hinunter an die Bundesstraße und gleich darauf nach Mooslandl zurückführt: 3 Stunden. Ein weiterer, netter Weg ist der „Karl-August-Steig“, der ohne große Höhenunterschiede nahe am Gamsbach und später entlang der Salza führt. Schluchten, Wiesen und Wald wechseln in bunter Folge. Der Weg folgt dem alten Fußsteig von Gams nach Groß Reifling.

Die Gemeinde Landl umfaßt sieben Ortsteile. Beim zugehörigen Lainbach (früher Lehmbach!) zweigt, 4 km nördlich von Hieflau, die sogenannte „Dreimärktestraße“ von der „Eisenstraße“ ab und führt über Gams und Palfau in die niederösterreichischen „Proviantbezirke“ Scheibbs, Gresten und Purgstall. Dieser Verkehrsweg, die „Proviantstraße“, hatte durch den Transport von Graglach, Sinter und Wascheisen (d. s. minderwertige Roheisensorten, die z. T. aus der Schlacke herausgelöst werden mußten) von Eisenerz nach Niederösterreich ihre wirtschaftliche Bedeutung. Seit der Bergwerksordnung von 1448 gehörten diese Märkte zu den Widmungsbezirken, die Innerberg/Eisenerz und Vordernberg mit Lebensmitteln zu versorgen hatten, zumal diese bevölkerungsreiche Region nur über wenige landwirtschaftliche Erträge verfügte. Die für die Holz(kohlen)versorgung „zuständigen“ Bezirke lagen mit Ausnahme des Teiles zwischen Kremsfluß–Steyr–Altenmarkt auf steirischem Gebiet, ab dem 15. Jh. wanderten die Eisenhämmer wegen des Holzmangels um Eisenerz an die Enns und ihre Zuflüsse.

Wanderkarten: F & B: Blatt 6; ÖK: Blatt 100 oder Gebietskarte „Gesäuse“; lokaler Wanderführer in Vorbereitung, Wegekarte auf FV-Prospekt; Gehzeiten: Wiedenberg-Runde ca. 3 Stunden; Karl-August-Steig 2½ Stunden, Gamser Höhenweg: ca. 2 Stunden, HU.: 766 m; bzw. ca. 300 oder 200 m.

93 Auf den Buchberg bei Landl

Grundsätzlich gibt es zwei Möglichkeiten, um auf den Buchberg zu gelangen; auch eine Überschreitung ist möglich, dazu benötigt man dann aber zwei Autos. Zuerst einmal der Zugang vom Schwabeltal: wir fahren von Lainbach rund 7 km das Schwabeltal hinein und folgen beim Anwesen vulgo Berger dem Hofzufahrtsweg nach links (nach Norden) zum vulgo Franzbauer. Wir sind 820 m hoch und wandern nun auf einem Forstweg in mäßiger Steigung gemütlich in östlicher Richtung weiter. – Wir kommen zur aufgelassenen Hütte der „Spanner-Niederalm“ – und dort, wo der Almweg beginnt, kürzen wir links auf einem Steig durch einen Waldschlag hinauf den Weg ab. Bald haben wir die Obere Spanneralm erreicht – sie ist ganz von Wald eingeschlossen.

Auf gutem Pfad geht es nun steil zum Plateaurand der Buchberg-Almen hinauf. Prachtvoll ist die Aussicht nach beiden Seiten: besonders auf Tieflimauer und Tamischbachturm; gleich später auf alle übrigen Gesäuseberge bis zum Ödstein und auf der anderen Seite auf die Haller Mauern. Auf dem Almplateau wandern wir weiter und kommen an geschwendeten Latschenfeldern vorbei. Dann stehen wir vor der unbewirtschafteten Saurüsselhütte – sie liegt 1504 m hoch. – Neben der Hütte steht ein eingestürzter Almstall, ein „Pfarra“ (= Pferch), wie man im Landler Dialekt sagt. Noch haben wir aber unser Gipfelziel, das Kreuz am 1563 m hohen Buchberg, nicht erreicht! In 15 Minuten sind wir aber oben am Gipfel und schauen nun nach der anderen Seite hinunter, nach Gamsforst, von wo die zweite Aufstiegsmöglichkeit zum Buchberg ihren Ausgang nimmt. Wir treten noch nicht den Rückweg an, sondern gehen in 20 Minuten hinunter zur Heimmoseralm, die sommersüber von einer Sennerin bewirtschaftet wird.

Wenn wir nicht von Freunden oder von einem Taxi unten in Gamsforst im Goßgraben abgeholt werden, dann gehen wir den Weg über die Saurüsselhütte wieder zum Franzbauer zurück. Nun wollen wir auch das Wegstück nach Gamsforst schildern: wir gehen auf markiertem Pfad nach Norden in Richtung Gögalalm – immer am breiten Almrücken leicht bergab. Unter uns tauchen überraschend die Felstürme der „drei Schneider“ auf; extrem bizarre Kalkfelsen mit menschlichen Formen. – Gleich darunter zweigt rechts, beim markanten Felsblock des Goßsteins (1331 m), der markierte Steig nach Hinterwildalpen ab. – Wir gehen nun im weiteren Abstieg den Weg Nummer 816 durch den Goßgraben hinaus und erreichen nach 1¾ bis 2 Stunden von der Alm das erste Anwesen vulgo Auer im Goßgraben.

Wanderkarten: F & B: Blatt 6; ÖK: Blatt 100 und 101; Gehzeiten: Franzbauer–Buchberggipfel ca. 1¾–2 Stunden, Abstieg über Heimmoseralm und Goßgraben 2–2¼ Stunden; HU.: Franzbauer 820 m, Buchberg 1563 m; Heimmoseralm 1420 m.

93

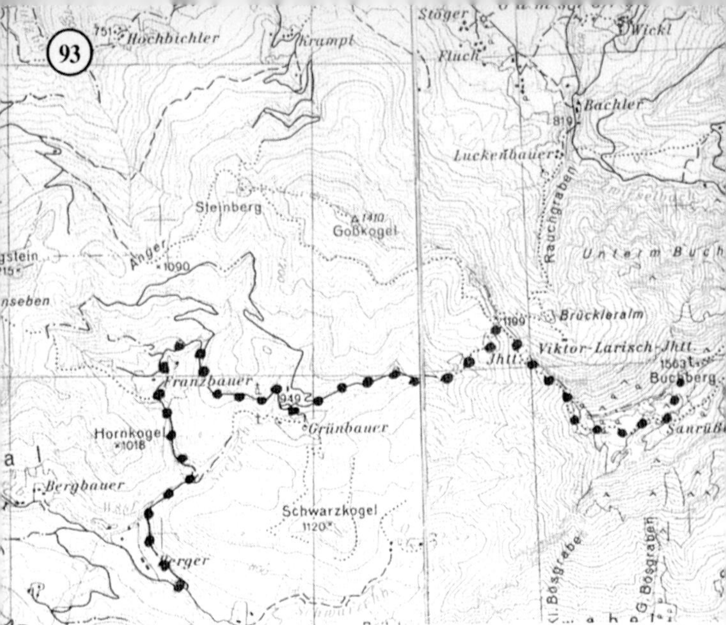
Hochbichler
751
Krampl
Stöger
Wickl
Fluch
Bachler
819
Luckenbauer
Steinberg
1410
Goßkogel
Rauchgraben
Anger
1090
Brückleralm
1199
Viktor-Larisch-Jhtt.
Jhtt.
1563
Buchberg
Franzbauer
949
Grünbauer
Hornkogel
1018
Bergbauer
Schwarzkogel
1120
Berger
Kl. Bösgraben
G. Bösgraben

94

Schlaggraben
Gamssteinhtt.
(Jhtt.)
Kleinpromaualm
(Jhtt.)
1615
Hasenfuß
Jhtt.
Roßkogel
Langmauer
1739
1770
1774
Hochkogel
1498
Schindenkogel
1756
Gamssteineck
Hühnerriegel
Pfarrerhochalm
1264
975
Ödgraben
Bärtal
Naturfreundehtt.
Jhtt.
1046
Bergbauernalm
Bärenlucke
Moar
Obere Palfau
Bergbauer
574
538
Palfau
630
Lackner
Fh.

94 Palfau – Gamsstein

Diese Bergwanderung kann sehr gut in Form einer Rundtour unternommen werden. – Ausgangspunkt ist die Kirche in Palfau oder das etwas oberhalb liegende Gehöft vulgo „Bergbauer". Über Wiesen aufwärts kommen wir bald in den Wald hinein und schließlich wieder auf größere Bergwiesen mit einer reizvollen Flora hinaus, die sich bis zur Lackneralm mit der Naturfreunde-Hütte hinaufziehen (1 Gehstunde). Die Hütte liegt 1020 m hoch und ist an den Wochenenden geöffnet (Jausenstation mit drei Zimmern und 12 Matratzenlagern). – Durch lockeren Hochwald geht es weiter und bald neben einem ausgedehnten Kahlschlag aufwärts. Schließlich wird der Wald schütter, kleine Felsbänke werden überschritten, und die ersten Latschen begleiten den Pfad. Das Gelände wird felsiger, wir erreichen einen Absatz im Latschengürtel, und dann taucht auch schon der schrofige Gipfelkamm des Gamssteinzuges mit dem Gipfelkreuz vor uns auf – „Hühnerriegel" heißt dieser letzte Wegabschnitt, den wir zwischen Felsbankln und Kalkriefen auf einem angenehm begehbaren Steigerl bald hinter uns gebracht haben. Vom Gipfelkreuz (1770 m) sind es ein paar Minuten hinüber zum 4 m höher gelegenen höchsten Punkt (Steinmann): 2½–3 Stunden Aufstiegszeit. Besonders schöner Ausblick auf die Gesäuseberge, die gesamte Hochschwabkette sowie auf Dürrenstein, Ötscher und die Ortschaft Hollenstein. 2–2½stündiger Abstieg nun zuerst eben am Kamm in nordöstlicher Richtung, dann der Markierung nach Süden durch Latschen und schließlich durch Wald folgend bis zur Moaralm und weiter nach Palfau.

Palfau: kleine Sommerfrische im Salzatal, 574 m Seehöhe. Das Zentrum der steirischen Wildwasserfahrer und Rafter liegt als langgestreckte Streusiedlung inmitten einer prachtvollen Bergkulisse und gehörte jahrhundertelang zum Einflußbereich der Stift Admontischen Herrschaft Gallenstein. Im 16. Jahrhundert standen in dieser Gegend nur acht von Holzfällern bewohnte Häuser, 1706 baute die Familie der Grafen Trautmannsdorf eine kleine Kapelle, 1711 ließ der Admonter Abt Anselm anstelle eines kleinen Allerheiligenkirchleins aus dem 14. Jahrhundert eine eigene Kirche mit Pfarrhof errichten; die heutige Gestalt des Gotteshauses stammt von 1733–1735, der Schmuck des Hochaltars von J. Th. Stammel; zwei gotische Marienstatuen verdienen Beachtung! Noch um die Jahrhundertwende waren in der Nähe des Gasthauses „An der Wacht" an der früher nach „Österreich" bzw. nach Wildalpen führenden Straße Reste einer Mauer zu sehen, die mit Schießscharten versehen war und bis zur Bergkuppe geführt hatte. Die Äbte von Admont hatten sie zum Schutz gegen die Türken errichten lassen, 1809 wurde sie anläßlich der Franzosenkriege wieder instandgesetzt. Die wirtschaftlich günstige Lage Palfaus brachte auch eine frühe verkehrstechnische Erschließung der Talschaft mit sich.

Wanderkarten: F & B: Blatt 6; ÖK: Blatt 100; Aufstiegszeit: 2½–3 Stunden; HU.: ca. 1200 m.

95 Skitour: Palfau – Gamsstein

Der Gamsstein ist Grenzgebirge zwischen Steiermark und Niederösterreich und besteht aus mehreren Gipfeln zwischen 1600 und 1774 m – Wir besteigen den 1744 m hohen Hochkogel bzw. seinen um 8 Meter niedrigeren Nachbargipfel. – Bei unserer Skibesteigung folgen wir im wesentlichen der Sommermarkierung. – An der Kirche in Palfau vorbei können wir noch ein Stück bis zum vulgo „Bergbauer“ hinauffahren. Von dort steigen wir über die Hauswiesen an und gehen dann durch den Wald weiter hinauf. Über kleine Wiesenflecken geht es weiter bis zur Naturfreundehütte (1020 m), die aber nur sommersüber an den Wochenenden bewirtschaftet ist. Oberhalb der Hütte queren wir einen Forstweg und legen unsere Spur dann durch lockeren Hochwald und schließlich über einen Waldschlag aufwärts, bis wir an den Rand der Almzone mit dem ersten Latschenbewuchs gelangen. – Bald erreichen wir einen Geländeabsatz und nun bauen sich die prächtigen Gipfelhänge vor uns auf, die aber *nur bei Firnverhältnissen* bestiegen und befahren werden sollen! – Bei passenden Bedingungen können wir über die steile Flanke des sogenannten „Hühnerriegels (Harscheisen!) direkt zum Gipfelkreuz aufsteigen oder sonst linkerhand (westlich) durch eine weniger steile Mulde den Gratrücken erreichen. – 3 Stunden Aufstiegszeit. – Abfahrt im Sinne des Aufstiegs oder durch die westlich gelegenen Mulden bis in die Höhe der Naturfreundehütte und durch den Hochwald zu dieser hinüber. – Vom Gipfel Prachtblick auf die Hochschwabberge, auf Eisenerzer Reichenstein und Teile des Gesäuses sowie auf Dürrenstein und Ötscher; aber auch Tiefblick auf Hollenstein.

Während der Blütezeit der Hammerwerke, die auch ein reges Holzknecht-, Köhler- und Fuhrmannsleben mit sich brachte, war das Palfauer Gebiet wesentlich stärker besiedelt als in unseren Tagen. Der schmucke Ort bietet auch im Winter (Hochkar) schöne Urlaubsmöglichkeiten.

„Palfauer Wasserfälle“: Im Gemeindegebiet von Palfau befindet sich die größte wasserführende Höhle der Steiermark, das Wasserloch. Lange Zeit war dieses nur wenigen Insidern bekannt und nur für Geübte unter großen Schwierigkeiten zu erreichen. Das Wasserloch befindet sich südwestlich des Hochkargipfels in 800 m Seehöhe, die Bachlänge beträgt 900 m. Der Höhenunterschied des Baches vom Mundloch der Höhle bis zur Mündung in die Salza ist 300 Höhenmeter, die Wassermenge ungefähr 2m^3/s. Unmittelbar nach Verlassen der Höhle schießt das Wasser über fünf Fälle von ca. 150 m Höhe zu Tal, diese Wasserfälle sind nur durch jeweils kleine Stufen voneinander getrennt. Im unteren Bereich verlieren die Fälle an Wucht und Höhe.

Es wurde eine Steiganlage errichtet, damit auch die breite Öffentlichkeit die Möglichkeit hat, sich dieses außergewöhnliche Naturschauspiel anzusehen.

Wanderkarten: F & B: Blatt 6; ÖK: Blatt 100; Gebietskarte „Gesäuse“; Aufstiegszeit: ca. 3 Stunden; HU.: ca. 1200 m.

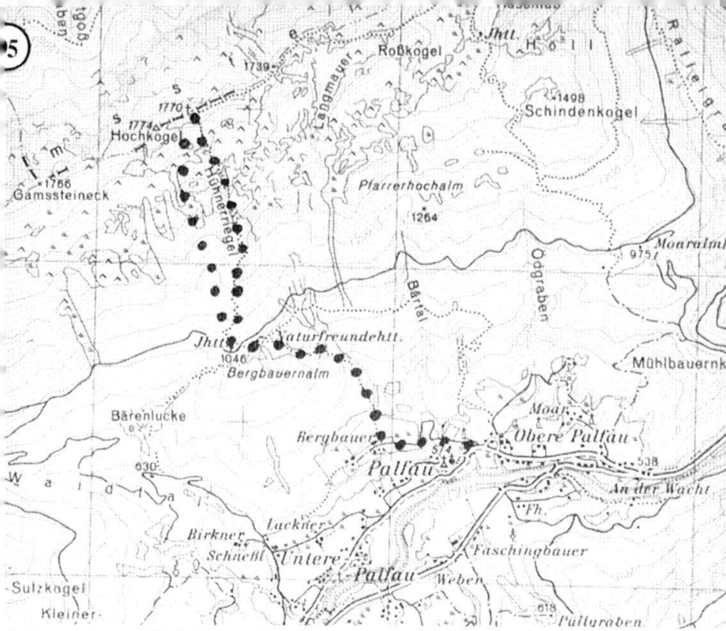
5
Roßkogel
Langmauer
1739
Jhtt.
Schindenkogel
1498
1770
1774
Hochkogel
Gamssteineck
1766
Hühnerriegel
Pfarrerhochalm
1264
Moaralm
Ödgraben
Bärtal
Naturfreundehtt.
Jhtt.
1046
Bergbauernalm
Mühlbauernk
Bärenlucke
Moar
Bergbauer
574
Obere Palfau
Palfau
538
630
An der Wacht
Fh.
Lackner
Birkner
Schneßl
Untere
Palfau
Faschingbauer
Weber
Sulzkogel
Kleiner
618
Pfullgraben
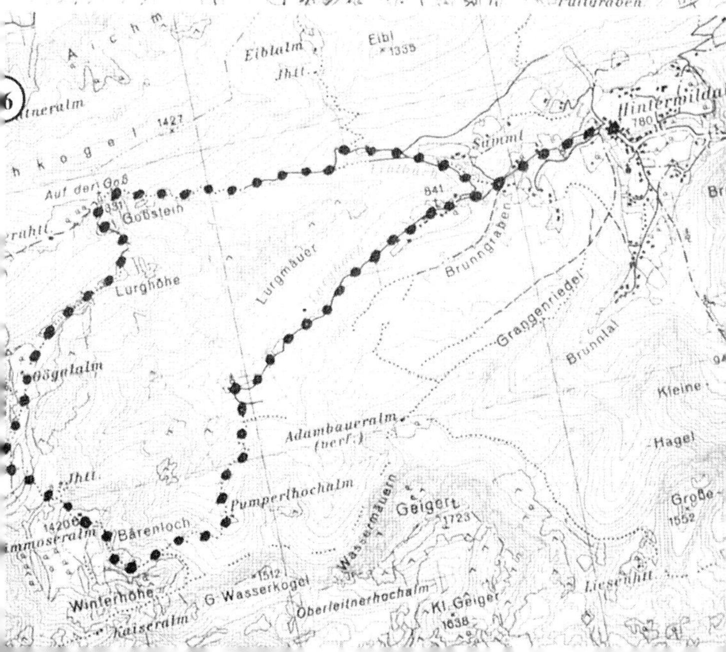
6
Eiblalm
Eibl
1355
Jhtt.
1427
Hintermilda
780
Auf der Goß
1331
Goßstein
841
Brunngraben
Lurgmauer
Lurghöhe
Grangenrieder
Brunntal
Kleine
Adambaueralm
(verf.)
Hagel
Jhtt.
Pumperlhochalm
Geigert
1723
Große
1552
1420
Bärenloch
Wassermauern
1512
Winterhöhe
G Wasserkogel
Oberleitnerhochalm
Kl. Geiger
1638
Kaiseralm
Liesenhtt.

96 Hinterwildalpen – Goß – Heimmoseralm

In Hinterwildalpen beginnt unser Rundweg, wobei es noch knapp einen Kilometer bis zur Talgabelung geht, wo wir uns dann für die Markierung rechter Hand (Weg Nr. 816) in Richtung „Goß" entscheiden. Sehr hübsch geht es den Eiblbach entlang über Bergwiesen und dann durch lockeren Wald. Vor uns die Felsschrofen der Lurgmäuer. Sodann wandern wir ein Stück auf einem Forstweg, den wir aber bald wieder verlassen. Vor uns liegt dann schon die Einsattelung der Goß; der Weg verläuft nun durch eine kleine Schlucht, sowie im trockenen Bach (vor einigen Jahren wurde parallel zu diesem markiertem Weg aber eine Forststraße angelegt, auf der man bequemer voran kommt). An ihrem Ende beginnt der alte Almsteig auf die Goß durch den romantischen, kleinen Talschuß; durch die Serpentinen des Wegerls gewinnt man rasch an Höhe und nach 1½ Stunden ist der alte Sattelübergang mit einem Holzkreuz auf einem Fels und einer kleinen Holzkapelle erreicht (1331 m). Hier gibt es auch ein kleines „Sattelbuch". Nun wandern wir weiter in Richtung „Buchberg", das romantisch angelegte Steigerl führt uns bald wieder an die Abstürze der Lurghöhe heran und wir gehen hier über ein weites Almplateau fast eben dahin. Dann erreichen wir schließlich die Hütten der Heimmoseralm (1420 m), die von den Einheimischen aber Hemmermoseralm genannt wird. (Rast- und Jausenmöglichkeit). Von der Almhütte weg können wir nun unseren markierten Weiterweg durch das sogenannte Bärenloch wählen. Der Abstieg erfolgt über den Plateaurand hinaus (rote Farbflecken als Markierung). Relativ steil geht es im Zickzack hinunter in das sogenannte Bärenloch und dort sehr reizvoll in großem Bogen in einen reinen Buchenwald hinein. Nach den verfallenen Hütten der Pumperlhochalm wendet sich der Steig durch eine Schroffenlandschaft mit Felswandeln abwärts, bis wir schließlich im Lurggraben den Hochwald erreichen und bald eine Forststraße talaus nach Hinterwildalpen wandern.

Wildalpen. 609 m Seehöhe, ca. 900 Einwohner, PLZ.: A-8924; Ausk.: Steir. Alpenregion Salzatal, Tel. 0 36 36/341. Gebirgssommerfrische und Wintersportplatz im Salzatal; Bezirk Liezen.

Pfarrkirche zur Hl. Barbara: 1674 und 1728–30 erbaut; figurale Fresken (1784–85) von Johannes, Franz und Alois Lederwasch; Werke von Jos. Thaddäus Stammel: Schnitz-Pietà von 1763; jetzt in Admont – durch Kopie ersetzt, kleine Schutzengelstatue 1731 (im Pfarrhof), Kanzelkruzifix. Forstmuseum, Heimat-, Orts- und Pfarrmuseum, Wasserleitungsmuseum!

Wanderkarten: F & B: Blatt 041 und 062; ÖK: Blatt 101; Gebietskarte „Hochschwab"; Gehzeit: ca. 4 Stunden; HU.: 640 m.

97 Aus dem Salzatal auf das Hochkar

Das 1808 m hohe Hochkar liegt nördlich der Salza und ist ein Grenzberg zwischen Steiermark und Niederösterreich. Zwischen Wildalpen und Palfau, dort wo der Lassingbach in die Salza mündet, beginnt der markierte Steig Nr. 287. In engen Serpentinen geht es durch Rotbuchenwald aufwärts, der hier auf seichtem, felsigem Untergrund gedeiht und als „Schutzwald" nur beschränkt bewirtschaftet werden kann. Nach 1½stündigem Aufstieg erreichen wir beim sogenannten „Kleckplan" einen Kammrücken; hier wird der Wald lichter, und wir sehen hinüber zum Buchberg. Nach einer weiteren ½ Stunde liegen vor uns die Wandeln und bizarren Felstürme der sogenannten „Noten", und hier sehen wir auch schon das Dach der Seilbahn – Station, die vom Norden hier herauf führt. Der Pfad schlängelt sich das letzte Stück nun weiter bis zum höchsten Punkt des Hochkars und hier genießen wir einen Prachtausblick nach Süden auf die Gesäuseberge. Die letzte halbe Gehstunde des Pfades, direkt am Gratrücken mit seinen aufgestellten Felsbankungen entlang, ist ausgesprochen romantisch. Direkt bei der Bergwachthütte erreichen wir das Gipfelplateau und nach insgesamt 3½–4 Stunden Aufstiegszeit von der Salza schließlich auch das Gipfelkreuz. Nun können wir über das Skiliftgelände durch die nordseitigen Mulden in einer halben Stunde direkt zum ganzjährig geöffneten Hochkar-Schutzhaus absteigen und von hier mit einem herbeigerufenen Taxi zum Ausgangspunkt zurückfahren. (Die Fahrt führt durch das romantische Königstal hinaus bis zum reizend gelegenen Dörferl Lassing und schließlich über Göstling wieder zum Ausgangspunkt zurück).

Für alle, die Anhänger des Faltboot- oder Raftingsports auf dem Wege zum Hochkar mitnehmen möchten und sinnvoller Weise die Flußstrecke bei der Anfahrt von Osten her „kontrollieren" wollen, noch ein paar Anregungen zum mittleren Salzatal. Weichselboden bildete nach der legendären Errettung des Gemsenbestandes durch Erzherzog Johann (er hatte 1818 den Brandhof erworben und zur Bewahrung des dort fast ausgerotteten Gems-, Reh- und Rotwildes am 20. August 1818 eine eigene Jagdinstruktion für seine 5 Reviere erlassen) mit dem Brandhof den Mittelpunkt der später gräflich Meran'schen Gemsreviere, die um 1832 mit rund 50.000 Joch (ca. 30.000 ha) ihre größte Ausdehnung erreicht hatten, wobei damals der Gamsbestand bereits wieder rund 1500, der Hochwildbestand ca. 300 Stück betragen hatte. Erzherzog Johann, der 1858 in einer Jagdzeitung schrieb, er hätte in seinem Leben „über 1000 Gemsen erlegt, doch sei dies stets mit Schonung der Zucht, Gaise und Kitze, mit einem einläufigen Gewehr, meistens allein von einem Stande mir selbst ladend ..." geschehen, hatte nicht nur die Straße zwischen Wegscheid, dem von ihm errichteten Jagdhaus in der Höll und Weichselboden anlegen lassen, er ließ für sich und seine Revierjäger auch andere Jagdhäuser bauen und bekam immer wieder hohen Besuch, darunter Kaiser Franz Josef, der sich am 17. August 1855 für die Einladung bei seinem Großonkel herzlich bedankte.

Wanderkarten: F & B: Blatt 041 und 062; ÖK: Blatt 101; Gebietskarte „Hochschwab"; Gehzeit: 3½–4 Stunden; HU.: 1254 m.

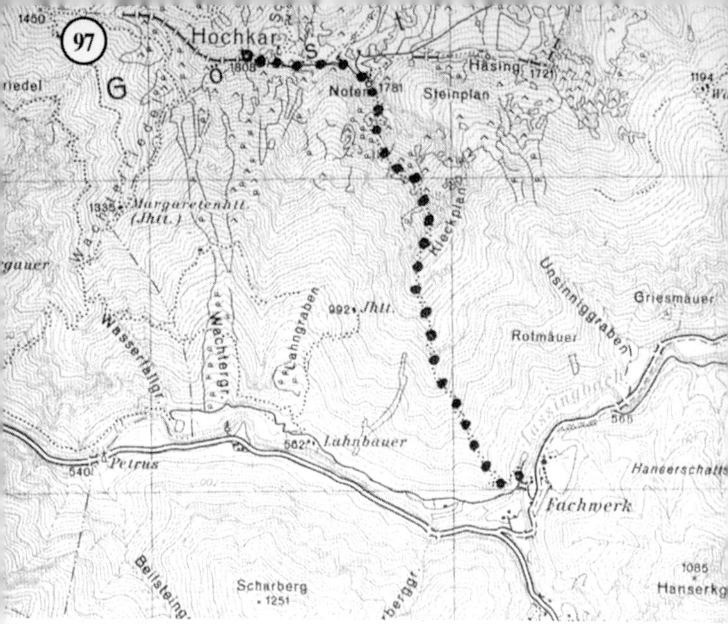
97
Hochkar
1808
Noter
1781
Steinplan
Häsing
1721
Margaretenhtt.
(Jhtt.)
1335
Kleckplan
Unsinniggraben
Griesmauer
Rotmauer
992 Jhtt.
Lahngraben
Wachtergr.
Wasserfallgr.
Lahnbauer
562
Petrus
540
565
Fachwerk
Hanserschatts
Scharberg
1251
1085

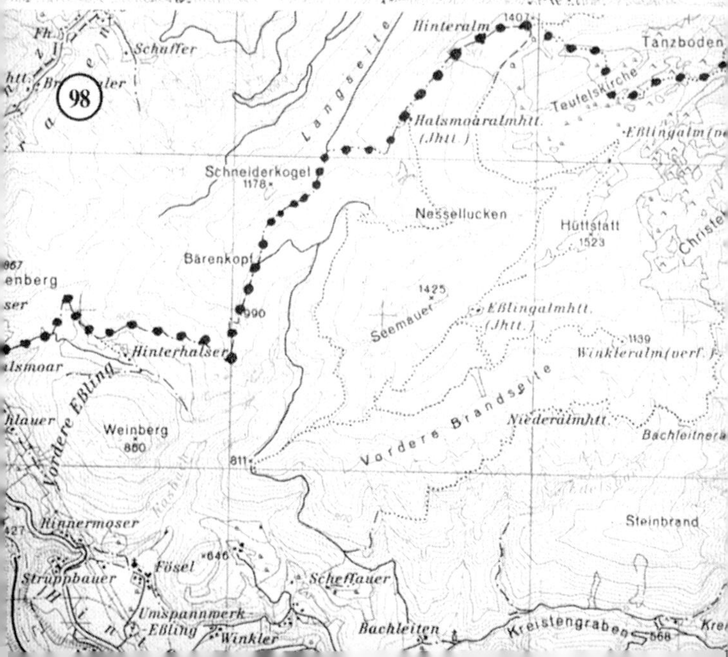
98
Schaffer
Hinteralm
1407
Tanzboden
Teufelskirche
Halsmoaralmhtt.
(Jhtt.)
Langseite
Schneiderkogel
1178
Nessellucken
Hüttstatt
1523
Bärenkopf
1425
Seemauer
Eßlingalmhtt.
(Jhtt.)
990
Hinterhalser
1139
Winkleralm (verf.)
Vordere Brandseite
Niederalmhtt.
Vordere Eßling
Weinberg
860
811
Steinbrand
Hinnermoser
Fösel
646
Struppbauer
Scheffauer
Umspannwerk-Eßling
Winkler
Bachleiten
Kreistengraben
568

98 Altenmarkt–Tanzboden–Dreiländereck

In der Nähe des Druckgußwerkes, an der Bundesstraße bei Altenmarkt (St. Gallen) beginnt unser Zufahrtsweg zum Ausgangspunkt der Wanderung, wo wir rund 2½ km noch auf einem Hofzufahrtsweg aufwärts fahren können. Hier folgen wir der Markierungsnummer 208 und begehen vorerst ein kurzes Stück einen Forstweg und finden dann schon ein Hinweisschild „Tanzboden (Voralpe)". Auf einem alten Holzziehweg geht es nun durch schöne Hochwälder stetig aufwärts. Bald genießen wir prächtige Ausblicke auf die Gesäuseberge. Wir gelangen zu einem Wildzaun – Überstieg und sehen linker Hand ober uns schon den Felsriegel des Bärenkopfs. Nun haben wir auch schon einen guten Ausblick hinüber zu Hochblaser und zur Kalten Mauer. Vor uns liegt der Schneiderkogel, an dem wir unterhalb vorbeigehen und die waldreiche Voralpenlandschaft mit ihren eigenen Reizen genießen. Ein roter Markierungspfeil führt uns links von der Forststraße weg, und wir erreichen bald die schönen freien Flächen der Hinteralm. Ein Wegweiser „Tanzboden" zeigt uns die weitere Richtung an und wir steigen aus der Almmulde nach links hinauf. Über den Almrücken geht es nun längs eines Zaunes aufwärts, der Almweg wird steinig und das Gelände schroffig. Bald haben wir eine weitere Almstufe erreicht, und der Weg führt über den schönen Almboden mit romantischen, kleinen, eingestreuten Felsinseln weiter.Schließlich erreichen wir das kleine Felskögerl des Tanzbodens (1727 m) mit dem Gipfelkreuz. Wenige Meter dahinter findet sich die Betonsäule, die das Dreiländereck zwischen Steiermark, Ober- und Niederösterreich markiert. Wir werden mit einer prächtigen Rundsicht belohnt, die von Dürrnstein und Ötscher über den Hochschwab bis zu Kaiserschild, Lugauer, Seckauer Tauern, aber auch zum Toten Gebirge reicht.

Altenmarkt bei St. Gallen: Marktgemeinde in 467 m Seehöhe. 130,5 km lang durchfließt die Enns (uralter Flußname „Anisa" bedeutet „Sumpf-Fluß") unser steirisches Oberland; an ihrem rechtsseitigen, gut 70 m hohen Steilufer liegt hoch über der Schleife, die der Fluß gleichsam zum Abschied in die romantische Gebirgslandschaft zieht. Der saubere Marktflecken wird seit 1975/76 vom Verkehr umfahren. Heute ist die alte Eisenstraße als historisches Denkmal wieder ins Bewußtsein der Menschen gerückt, aber als Ende 1885 mit der damals fertiggestellten „Kronprinz Rudolf-Bahn" eine neue Verkehrsader in das Tal der Enns gelegt wurde, war die Zeit pferdegezogener Erzfuhren bald vorbei. Auch von der einstigen Hammerherren-Herrlichkeit – an Laussa und Frenz (Landesgrenz-Bach) standen einst mehrere Hammerwerke – ist kaum noch etwas zu sehen. Sehenswert ist das denkmalgeschützte „Alte Bräuhaus" (1578), der alte Pfarrhof, die Kirche St. Nikolaus (früher St. Martha) von 1138 und unter den Kapellen die „Flößerkapelle" (1763/64 zu Ehren der Hll. Nikolaus und Johannes von Nepomuk errichteter Bau am rechten Ennsufer).

Wanderkarten: F & B: Blatt 062 und 031; ÖK: Blatt 100 und 70; kostenlose FV-Wanderkarte „Eisenwurzen – mittleres Ennstal"; Gehzeit: 5–6 Stunden; HU.: 1260 m.

99 Skitour: Gschödererkar–Hochschwab

Diese Tour kann nur bei sicheren Firnverhältnissen unternommen werden.

Ausgangspunkt ist die Salzatalbundesstraße, knapp südlich der Presceny-klause, wo das Schwaigtal einmündet. Hier überschreiten wir die Salza auf der Brücke und wandern nun auf der Forststraße in vielen Kehren das Schwaigtal aufwärts. Nach etwa 1½ Stunden stößt man auf die rote Markierung, nach der man nun, den Forstweg verlassend, am steilen Wandhang schräg rechts aufwärtsgeht, bis schließlich nach einer weiteren dreiviertel Stunde die weite Fläche der Edelbodenalm (1344 m) erreicht wird. Hier folgen wir nicht mehr der Markierung, sondern steigen aus der Almmulde rechter Hand hinaus und gehen ziemlich eben am steigenden Hang südwestlich bis unter die hohen Felswände heran. An der Waldgrenze ziehen wir unsere Spur weiter schräg aufwärts und betreten somit den ersten steilen Ast des Gschödererkars, das hier bereits herunter kommt, noch nicht. Wir gehen vielmehr direkt auf die steilen Wände zur Rechten heran, wobei sich nach einer halben Stunde von der Alm plötzlich im mittleren Teil des Gschödererkars die wunderschöne Durchstiegsmöglichkeit überraschend eröffnet. Durch Mulden und enge Passagen, zuerst steil, dann immer flacher werdend, gelangen wir in mehreren Windungen nun weiter ins Gschödererkar hinauf.

Man kann den oberen Kessel des Kars auch verlassen und in nordwestlicher Richtung auf den breiten Kamm des Tremmlecks hinaufsteigen, um sodann zum Siebenbrünnerkogel weiterzugehen. (2034 m)

Hierher gelangt man aber auch direkt aus dem Gschödererkar, indem man südwestlich über ziemlich steile Hänge, die bei sicherem Firn mit Harscheisen ohne Probleme zu begehen sind, fast direkt zum Gipfel des Hochschwabs ansteigt.

Die Tour unternimmt man am besten im späten Frühjahr, wenn es auf den Nordseiten schon „Luftfirn" gibt oder der angeregnete Firnschnee schon ganztägig befahren werden kann.

In früheren Jahrhunderten waren die klaren Wasser der Salza nicht den meist vom Schulungszentrum in Wildalpen angelockten Paddlern oder jüngst auch den Raftern, sondern erst der Holzdrift und später den Flößern vorbehalten. Die Flößerei war früher einer der gefährlichsten Berufe; die geschälten Baumstämme wurden im ruhigen Wasser unter einer Klause „gebunden". Der mit Eisenklammern und zähen Haselnußzweigen zusammengebaute „Boden" mußte zur Anpassung an die Unebenheiten des Flußbettes verhältnismäßig elastisch sein, darauf kam die oft aus bis zu 40 und mehr Festmetern bestehende Ladung.

Wanderkarten: F & B: Blatt 4; ÖK: Blatt 102; Gebietskarte „Hochschwab"; Aufstiegszeit: ca 5–6 Stunden; HU.: 1617 m.

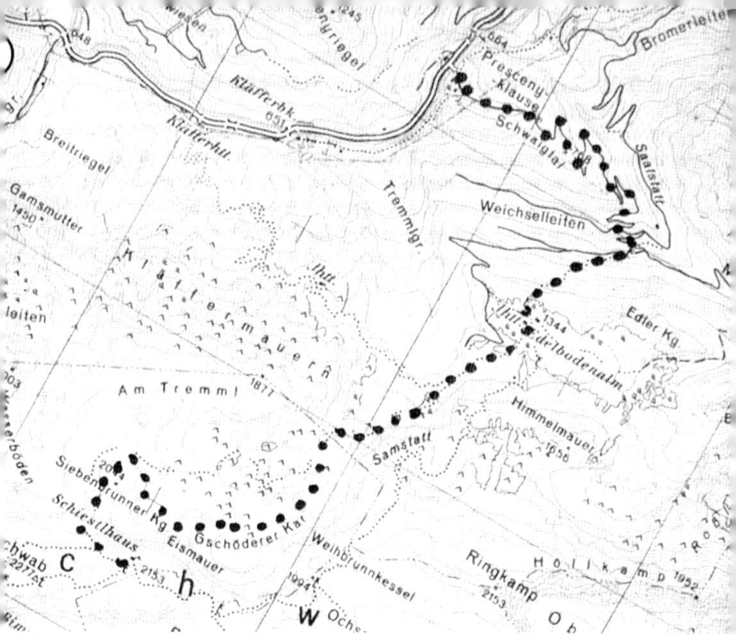
Bromerleiten
Presceny-Klause
Schwaigtal
Saalstatt
Weichselleiten
Klafferbk.
Klafferhtt.
Breitriegel
Gamsmutter
1450
Tremmlgr.
Klaffermauern
Edler Kg.
1344
Edelbodenalm
Am Tremml
1877
Himmelmauer
1850
Samstatt
Siebenbrunner Kg
2064
Schiestlhaus
Eismauer
Gschöderer Kar
Weihbrunnkessel
Ringkamp
2153
Hollkamp
1952
Schwab
2277
2153
1994
W
Ochs
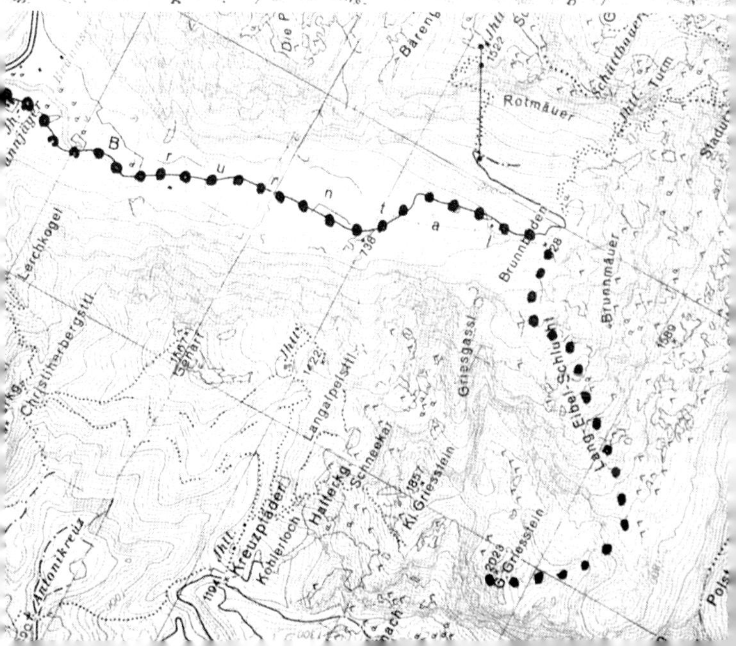
Rotmäuer
Schüttbauern
Turm
1522
Brunntal
738
Brunnboden
728
Lerchkogel
Christlhierbergsttl.
Langalpelsttl.
Griesgassl
Brunnmäuer
Lang-Eibel-Schlucht
1422
1857
Kl. Griesstein
Schneekar
Hallerkg.
Kohlerloch
Kreuzpfad
Antonikreuz
2023
G. Griesstein
1580

[ah]

ALPENREGION HOCHSCHWAB

Aflenz-Kurort • Aflenz-Land • Turnau-Seewiesen • Thörl • St. Ilgen

Info: Tourismusverband Hochschwab, A-8623 Aflenz-Kurort
Tel. und Fax 03861/3700

FLORLHÜTTE, 1295 m, auf der unteren Dullwitzalm. Ab Ostern bis Oktober am Wochenende, während der Sommerferien durchgehend bewirtschaftet. Keine Nächtigungsmöglichkeit.
Auskunft: Fam. Schöffauer, Tel. 03862/32360, während der Bewirtschaftungszeit auch Hotel Seeberghof, Tel. 03863/8115

GRASSERHÜTTE, 1472 m, Fölzalm. Von Anfang Mai bis Ende Oktober durchgehend, im Winter am Wochenende bewirtschaftet. 30 Schlafplätze.
Auskunft: Hermelinde Grasser, 8621 Thörl - Fölz 38,
Tel. 03861/2697, Hüttentelefon 03861/3622

HERZERHÜTTE, 1472 m, Fölzalm. Von 1. Mai bis Ende Oktober durchgehend bewirtschaftet, von November bis April Fr/Sa/So/Feiertage und in den Ferien bewirtschaftet. 25 Schlafplätze.
Auskunft: Irmgard Herzer, 8621 Thörl - Fölz 62,
Tel. 0663/9234555

GÖRIACHERALMHÜTTE, 1429 m, Jausenstation zwischen Seebergalm und Turnaueralm. Im Mai und Oktober nur an Wochenenden, von Anfang Juni bis Ende September durchgehend bewirtschaftet. 8 Betten, 10 Lager.
Auskunft: Heinrich Strobl, 8624 Seebach, Tel. 03863/2192

NATURFREUNDEHAUS, 1500 m, auf der Aflenzer Bürgeralm gelegen. Restaurant, 60 Betten, Sommer- und Winterbetrieb.
Auskunft: Tel. 03861/2455 oder 03862/35562

ALMGASTHOF SEEBERGALM (Brüder Wurzenberger), 1147 m, Gasthaus nahe Seebergsattel. Ganzjährig geöffnet, Mittwoch Ruhetag, Übernachtungsmöglichkeit.
Auskunft: Tel. 03863/8112

VOISTHALERHÜTTE, 1654 m, auf der oberen Dullwitzalm. Weitwanderkontrollstelle. Von Anfang März bis 1. November durchgehend bewirtschaftet. 15 Betten, 60 Lager. Auskunft: Hans Winkler, Berg- und Schiführer, 8636 Seewiesen, Tel. 0663/9631033 oder Funkverbindung mit Hotel Seeberghof, Tel. 03863/8115. Bergsteiger- und Kletterschule.